경쟁과 공존

경쟁과 공존

초판 1쇄 인쇄 | 2011. 11. 10
초판 1쇄 발행 | 2011. 11. 20

지은이 | 연세대학교 대학원 학술위원회
발행인 | 황인욱
발행처 | 圖書出版 오래

주 소 | 서울특별시 용산구 한강로2가 156-13
이메일 | orebook@naver.com
전 화 | (02)797-8786~7, 070-4109-9966
팩 스 | (02)797-9911
홈페이지 | www.orebook.com
출판신고번호 | 제302-2010-000029호

ISBN 978-89-94707-47-1

경쟁과 공존

연세대학교 대학원 학술위원회

圖書出版 오래

연세의 화두(話頭) 시리즈를 시작하며

이 한 권의 책을 엮어내며 그 취지와 과정에 대해 독자들에게 간략히 기록해둔다.

지난 십 수년 동안 대학들이 계량적 지표중심의 경쟁체제에 몰입하면서, 우리 대학사회에는 언제부터인가 '학문', '학풍'이라는 단어가 낯선 말이 되어 버렸고, 사회를 선도해야 할 지식의 역할도 위축되었다. 사회를 향한 대학의 메시지도 더불어 실종되어 버렸다. 이는 대학의 위기이기도 하고, 나아가 우리 사회의 위기이기도 하다. 이러한 점을 안타깝게 생각한 민경찬 당시 대학원장은 연세대학교부터라도 이러한 점을 직시하고 작은 해법이라도 강구해야 한다는 취지로 대학원 산하에 교책연구원장 협의회(지금은 학술위원회로 개편)를 구성하였고, 백영서(국학연구원), 김기정(동서문제연구원), 김하수(언어정보연구원), 김동노(국가관리연구원), 유석호(인문학연구원) 원장이 기꺼이 참여하였다.

교책연구원장 협의회는 연세대학교가 한국 사회에 발신할 한 해의 화두를 정하고 이를 총장 신년사를 통해 제안하고, 이 주제에 대한 교내의 공동 연구 프로젝트를 시작하자는 의견을 모으게 되었다. 그 결과로 첫

해인 2009년의 화두가 '경쟁과 공존'으로 정해졌으며, 한 해 동안 12인의 필자들이 여러 차례의 회의를 거쳐 첫 번째 결실을 맺게 되었다. 그동안 집필진을 포함한 여러 분들의 진정성과 열정이 한데 어우러졌다. 특히, 이 작업을 후원해주신 김한중 총장께, 그리고 이 책이 나오기까지 깊은 애정과 인내를 가지고 이끌어 오신 백영서 원장, 김기정 원장, 나태준 대학원 부원장께 특별한 감사를 드린다.

집필진은 자신을 낳아준 사회와 연세가 끊임없이 계약을 갱신함으로써 존재이유와 에너지를 확보할 수 있고, 그 과정에서 창의적인 학풍을 만들어나갈 수 있을 것으로 굳게 믿는다. 이 책은 연세가 사회와 새로운 약속을 하기 위한, 대학의 안과 밖, 그리고 세계를 향한 첫 발신이다. 아무쪼록 전공학자들이 사회와 소통하기 위한 정성으로 쓴 이 책이 많은 이들의 반향을 일으켜 우리의 작업이 시리즈로 계속 이어지기를 바라는 마음 간절하다.

연세대학교 대학원 학술위원회

차 례

공생사회로 가는 길

책을 내면서

대학 이념의 회복

대학의 사명은 순수하게 학문 그 자체를 목적으로 삼아야 한다. 이는 대학의 역할을 말할 때 흔히 거론되는 훔볼트의 대학 이념으로서 지금까지도 전 세계 대학인에게 커다란 영향을 미치고 있다. 놀랍게도 이것은 100년간 창고에 잠들어 있던, 훔볼트가 1809년경 쓴 문건인 「베를린에서의 고등교육 시설의 내적·외적 구조」를 20세기 초엽 독일 대학에서 끄집어내 선양한 결과라고 한다. 당시 제국경영 확장에 열중이던 독일 황제의 적극적인 지원 아래 공과대학·상과대학 등 새로운 실용 전문직을 양성하는 대학이 등장했다. 그들은 학위 수여권을 갖는 등 전통적인 대학과 똑같은 지위를 누리기 시작했다. 이에 충격을 받은 일부 교수들은 현실과 물질을 중시한 사회 풍조를 비판하면서, 이념과 정신의 필요성을 강조하는 자신들의 입장에 정통성을 부여하기 위해 훔볼트가 제안한 연구중심주의적 대학 구상을 뒤늦게 활용했다.

13세기 초 유럽에서 교수와 학생이 연대해 만든 자율적인 공동체(조합)로 대학이 탄생한 이래, 대학은 교황이나 도시, 또는 국가권력의 후원을 받아왔다. 즉 대학의 자치와 자율에 대한 어느 정도의 제약은 처음부터 불가피했다. 그리고 근대에 들어오면서 국가권력이 관리를 강화함에 따라 대학 제도에 변화가 일어났고, 그에 따른 대학의 근대화는 대학이 국가나 직업의 수요에 그전보다 한층 더 적응하려는 형태를 취했다. 국가가 대학에 어느 정도 자율성을 부여하는 대신 대학은 국가에 도덕적·정신적 토대를 제공하였다. 이것이 19세기와 20세기 사이에 이미 전 세계에 정착한 대학의 현실이다. 동시에 권력의 영향을 받을 수밖에 없는 그런 현실적 제약 속에서도 자율과 자치라는 대학의 이념을 되살려 학문의 독립을 견지하려는 노력 또한 끈질기게 이어져왔다는 사실을 우리는 잊지 말아야 한다. 권력에 대한 자유와 독립과 비판성을 대학의 존재가치로 지키며 대학이 발전해왔다는 사실은 대학사를 조금만 들여다봐도 쉽게 알 수 있다.

그런데 한때 국가로부터 국민·민족문화 창달이라는 임무를 부여받았던 대학이 오늘날 신자유주의적 전 지구화(globalism)의 충격 속에 국민국가의 역할이 약화 내지 변형되면서 정체성에 혼란을 겪고 있다. 일본에 이어 우리 사회에서도 실현을 눈앞에 둔 국립대학 법인화 논란이 그 단적인 예다.

대학사를 돌이켜보면 "그 탄생부터 항상 개혁해야 하는 미완의 상태에 있다"(크리스토프 샤를, 김정인 옮김, 『대학의 역사』, 한길사, 1999)라고도 이야기되듯이, 13세기부터 대학은 시대의 변화와 더불어 커다란 변용을 거치면서 오늘에 이르렀다. 그렇다면 새로운 변화에 대응해야 하는 오늘날의 대학이 과연 어느 정도 자치와 자율을 견지하면서, 7세기에 걸쳐 여러 사회세력의 위협 속에서도 지켜온 비판 기능과 지적 모험을 수행할 새로운 모델을 찾아낼 것인가.

우리 대학의 역사로 눈을 돌려보자. 한국 대학은 세계의 근대 대학이 공통적으로 갖고 있는 근대적 성격과 더불어 식민성을 태생적으로 안고 있다. 한국 최초의 대학으로 1926년에 개교한 경성제국대학이 일본제국 대학을 현지 형편에 맞게 축소했다는 사실에서 그 점이 단적으로 드러난다. 근본적으로 제국을 위한 이데올로기 창출이란 국가기구로서의 역할이 식민지 조선의 제국대학에서는 한층 더 강화되었다. 그래서 경성제국대학은 다수 조선인의 일상적 지식 욕구와 거리가 멀 수밖에 없었다. 그런데도 해방 이후 우후죽순처럼 신설된 한국 대학의 모델이 되는 바람에 외국어 능력 보유를 전제로 성립한 엘리트적 교양문화와, 암기와 시험으로 점철되는 기계적인 학습문화, 그리고 학맥과 인맥이 중심이 된 폐쇄적인 조직문화라는 제국대학 문화와 제도적 특징이 우리 대학문화에 그대로 계승되었다.

이와 달리 미국 선교사가 설립한 연희학원은 중산계급에게 필요한 교양과 실용적인 지식을 가르치는 데 중점을 둔 미국의 자유교양 칼리지(Liberal Arts College)를 모델로 출발했다. 조선총독부 교육법에 제약을 받아 전문학교로 운영되었고 제국의 지식체계에 얽매였기 때문에 연구 활동을 수행하고 후속 세대를 키우는 데는 제도적인 한계가 있을 수밖에 없었다.

연희학원은 이런 어려운 조건 속에서도 제국대학에서 추진된 관학으로서의 조선학을 비판하면서 학술운동으로서의 조선학을 전개했다. 또한 자유교양대학을 지향한 열린 기독교학교로서 일제가 제시한 식민지 근대 논리에 저항할 서구적 근대를 수용·전파하는 사상적 거점으로 활동하는 등 조선사회 내부 요구에 자율적으로 부응하려 노력했다.

기독교와 대학은 이러한 전통을 되살려 자신의 기반인 사회와 간단없이 소통함으로써 존재이유와 에너지를 확보할 수 있어야 한다는 자각이 연세대 공동체 안에 번져가던 차에, 미국에서 시작된 세계금융·경제 위기(World Economic Crisis)에 직면해 우리 사회에 새로운 가치관과 전망을 내놓아야 할 시점에 이르렀다고 판단했다. 신자유주의적 전 지구화의 영향 속에 위세를 떨치는 시장만능주의가 조성한 지나친 경쟁 몰입은 경제·교육 등 우리 사회 전반에서 사적 이익의 극대화를 조장하였기 때문이다. 이는 또한 사회 양극화 현상을 가져왔으며, 인간 자체를 왜소하게 만드는 결과를 초래하였다. 무엇보다도 경쟁과 결과에 대한 집착이 공동체와 공공성·공존에 대한 성찰의 기회를 앗아가고 있음이 안타까웠다. 심지어 대학에서조차 이러한 경향이 확산되고 있는데도 이를 방임하거나 부추기는 데 일조하는 것이 아닌가 하는 자기반성이 일기 시작했다. 대학인의 성찰의 소리를 사회를 향해 발신하는 우리의 작업이 자기반성과 함께 대학 자체의 갱신도 추구할 때에만 진정성을 갖게 됨을 엄중하게 의식했다.

우리는 우리 사회에 새로운 메시지를 전하기 위해 '경쟁과 공존'에 대한 종합적이고 체계적인 학문 성찰에 착수하고자 한다. 경쟁을 통한 개인의 이익을 열린 공동체의 발전으로 전환하기 위해서는 어떠한 노력이 필요한지를 진지하게 논의하고 있다. 이 과정에서 지금까지 대학이 이룩한 성과에 대한 비판적 검토와 함께 경쟁과 공존이라는, 얼핏보면 서로 충돌하는 문제에 대한 창의적인 해법을 사회에 제시할 수 있을 것으로 기대한다.

공공성의 성찰, 공생철학의 길

돌이켜보면 경쟁에 대한 우리 인식의 뿌리는 19세기 후반에까지 닿아 있다. 제국주의가 세계적인 차원에서 세력권을 분할하는 일이 절정에 달했던 시절, 동아시아인들은 서구 열강의 위협에 대응하기 위해 문명관의 대전환을 겪게 되었다. 그때 받아들인 새로운 세계관과 역사관의 기반이 사회진화론이었다. 약육강식과 적자생존의 냉혹한 경쟁법칙이 지배하는 국제사회에서 나라를 잃은 식민지로 전락하지 않기 위해서는 변화하는 환경에 잘 적응해야 한다는 사고가 시대를 풍미했다. 그 당시 경쟁의 주체는 국가였고 부강한 국가가 되는 것만이 적자(適者, the fittest)가 되는 길이라 인식되었다. 부강한 국가의 요체는 구성원인 국민을 효율적으로 동원하는 데 있었기에 국민 개개인의 경쟁력 육성 또한 중요시되었다. 여기에 우리가 일본에 주권을 빼앗겨 36년간 식민 지배를 당하면서 경쟁력 강화에 대한 절박한 요구가 일상생활에 자리했다. 해방 이후 참혹한 전쟁과 초고속으로 진행된 압축적 근대화를 겪으면서, 살아남기 위해서는 방법과 절차를 가리지 않고 이겨야 한다는 적나라한 경쟁 관념이 한층 더 우리 안에 내면화되었다.

그러나 지난 한 세기를 돌아볼 때 경쟁을 정당화하는 진화론만이 우리 의식과 생활을 좌우했던 것은 아니다. 사회진화론이 강자의 논리였기에 거기에 배제된 약소국가들 또는 약소세력들을 위한 아나키즘이나 사회주의 이념이 20세기 전반기에 상당한 영향력을 갖기도 했다. 그리고 냉전질서의 붕괴를 뒤로한 지금 '신자유주의'란 이름의 시장만능주의가 팽배한 국내외 현실에서 가히 '신진화론'이라 할 만한 사고가 압도적으로 우리 내면에 스며들고 있다.

이 시점에서 '무엇을 위해 경쟁을 하는가'를 심각하게 묻지 않을 수 없다. 경쟁이란 무조건 승인해도 좋은 것인가. 흔히 '선의의 경쟁'이라는 말로 경쟁을 정당화한다. 그러나 개인의 선의에 의존해서는 경쟁의 폐단인 승자독식이나 적대적인 경쟁을 통제할 수 없다. 무한경쟁사회가 그 사회구성원 전체를 극단적으로 분열시키고 패자를 재기할 수 없도록 사회 밑바닥에 가라앉혀버릴 뿐만 아니라 승리에 이르는 고통스러운 과정에서 승자조차 피폐해지는 폐단을 막으려면, 규율 잡힌 경쟁을 추구해야 한다. 그것은 패자를 만들어내지 않거나 불가피하게 만들어진다 해도 재기할 기회를 주는 유연한 시스템을 구축함으로써 가능해진다.

우리는 경쟁 자체를 도외시하거나 회피하려는 것이 아니다. 단지 경쟁 과정의 규칙과 그것이 실현하려는 가치가 무엇인지를 따져보려고 한다. 여기서 경쟁과 그것의 정당성을 묻는 기준이 되는 공공성이란 가치에 대해 함께 생각해볼 필요가 있다.

'공공성'은 요즈음 우리 사회의 화두이다. 1980년대 후반 이후 정치민주화가 진척되면서 국가만이 공공성의 수행자인가에 대한 질문이 제기되었고, 그와 더불어 시민사회의 역할에 대한 기대가 높아졌다. 하지만 이와 함께 시장만능주의가 팽배해져 사회 전반이 시장의 논리로 재편성되는 현상을 목도했다. 그 과정에서 우리는 국가·시민경제·시민사회를 구별할 수 있게 되었다. 동시에 이 세 주체 간의 관계를 새롭게 조정하는 시각이 민주주의 이론을 심화하기 위해 긴요하다는 사실을 절실히 깨달았고, 그리하여 공공성 개념이 자못 중시를 받기에 이르렀다. 공공성은 흔히 국가에 관계하는 '공적인 것'(official), 모든 사람과 관계에 있는 '공통의 것'(common), 누구에게나 열려 있는 '공개적인 것'(open) 등의 의미를 갖는다고 알려져 있다. 영어의 'public' 개념과 달리 한자어권에서 '공공'은 공(公)과 공(共)의 합성어로서 공(公)이 공(共)을 압도하는 사례가 많은 듯싶다. 그것이 민족주의나 국민국가에 의해 재정의되면 공공성이 곧 공익(公益)이나 국익(國益)으로 간주되는 경우도 왕왕 있다. 특히 공(公)이 곧 관(官)으로 간주되는 사고와 관행의 전통이 강한 동아시아에서는 그러하기 쉽다.

여기서는 공(公)과 공(共)을 분해해 재결합하기 위해서 국가와 구별되는 시민사회의 독자적인 의의를 강조하면서 '공공성'을 시민사회의 열린 소통 공간이란 의미로 한정시켜 사용하려고 한다. 이는 일차적으로 사람들 사이의 공통 문제에 대한 열린 관심에 기반을 두고 언어 활동을 매개로 타자와 소통하는 공공권, 즉 담론의 공간을 의미한다.

한 걸음 더 나아가 일상생활을 꾸려가는 개인을 중심으로 공공성 개념을 재구성함으로써 소통 공간의 폭과 깊이를 더해보려고 한다. 그것은 삶과 생명에 대한 배려를 통해 형성되는 인격적인(inter-personal) 관계가 일상생활 속에서 경험되고 실천되는 친밀한 공간, 즉 담론 공간이자 감성 공간인 친밀권(親密圈)을 의미한다. 바로 거기서 개개인의 자기정체성이 형성된다.

친밀한 공간까지 포괄한 공공성이 우리 사회에서 구현되려면 무엇보다 '공생(symbiosis)의 감각'을 몸에 익힌 주체가 되어야 한다. 여기서 말하는 공생의 감각이란 사람과 사람, 사람과 자연의 유기적 일체성에 대한 감각인데, 좋든 나쁘든 근대의 문명화작용에 노출된 우리는 이 감각을 무디게 하고 있다. 그것을 회복해야 한다.

그러기 위해서는 일상생활의 구체적인 터전에서 공생을 실현하기 위한 다양한 삶의 방식의 경험을 역사와 현실에서 찾아내고, 그것을 정련 (精練)시키는 작업이 필요하다. 그것은 생명윤리, 환경윤리, 국제인권의 윤리, 국제경제활동의 윤리, 기업윤리, 교육윤리, 성과 젠더에 관한 윤리, 반차별의 윤리 등 다양한 측면에 걸쳐 나타난다. 그것들을 하나로 묶어 '공생철학'이라 부를 수 있지 않을까.

공생은 자기가 속한 공동체의 존속만을 목표 삼아 폐쇄적인 동질성을 추구하는 공동성의 원리와 다르고, 고독한 개개인의 실존으로 돌아가는 것과도 구별된다. 공생은 타자와의 차이를 인정하면서도 그 차이를 연결하려 모색하는 시도이다. 그래서 공동성 안에 있으면서도 공동성을 넘어서는 공생적인 삶의 방식을 찾으려 한다. 이는 공동성의 모순을 부정하지 않고 그것을 의식하면서 살아가는 태도이다. 바로 이런 특성 때문에 공생은 공고(共苦: 고통을 함께 나누기)를 감당하지 않고는 실현될 수 없다. 차이를 배제하고 동화시키는 닫힌 공동체가 목적이 아니라, 배제된 자에 대해 책임지면서 결사와 유대의 원리를 다층적·횡단적으로 실현하는 길을 중시하는 것이다.

최근 언론을 비롯한 사회 영역에서 '공생'이란 캐치프레이즈가 번져가고 있다. 예컨대 자연과 공생, 다문화와 공생, 아시아와 공생이란 과제가 널리 확산되고 있는 중이다. 한때 자주 들리던 텔레비전과 라디오 광고 카피에는 "다문화사회는 사랑하는 마음도 더 많아지는 사회입니다"라는 것조차 있었다. 여기에 공생이 끌어안아야 할 공고의 측면, 모순이 존재하는 현실에 맞서는 측면도 공생에 포함되어 있는지 스스로 물어야 한다.

생활윤리에서 시작될 터인 공생철학은 대학에서 지식을 생산하고 전파하는 활동에 방향성을 제시하는 하나의 중심 지표가 될 것이다. 우리는 '공생의 지평'을 열어가야 한다. 하늘과 땅을 가르는 가상의 선인 지평에 가까이 가면 갈수록 더 멀어져 도달하기 어렵듯이, 공생은 아직 도달하지 못한 새로운 경험세계다. 그러나 그 지평은 내가 볼 수 있는 세계, 내가 살아가는 공간이다. 그 안에서 전환의 가능성을 받아들이고 그것을 통해 남을 변화시키는 일, 즉 열린 주체와 열린 유대에 기초한다면 우리의 삶을 공생으로 이끄는 일이 이뤄질 수 있다고 믿는다.

이상과 같은 문제의식을 공유한 필자 11명이 각각의 전문영역에서 '경쟁과 공존'에 대한 저마다의 견해를 밝혔다. 우리는 경쟁과 공존을 양비론적 또는 양시론적으로 다루려 하지 않았으며, 가급적 당면한 현실 문제와 연결해 시의성 있는 글을 쓰려고 노력했다.

제1부는 서로 경쟁하면서도 공존하고자 하는 모순적인 인간의 심층을 이해하기 위한 세 편의 글로 구성되어 있다.

김균진(신학)은 인간의 양면성을 직시한다. 하나님의 형상과 동물적·생물적 본성을 동시에 지닌 모순적 존재를 보다 나은 인간상으로 이끌기 위해서는 생물학적이고 이기적인 본성을 순화하는 법적·제도적 장치를 마련함과 동시에 도덕적 본성을 종교와 교육을 통해 계발하는 일종의 '이중 전략'을 취해야 한다고 주장한다.

김웅빈(생물학)은 인간을 생태계의 일원으로 파악한다. 생태계의 모든 관계는 기본적으로 생존을 위한 먹이(에너지) 경쟁에서 출발하되, 생산·소비·분해의 원활한 순환을 통해 생명력을 유지한다. 인간만은 과학기술문명을 갖고 있어서 다른 생물종과 달리 자연 경쟁의 원리를 따르지 않고 대량 생산·소비·폐기의 생활방식을 고집해 환경파괴를 유발한다. 따라서 우리가 인간 중심이 아닌 생태주의 가치관을 체득할 때에 자연과 공생을 유지할 수 있으리라 전망하고 있다.

김동노(사회학)는 경쟁과 공공성에 대한 논의를 서구의 근대 사회사상사의 흐름에 비춰보면서 공공성을 수행하는 주체가 국가에서 시민사회로 점차 옮겨왔음을 짚어냈다. 그가 말하는 시민사회는 국가나 시장경제로부터 독립된 사회 공간이고 그 속에서 비영리기구와 비정부기구가 주도적 역할을 수행한다. 경쟁체제에 입각한 시장경제가 공공성을 해치는 한국 현실에서 비영리기구와 비정부기구의 공공성 추구와 더불어 국가의 공공성을 되살리는 노력도 시급하다고 주장한다.

제2부는 경쟁이 격렬하게 전개되고 있는 현장인 한국 사회, 기업, 남북한의 분단현실 및 국제정치의 장에서 경쟁과 공존의 융합 가능성을 조심스럽게 전망한 네 편의 글로 구성되었다.

사회 갈등은 우리 모두가 우려하는 현실이다. 김용학(사회학)은 지역·세대·이념 갈등의 실상을 분석하면서 적정 수준에서 유지되는 갈등은 오히려 사회통합, 나아가 공공성 실현에도 기여한다고 주장한다. 갈등이 공평성과 배려의 사회규범을 지키는 한 다원적인 사회에서 용인되듯이, 공공성과 배치되지 않는 경쟁 역시 긍정적으로 보아야 한다는 것이 한국 사회의 갈등을 해소하기 위한 그의 해법이다.

경쟁을 바람직한 가치로 수용하는 사회조직이라면 누구나 쉽게 기업을 꼽을 것이다. 박헌준(경영학)은 기업이 경쟁을 통한 혁신과 효율성을 희생하지 않고도 공존으로 가는 어렵지만 긍정적인 가능성을 이케아(IKEA)와 머크(MERCK), 나이키(NIKE)의 사례에서 찾는다. 경쟁원리만으로는 지속가능한 발전을 담보할 수 없기에 기업의 사회적 책임이 중요하다는 것이 요지다.

어찌 보면 기업보다 더 격심한 무한경쟁에 휘둘려온 것이 남북한의 분단 상황이다. 문정인(정치학)은 남북한의 경쟁은 제각기 정치적 정통성을 높이려는 요인에 이끌려 극심화되었는데, 이러한 경쟁의 끝은 남북 모두의 파멸일 뿐이라고 잘라 말한다. 이 무한경쟁에서 벗어날 길로 그는 남북 국가연합을 실질적으로 실현하는 방안을 제시하고 있다.

사실 남북한뿐만 아니라 국가 간의 모든 관계에는 국익을 추구하는 무정부성에 기반을 둔 경쟁과 갈등만이 존재한다고 보는 데 우리가 익숙해 있는지도 모른다. 김기정(국제정치학)은 그러한 시각에 변화를 촉구한다. 국제정치학계에는 이미 국가 중심에서 지구 중심, 인간 중심으로 관점이 전화되고 있다는 데 근거해, '가지 않은 길'로 새롭게 나서보자고 권유한다.

마지막 제3부에는 필자들의 실천 현장인 대학의 경쟁과 공존의 문제에 대한 자기 성찰을 통해 새로운 교육의 비전을 제시하는 글 네 편을 실었다.

한국 대학사회를 지배하는 핵심 키워드는 '국제경쟁력'일 것이다. 특히 영어교육이 국제경쟁력 강화의 핵심 요건으로 부각되고 있다. 김하수(국어학)는 영어가 전 지구적 수준의 지배적 언어로 자리한 맥락을 비판적으로 점검하면서, 우리의 언어로 지식을 생산·유통하는 동시에 폭넓은 외국어 소양을 쌓아 '더 보편적 지평을 품은 지식인' 육성을 교육의 과제로 삼자고 제안한다.

하연섭(행정학)은 대학이 국제경쟁력이란 화두에 매달리는 이유는 그것이 대학평가의 핵심 지표이기 때문이라고 털어놓는다. 전 지구화의 영향을 무시할 수 없는 현실인 만큼 글로벌 시장에서 경쟁력 갖춘 인재 양성을 중시하는 풍조를 무턱대고 나무랄 수는 없다. 문제는 현재 우리 대학들이 세계 수준의 대학평가에서 높은 점수, 이른바 세계 100위권 진입을 위한 기능적 국제화에 치우쳐 가시적 사업 성과에 매달린다는 데 있다. 그는 이 점을 꼬집으면서 지식기반사회에서도 실용적인 훈련을 갖춘 기능인이면서 동시에 세계적인 안목을 가진 비판적 지식인을 양성하는 것이 세계화에 대응하는 대학의 사명이라고 강조한다.

대학 교육 행정에 깊은 경험을 가진 민경찬(수학) 역시 미국·일본·중국·영국·독일 등 주요 국가의 고등교육 개혁정책을 훑어본 뒤, 이제까지 한국 대학을 지배해온 양적 지표 위주의 평가 시스템을 비판하고 질적 향상을 추구하는 방향으로 전환하자고 제안한다. 그렇다고 경쟁력을 도외시하는 것은 아니다. 그는 경쟁력을 "스스로 끊임없이 개선할 수 있는 능력이라는 의미에서의 지속적인 생산성"이란 뜻으로 파악한다. 결국 학생 하나하나의 "내재된 잠재력과 다양성"에 기반을 두고 인재를 키우는 것이 대학의 핵심 과제여야 한다는 주장이다.

흥미롭게도 그의 주장은 조한혜정(문화인류학)의 견해와도 통한다. 공동체에 대한 감각은 약한 반면 승자독식의 경쟁원리를 철저하게 내면화하고 내심 즐길 뿐만 아니라 그런 경쟁을 지속적으로 감당할 태세가 되어 있는 지금 대학생들의 실상을 여실히 보여주는 그 역시 대학이 "비판적 영민함(critical sensitivity)과 더불어 사는 돌봄의 능력(caring and commitment) 및 새로운 시대를 만들어낼 능력(creativity)"을 갖춘 인재를 키우는 곳이어야 한다고 역설한다. 글로벌 초경쟁 사회에 직면한 한국 대학이 신자유주의의 굴레를 벗고 "창조적 공공영역의 핵"으로 거듭나기를 호소하는 그의 진정성은 이 책의 결론이나 다름없다.

끝으로 이 책을 엮어내게 된 과정을 간략히 기록해두고 싶다.

연세대의 새로운 학풍 진작에 골몰한 민경찬 전 대학원장의 발의로 대학원 산하에 지금은 학술위원회로 개편된 교책연구원장 협의회가 구성되었다. 그 안에서 연세대가 사회에 발신할 한 해의 화두를 정하고 공동

연구를 하자는 의견이 모아졌다. 그 결과로 첫 해의 화두가 '경쟁과 공존'으로 정해졌고 한 해 동안 여러 차례의 회의를 거쳐 이렇게 결실을 보게 되었다. 이 책에는 그동안 집필진을 포함한 여러 분들의 정성이 한데 어우러져 있다. 그중에서도 이 기획을 실현시키는 조정자로서 궂은일도 마다 않은 나태준 대학원 (전)부원장, 이 일을 이어받아 추진한 이태영 대학원장과 장은미 부원장, 그리고 이 작업의 든든한 후원자인 김한중 총장은 특별히 기억하고 싶다.

집필진은 자신을 낳아준 사회와 대학이 끊임없이 소통함으로써 존재 이유와 에너지를 확보할 수 있고, 그 과정에서 창의적인 학풍을 만들어 나갈 수 있다고 굳게 믿는다. 이 책은 사회와 새로운 약속을 하기 위해 대학의 안과 밖, 그리고 세계로 내딛는 첫 발신이다. 아무쪼록 전공학자들이 사회와 소통하기 위해 정성으로 쓴 이 책이 많은 이들의 반향을 일으켜 우리의 작업이 계속 이어지기를 바라는 마음 간절하다.

2011년 10월
백 영 서

제1부 경쟁과 공존의 사상사와 인간다움의 길

인간이란 무엇인가

김균진   명예교수 · 조직신학

우리가 기다리는 세계

30대 후반 가장이 갑자기 직장을 잃었다. 가족들이 자주 끼니를 굶고, 세 아이 학교 보낼 차비가 없을 정도로 생활이 어려워졌다. 실직과 생활고로 인해 우울증에 시달리던 가장은 아내와 아이들을 차례대로 살해하고 집에 불을 지른 후 자살하였다. 그 이튿날에는 실직과 생활고를 비관하던 40대 가장이 동일한 방법으로 가족을 살해하고 집에 불을 지르고 난 후 목숨을 끊었다….

몇 년 전 국내 모 일간지에 실린 이 기사는 경제성장의 장밋빛 희망으로 물든 우리 사회의 그늘진 단면을 예시한다. '한강의 기적'으로 한국 사회는 역사상 유례를 찾아보기 어려운 물질적 풍요를 이루었다. 하지만 사회계층의 극심한 양극화 속에서 갈등과 범죄는 더욱 증가하고, 돈을 최고의 가치로 생각하는 물질주의적 가치관이 사람들의 의식을 지배하고 있다. 더 많은 부(富)를 얻기 위한 치열한 경쟁 속에서 점점 더 각박하고 비인간적으로 변모하고 있다.

2009년 5월 30일에 발표된 통계청 자료는 나날이 악화되는 사회 양극화의 심각성을 여실히 보여준다. 2009년 1분기 하위 20퍼센트 계층의 월평균 가계소득은 85만 5,900원으로 전년보다 5.1퍼센트 감소한 반면, 상위 20퍼센트 계층의 소득은 742만 5,000원으로 1.1퍼센트 증가했다. 월 100만 원도 채 받지 못하는 수십만 명의 비정규직 근로자와 일용직 근로자가 있는가 하면, 어느 공기업의 최고 경영자는 하루에 180만 원 이상의 보수를 받는 실정이다.[1]

양극화는 상대적 박탈감, 자신의 존재가치에 대한 모멸감, 가진 자들과 사회에 대한 적대감, 법질서에 대한 경멸, 공동체 의식의 와해, 범죄와 자살의 증가를 초래한다. 한국의 경제규모가 세계 10위권이라 하지만, 얼마 전에도 생활고를 비관하던 어느 30대 여성이 어린 두 자녀를 살해한 다음 자신도 음독자살했고, 대구의 한 노부부도 생활고를 비관하여 자살했다는 우울한 소식이 텔레비전에 보도되었다. 한국의 자살률은 2005년 이래 경제협력개발기구(OECD) 30개 회원국 가운데 3년 연속 1위이며 그 증가율 역시 1위를 차지하고 있는 실정이다. 통계청 발표에 따르면 2009년도 한국의 자살 사망자 수는 1만 5,413명에 달하는데, 통계에 잡히지 않은 자살 사망자(신원미상자, 미신고 및 지연신고자, 노숙자의 자살 등)를 감안한다면 그 수는 더 클 것이다(곽혜원, 「자살문제」, 22쪽).

정도의 차이는 있지만 이와 같은 현실은 오늘날 세계의 공통된 현상이다. 지난 10여 년간 미국 10대 은행 임직원 봉급은 308억 달러에서 749억 달러로 늘어난 반면, 일반 주주들에 대한 배당은 순자산의 0.8퍼센트에서 0.3퍼센트로 줄었다. MIT와 하버드대학 수학 교수 출신인 헤지펀드 매니저 제임스 사이먼스는 파생금융상품 투자 기법으로 2006년 한 해에 17억 달러(약 1조 5,800억 원)를 벌어들인 반면, 유엔경제사회이

사회(ECOSOC)는 「새천년 개발목표 보고서」(2007)에서 세계 인구 중 9억 8,000만 명이 하루 1달러 미만으로 생활하고 있다고 발표하였다. 여느 국가를 막론하고 경제성장과 물질적 풍요에 비례하여 범죄와 자살 사망자 수가 증가한다. 가난과 굶주림을 견디지 못한 보트피플의 탈출극이 지금도 계속되고 있는 것이다.

20세기 양자물리학의 대표적인 학자 하이젠베르크는 그의 자서전 『부분과 전체』에서 현대세계를 대양을 표류하는 배에 비유한다. 나침반이 고장난 배는 목적과 방향을 상실하고, 언제 무엇에 부딪혀 좌초할지 모르는 위험 속에 있다. 미래가 어떻게 될지 배에 탄 사람들은 알지 못한다.

하이젠베르크의 이 비유는 오늘의 세계 현실을 적절히 묘사한다. 온 세계가 경제성장과 물질적 풍요를 달성하기 위해 사력을 다하고 있지만, 우리는 이 세계의 궁극적인 목적이 무엇인지 알지 못한다. 도대체 우리는 어떤 세계를 기다리는가? 어떤 희망을 가지고 있는가? 더 큰 경제성장을 향해 앞다투어 달리다가 모두 절벽에서 떨어져버리지는 않을까?

오늘날 인류가 보유한 5만 1,000여 개의 핵폭탄, 지진과 해일, 홍수와 가뭄, 대형 산불, 온난화, 도서(島嶼)와 해안 지대의 침수, 생물의 멸종 등은 세계의 위기상황을 암시한다. 일련의 학자들은 환경 재난과 생태계의 위기는 더 이상 회복할 수 없는 국면에 돌입하였다고 말할 정도다.

만족을 모르는 소유욕

세계가 이러한 상황에 처하게 된 원인은 무엇일까? 계몽주의 이후의 시대적 흐름, 지구 생태계의 주기적인 변천, 자유시장 경제의 취약성, 세계 정치·경제의 불안 등 다양한 측면에서 그 원인을 설명할 수 있다. 그러나 좌파 마르크시스트 에른스트 블로흐가 그의 정신적 스승 카를 마르크스의 말을 빌려 얘기한 것처럼 "모든 사회적 문제의 뿌리는 인간에게 있다." 아무리 많이 소유해도 만족하지 못하는 본성, 인간의 무한한 소유욕에 있는 것이다. 미국 월가에서 일어난 세계 금융위기도 여기서 비롯되었다. 죽을 수밖에 없는 유한한 인간의 끝없는 욕망 추구가 해소되지 않는 한, 사회주의 경제체제도 대안이 되지 못할 것이며 마르크스가 예언한 공산주의 사회는 "역사의 풀리지 않는 수수께끼"로 남을 것이다.

인간의 이 무한한 소유욕은 어디서부터 오는가? 그것의 뿌리는 무엇인가? 짐승은 배가 부르면 그것으로 만족하는데 왜 인간은 아무리 많이 소유해도 만족하지 못하고 끝없이 더 소유하고자 하는가?

인간은 다양한 욕구를 가진다. 배가 고플 때 먹고 싶고 성욕을 느낄 때 성욕을 해결하고 싶은 원초적·생물적 욕구에서 시작하여, 우정과 사랑을 나누며 이웃의 관심과 인정을 받고 싶은 사회적 욕구, 삶의 의미와 가치를 찾고자 하는 영적·정신적 욕구에 이르기까지 인간의 욕구는 매우 다양하다.

이들 가운데 가장 근원적 욕구는 무엇일까? 그것은 죽지 않고 살고자 하는 욕구, 곧 자기의 생명을 유지하고자 하는 욕구, 그리고 종(種)을 유지하고자 하는 생물적 욕구다. 이 욕구는 땅 위에 있는 모든 생명체들의 공통된 현상이요 본성에 속한다. 땅속에 숨어 있는 지렁이의 꿈틀거림에서도 우리는 생명과 종을 유지하려는 근원적 본성인 '생명에의 의지'를 볼 수 있다.

"생명을 유지하기 위해서는 일차적으로 굶주린 배를 채우고 영양을 섭취하는 일이 필요하다"(블로흐). "수염이 석 자라도 먼저 먹어야 산다" "금강산도 식후경"이라는 한국의 격언은 '생명에의 의지'를 말한다. 프로이트는 인간의 기본 욕구가 성욕에 있다고 했지만, 배가 고프면 성욕도 생겨나지 않는 법이다. 설교 말씀도 귀에 들어오지 않는다. 무엇이든 먹고 싶은 생각 밖에 나지 않는다. "예술과 학문과 종교도 굶주린 뱃속에 음식물이 들어간 다음에야 있다"는 루드비히 포이어바흐(L. Feuerbach)의 말은 인간 생명의 본성을 정직하게 묘사한다.

굶주린 배를 채우고 영양을 섭취하기 위해서는 소유가 있어야 한다. 그래서 사람은 누구든지 소유하고자 하는 본성인 소유욕을 가진다. 그런 의미에서 소유욕 그 자체가 나쁘다고 말할 수 없다. 소유욕은 생명을 유지하기 위해 불가피한 일이요, 인간의 자기 발전과 공동체 발전에 기여할 수 있는 긍정적 측면이 있다. 그러나 소유욕은 마성(魔性)을 가진다. 거기에는 인간을 무한한 욕망의 노예로 만들 수 있는 힘이 있다.

이렇듯 자연의 생물들과는 달리 인간의 소유욕에는 한계가 없으므로 소유를 통해 만족되지 못한다. 돈 욕심은 돈을 통해 해결될 수 없다. 소유에 대한 욕망은 '밑 빠진 독'과 같다. 아무리 쏟아 부어도 채워지지 않는다. 소유가 커질수록 소유의 욕망도 더 커진다. 소유, 그것을 요약하는 '돈'은 축적과 증식을 본질로 하기 때문이다.

「인간에게 얼마나 많은 땅이 필요한가」라는 톨스토이의 단편소설은 돈의 본질을 잘 보여준다. 이 작품의 주인공 파홈은 가족의 생계를 위한 충분한 크기의 땅을 가지고 있지만 이에 만족하지 못하고 더 큰 땅을 원한다. 어느 상인의 소개로 그는 넓은 땅을 가진 한 부족장을 만나 제안을 받는다. 1,000루블의 돈을 걸고, 해가 지평선 아래로 넘어가기 전까지 걸어서 출발했던 시점으로 돌아오기만 하면 그 땅을 얻게 되지만, 만약 그 시점까지 도착하지 못하면 돈도 잃고 땅도 얻지 못한다는 계약이다. 땅을 조금이라도 더 가지려는 욕심으로 너무 먼 곳까지 걸어간 파홈은 해가 지평선 아래로 넘어가기 직전, 출발지에 놓인 돈을 바로 눈앞에 두고 쓰러져 죽는다. 그가 마지막으로 갖게 된 땅은 자신의 시체가 묻힐 만한 크기에 불과했다.

유한한 인간, 무한을 꿈꾸다

인간은 세상에 올 때 빈손으로 온 것처럼 이 세상을 떠날 때도 빈손으로 떠날 수밖에 없다. 이 사실을 알면서도 우리는 왜 끝없이 소유욕을 느끼는가?

앞서 말했듯이 일차적 원인은 자신과 후손의 생명을 더 확실하게 지키려는 인간의 생물적 본성에 있다. 이 본성 때문에 남성은 가능한 한 더 많이 자신의 정자를 퍼뜨리려 하고, 여성은 더 유능하고 힘 있는 남성의 정자를 받으려는 욕구를 가진다. 즉 남성이나 여성이나 후손을 통해 종의 생명을 이어가고 힘의 영역을 확장하고자 한다. 또 인간에게는 더 큰 행복과 쾌락을 추구하는 본성이 있다. 이 모든 본성을 충족시킬 수 있는 길은 소유에 있다. 소유는 곧 힘이다. 힘이 있어야 인간의 생물적 욕구들을 만족시킬 수 있다.

무한한 소유욕의 원인은 보다 더 심층적인 데 있다. 바로 인간의 내적 본성이다. 모든 생명은 죽음으로 한계지어져 있다. 언젠가 죽을 수밖에 없는 존재, 곧 "죽음을 향한 존재"(하이데거)다. 또 인간은 시간적 · 공간적으로 제약된 존재다. '지금 이 순간'에만 존재할 수 있고, 특정한 공간인 '여기'에만 있다.

이런 제약에도 불구하고 인간은 자신을 무한하고 제약 없는 존재로 확대시키고자 한다. 그 배후에는 자기가 모든 것의 중심이 되고자 하는 욕구가 숨어 있다. 인간은 우주의 미물에 불과하지만 하늘처럼 높아지고자 한다. 자신의 지배력을 온 우주로 확장하고, 생명을 가능한 더 연장하며, 과거와 현재와 미래의 시간적 한계를 극복하려는 끝없는 노력은 바로 이 욕구의 결과이다. "이름을 날리기 위해" 하늘을 향해 "바벨탑"을 쌓았다는 『성서』「창세기」 11장 이야기는 유한한 인간의 무한한 욕망을 시사한다.

한마디로 인간의 무한한 소유욕의 뿌리는 유한한 존재(finitum)가 무한성(infinitum)에 이르고자 하는 내적 본성에 있다. 무한성에 이르게 될 때 모든 제약에서 자유를 얻고 자기를 자유롭게 확장시킬 수 있으며, 모든 것을 지배할 힘을 얻을 수 있다고 생각한다. 이 내적 본성으로 인해 인간의 모든 욕구는 무한성을 특징으로 한다. 소유욕·성욕·권력욕·명예욕 등은 무한성의 구체적 표출이라 하겠다.

무한성은 인간을 자유롭게 하는 것이 아니라 '소유욕의 노예'로 만든다. 소유욕의 노예가 된 인간은 아무리 많이 가져도 만족하지 못하고 더 많은 것을 원한다. 그에게는 소유, 곧 돈이 하나님이다. 인생 최고의 가치는 돈에 있다고 그는 믿는다.

소유욕에 사로잡힌 인간세계는 경쟁과 투쟁의 장(場)으로 발전할 수밖에 없다. 이리하여 홉스가 말한 "만인에 대한 만인의 투쟁"이 인간의 생존 원리가 된다. 여기서 '자연' 내지 '본성'(nature)은 '투쟁'으로 규정된다. 인간은 본성에 있어 생존을 위해 서로 경쟁하고 투쟁하는 존재로 파악된다.

투쟁을 정당화시킨 사회다윈주의

본래 홉스는 동족끼리 서로 죽이는 종교적·정치적 내전을 종식시킬 강력한 군주권의 필요성을 주장하기 위해 저서 『리바이어던』(*Leviathan*)에서 '만인투쟁론'을 이야기하였다. 그의 이론은 생물학·경제학·사회학 등 후대 많은 분야의 학자들에게 깊은 영향을 준다. 데이비드 흄 · 애덤 스미스 · 토머스 맬서스 · 찰스 다윈은 홉스의 통찰을 따른 그의 제자들이라 말할 수 있다.

다윈이 『종의 기원』(On The Origin of Species, 1859)에서 말하는 진화의 원리는 생존을 위한 경쟁과 투쟁, 가장 유능한 자들의 승리와 생존, 승리한 자들의 선택과 패배한 자들의 도태로 요약된다. 이러한 원리를 통해 질적으로 낮은 종들이 더 높은 종으로 진화한다. 생물학자 스티븐 제이 굴드는 다윈이 말한 진화의 원리는 "애덤 스미스의 경제학을 자연에 적용한 것"이며, 홉스가 말한 "만인에 대한 만인의 투쟁의 생물학적 번안"이라 말한다(매트 리들리, 『이타적 유전자』, 347, 348쪽).

다윈은 12년 뒤 출판된 그의 저서 『인간의 유래』(The Descent of Man, and Selection in Relation to Sex, 1871)에서 반대되는 의견을 표명한다. 자연선택에 가장 성공적이었던 종들은 공동체의 이익을 위해 서로 돕고 단합할 줄 아는 종들이라는 것이다. "협력을 잘하는 구성원들이 많은 공동체가 잘 번창하고 가장 많은 수의 자손을 부양한다"는 것이 그의 소신이었다. 그러나 많은 학자들에게 다윈의 이 생각은 무시되고, 『종의 기원』에서 발표한 이른바 다윈주의적 진화의 원리가 깊은 영향을 미치게 되었다. 이리하여 다윈의 추종자들은 자연의 세계를 먹이와 피에 굶주린 개체들이 벌이는 끝없는 투쟁의 세계로 간주하고, 투쟁을 개체의 생존과 이익을 위해 따를 수밖에 없는 생물학적 원리로 끌어올린다.

다윈의 신봉자 허버트 스펜서와 토머스 헉슬리는 진화의 원리를 사회 현상에 적용하여 사회다윈주의(Social Darwinism)를 제창한다. 사회다윈주의에서는 생존을 위한 경쟁과 투쟁으로 약한 자는 도태되고, 강하고 빠르며 교활한 자가 살아남는 자연의 법칙이 인간 사회의 기본 법칙이요 사회 발전의 동력이고, "만인의 만인에 대한 홉스주의적 전쟁이 생존의 일상적인 조건"(헉슬리)이다.

사회다윈주의는 국가의 부를 증대시키기 위해 더 강하고 우수한 종을 배양해야 한다고 주장한, 다윈의 사촌 프랜시스 갈턴의 우생학으로 발전한다. 또 우수한 인종을 배양하기 위해 열등한 인종을 청소하자 주장하는 인종다윈주의(Racial Darwinism)와 보다 더 많은 부의 창출을 위한 자유시장경제의 경쟁에서 발생하는 희생을 당연한 것으로 보는 자본주의적 다윈주의로 발전한다.

근대 서구의 팽창주의·식민주의·제국주의·인종주의·흑인노예매매·인종청소·악성 자본주의는 이러한 사상적 맥락 속에서 일어났다. 근대 세계의 이러한 흐름은 아우슈비츠의 독가스실, 생체 실험, 장애인과 정신 이상자들에 대한 집단살해, 그리고 2,000만 명에 달하는 스탈린의 대학살에서 정점에 도달한다.

오늘날 세계경제를 위기에 빠뜨린 승자독식의 헤지펀드 자본주의는 사회다윈주의의 경제 형태이자 자본주의적 다윈주의의 한 형태라 말할 수 있다. 시장경제의 자유로운 경쟁을 통해 획득한 소유와 사회적 특권은 '홉스주의적 투쟁'에서 승리한 강하고 유능한 자들의 노획물로 정당화된다. 반면 가난한 자들의 빈곤과 사회적 소외는 투쟁에서 낙오한 약하고 무능한 자들의 당연한 대가로 간주된다.

한국 사회에 큰 파동을 일으킨 리처드 도킨스의 『이기적 유전자』는 인간 본성에 대한 홉스적 통찰을 유전자 차원에서 심화시킨다. 도킨스의 이론에 따르면 인간은 자기를 확장시키고자 하는 이기성을 본성으로 가진 유전자의 생존기계 또는 운반체다. 이타적 행동은 정말 이타적인 것이 아니라, 이타적 행동이 결국 유전자 증식을 성공적으로 이끈다는 경험을 통해 무의식적으로 일어나는 '이기적 전략'일 따름이다. 종교와 도덕의 '밈'(meme)이 있고 이기적 본성에 저항할 능력이 인간에게 있음을 도킨스는 인정하지만, 이기적 유전자의 운반체인 인간은 그 본성에 있어 이기적 존재요, 인간의 세계는 근본적으로 만인에 대한 만인의 투쟁의 장일 수밖에 없다.

도킨스는 인간의 이기성과 이를 극복해야 할 필요성을 환기시키기 위해 유전자의 내재적 이기성을 주장했다고 말한다. 의도는 타당하지만 그의 이론에서 인간은 유전자의 이기적 본성에 의해 지배되는 이기적 존재로 규정된다. 이를 통해 인간의 이기적 본성과 탐욕성, 홉스적 투쟁이 '자연'(nature, 본성)으로서 정당성을 얻게 된다.

또 다른 본성, 도덕성

인간은 본성적으로 이기적이고 탐욕적인 존재에 불과한가? 자신과 후손의 생명을 보장하고 유전자를 확장시키기 위해 경쟁하는 하나의 생물에 불과한가? 만인의 만인에 대한 홉스주의적 전쟁이 생존의 일상적 조건인가? 자연 상태는 투쟁의 상태이고, "힘에의 의지"(니체)가 삶의 궁극적 동인인가?

나는 이것이 인간의 한 측면일 뿐이라 생각한다. 우리에게는 또 하나의 측면이 있다. 그것은 임마누엘 칸트가 말하는 '도덕률' 곧 도덕적 본성이다.

인간이 이기적이고 탐욕적인 본성을 가진 것은 부인할 수 없는 사실이지만, 주변을 조금만 돌아보면 인간의 선하고 아름다운 도덕적 본성, 연약한 생명들을 붙들어주며 더불어 살고자 하는 아름다운 마음을 도처에서 발견할 수 있다. 추운 겨울 길거리에 서서 자선냄비의 종을 치는 구세군들, 그 자선냄비에 푼돈을 집어넣는 어린 학생들과 직장인들, 길을 묻는 행인에게 자세히 길을 가르쳐주는 친절한 시민들, 강물에 빠진 친구를 구해주고 자신을 희생한 학생들, 외화 부족으로 위기에 빠진 나라경제를 구하기 위해 금을 맡기려고 은행 앞에 100미터 이상 줄을 서 있던 서민들의 눈물겨운 모습들은 선하고 바르게 살며 이웃을 위해 자기를 희생할 수 있는 인간의 도덕적 본성을 보여준다.

이러한 도덕적 본성을 6·25 전쟁 때 직접 볼 수 있었다. 전쟁기간 중 거제도 고현에는 포로수용소가 설치되었다. 수용소에서 흘러나오는 미군 물자를 상대로 장사하는 사람들이 타지에서 모여들어 살기 시작했다. 어느 날 밤 40대의 한 장사꾼 아주머니가 투숙하는 집에 불이 났다. 집 안에서 잠을 자던 사람들이 황급히 뛰쳐나왔다. 주인 부부는 "집 안에 어린애가 자고 있다"고 고함을 지르며 발을 동동 굴렀다. 그러자 장사꾼 아주머니가 불 속으로 뛰어들어가 아기를 안고 나왔다. 그 과정에서 아주머니의 치맛자락에 불이 붙었다. 아주머니는 큰 화상을 입고 의식을 잃었다. 당시 초등학교 1, 2학년이었던 나는 고통으로 신음하며 들것에 실려가는 그 아주머니를 바라보면서 혼자 되뇌었다. "바보같이 불 속에 뛰어들긴 왜 뛰어들어! 아기 엄마도 뛰어들지 않는데!"

인간이 수치심과 죄책감을 느끼는 이유도 이러한 인간의 도덕적 본성 때문이다. 인간 이외에도 수치심과 죄책감을 느끼는 동물들이 있지만, 엄밀한 의미의 수치심과 죄책감은 인간만이 느끼는 고유한 특성이다. 동물들에게는 죄의식이 없다. 그러므로 죄에 대한 책임을 동물에게 물을 수 없다. 인간만이 죄에 대한 책임을 질 수 있다. 인간만이 부끄러움과 수치심을 느낀다. 자신의 신분 노출을 부끄러워하여 모자나 옷으로 얼굴을 가리는 범죄자의 모습에서 우리는 악인에게도 도덕성이 남아 있다는 사실을 발견한다.

이기적 반란을 억제하는 사회본성

인간에게는 정의, 그리고 나라와 민족을 위해 스스로 고난의 길을 택하며 자기의 생명까지 버릴 수 있는 의로운 본성도 있다. 왕에게 직언하다가 유배를 당하거나 사약을 받은 이 땅의 충신들, 전란 때의 의병들, 만주·중국·연해주 등지에서 죽어간 항일 독립군과 의열단원들, 그간 모은 보석을 3·1 만세운동에 기꺼이 바친 기생들, 재산을 사회에 기부하는 사람들, 이 밖에 세류(世流)와 타협하지 않고 책임과 사명에 충실한 우리 사회의 많은 사람들에게서 우리는 의로운 본성이 살아 있음을 발견한다.

이와 같은 도덕적 본성을 2011년 3월 일본의 대지진과 쓰나미의 재난 속에서 다시금 확인할 수 있었다. 미야기현 남부 미나미산리쿠 마을의 동사무소 위기관리과 직원 엔도 미키의 이야기다. 그녀는 쓰나미가 몰려올 때 "빨리 도망치세요. 6미터 높이의 파도가 오고 있습니다"라고 쉴 새 없이 대피방송을 하다가 결국 쓰나미에 휩쓸렸다. 25세라는 꽃다운 나이에 주민들을 살리고자 마이크를 놓지 않고 최후를 맞은 것이다.

지진과 쓰나미로 인해 후쿠시마 원전이 폭발하면서 인체 허용량의 6,600배가 넘는 방사선이 누출되었다. 도쿄 전력회사는 20명의 특별 지원요원을 모집하였다. 그러자 40년간 원전에서 근무하다가 한 지방 전력회사에서 근무하던 59세의 가장이 자기의 이름을 숨긴 채 가장 먼저 지원하였다. 정년퇴임을 6개월 앞둔 그는 안락한 노후를 포기한 채 죽음을 각오하고 이웃의 생명을 구하러 떠난 것이다.

인간의 보편적 윤리의식에서도 우리는 인간의 도덕적 본성을 발견한다. 인간 사회에서 이기적 행위·교활·거짓말·도둑질·배신·사기·파당·간계·강간·살인 등은 악덕으로 간주된다. 정직·성실·친절·동정·관대함·협동·선행·자기희생 등은 장려해야 할 미덕으로 칭송된다. 선을 행하고 악을 버려야 하며 올바르게 살아야 한다는 의식이 모든 사람에게 있다. 탐욕스럽고 교활하며 자기 야심만 추구하는 사람을 싫어하는 반면, 정직하고 겸손하며 성실하고 자기희생적인 사람을 존경한다. 이러한 윤리 의식은 시대와 문화권에 따라 차이가 있지만, 인류의 보편적 현상이다.

『목민심서』(牧民心書)에 나오는 정약용 선생의 가르침은 이러한 보편적 윤리 의식을 잘 보여준다.

"의복의 사치스러움은 사람들이 싫어하는 바이고 귀신이 시기하는 바이니 복을 꺾는 길이다. 음식의 사치스러움은 재정을 소모하는 것이요, 물자를 탕진하는 것이니 재앙을 부르는 방법이다. 규문(閨門)이 엄하지 못하면 가도(家道)가 어지러워진다. 한 집안에 있어서도 그와 같거든 하물며 관서에 있어서는 어떠하랴. …청탁이 행해지지 않고 뇌물이 들어오지 않는다면 이는 바른 집안이라 말할 수 있다."

인간의 본성에 관한 연구가 오늘날 생물학계에서도 활발히 이루어지고 있다. 생물학자들이 발표한 일련의 연구에 따르면 도덕적 본성의 뿌리는 세포를 구성하는 46개의 염색체(게놈)에서 발견된다. 어머니에게서 받은 23개, 아버지에게서 받은 23개의 염색체는 완벽한 조화 속에서 세포의 활동을 지시한다. 이 염색체 가운데 생명체의 성장을 저해하고 번식력과 건강을 해치는, B염색체라 불리는 기생체가 있다. 이 염색체는 자신의 번식을 위해 존재하는 일종의 반란자로서 염색체 팀의 조화를 전복시킨다. 그러나 B염색체의 이기적인 시도는 언제나 억제되고, 염색체

팀은 조화를 유지한다. 전체의 조화를 위해 특정 염색체의 이기적 반란을 억제하는 사회적 본성이 세포 안에 존재하기 때문이다(『이타적 유전자』, 51, 52쪽).

여기서 인간의 도덕적 본성에 대한 생물학적 기초를 발견할 수 있다. 개체의 이기성을 억제하고 전체의 조화와 공생을 추구하는 도덕적 경향성도 인간의 세포 안에 있다. 이 경향성으로 인해 의리·호의·친절·자선 같은 호혜적 관념들과 공동의 삶을 위한 공공질서와 제도가 등장한다. 사회적 윤리 의식과 행동양식, 불문율의 사회적 관습, 법질서, 계약제도, 삼권분립, 재판의 삼심제 등이 이에 속한다.

한국의 전통적 모내기에서도 더불어 살고자 하는 도덕적 본성의 소박한 형태를 볼 수 있다. 모내기 철이 되면 동네 사람들이 모여 각 가정의 모내기를 함께한다. 작업 능률이 오르는 효과도 있는데다가 함께 일하고 더불어 사는 삶의 기쁨을 경험할 수 있기 때문이다. 이러한 기쁨은 모내기가 끝난 뒤 함께 나누는 막걸리 잔을 통해 한층 더 고조된다.

정신 능력과 도덕성은 신의 선물

생물학적 진화주의에 의하면 도덕적 본성을 포함한 인간의 모든 정신 능력은 뇌세포의 200만 년이 넘는 진화를 통해 점차 형성된 우연의 산물일 따름이다. 진화의 과정에서 이 능력이 대두한 계기는 직립보행과 도구 사용에서 찾을 수 있다. 문화 진화주의에 따르면 그것은 문화의 변천과 함께 진화한다. 여기서 인간의 모든 정신 능력과 도덕성은 뇌세포의 진화와 문화의 진화로 환원된다.

인간의 정신 능력과 도덕성이 이러한 진화 과정 속에서 형성되었고 지금도 발전하고 있음은 부인할 수 없는 사실이다. 그러나 죄의식, 수치심, 명예의식, 땅에 대한 사랑과 보다 정의로운 내일에 대한 갈망, 그리고 이 갈망에서 생성되는 부정의 정신은 인간에게서만 발견되는 아주 특별한 현상이라 할 수 있다.

자연주의 · 진화주의 · 생물주의 그리고 물질론(유물론)이 강조하는 것처럼 인간은 자연에서 나온 "자연적 존재"(마르크스)다. 인간은 많은 생물 가운데 하나이며, 생물들처럼 자신의 자연적 욕구들이 충족될 때 생존할 수 있다. 자연도 역사를 가지며 미래를 향해 개방되어 있다. 그러나 자연은 역사에 수동적인 반면, 인간은 역사를 의식적으로 경험한다. 인간의 특수성은 역사성 자체에 있는 것이 아니라 역사성을 인식한다는 데 있다.

생물들도 시간을 가진다. 그러나 시간의 요소들, 지나간 시간을 되돌릴 수 없는 '시간의 비가역성', 과거와 미래의 시간적 위치를 뒤바꿀 수 없는 '시간의 도치(倒置) 불가능성', 새로운 '미래의 비결정성'을 의식하는 존재는 인간뿐이다.

어떤 생물도 절대자에 대한 경외심, 죽은 자들에 대한 추모의 마음, 멀리 떨어져 있는 집단 간의 자발적 도움과 교역을 알지 못한다. 슈바이처에 의하면 "자연은 생명에 대한 대한 경외를 알지 못한다." 또한 자연은 "생명에 대한 의지를 갖지만, 다른 생물 안에서 일어나는 것을 함께 체험할 능력은 없다." 98.4퍼센트의 유전자를 인간과 공유한 침팬지에게서도 이러한 현상을 발견할 수 없다. 이와 같은 인간의 특수성을 고려할 때, 인간의 정신적 능력과 도덕적 본성을 진화의 우연한 산물로 보는 것은 다분히 진화주의적 환원론이라 할 수 있다.

이 문제에 대한 해답을 기독교의 창조신앙에서 찾을 수 있을 것이다. 인간은 의롭고 선하신 '하나님의 형상'으로 창조된 특별한 피조물로서 하나님의 모습을 나타내야 할 존재로 창조되었다. 창조주의 피조물로서 인간은 이웃과 자연을 돌보며 더불어 살아야 할 책임자적 존재(stewardship)이다. 인간의 정신 능력과 도덕성은 이러한 하나님의 창조에 근원을 두고 있다.

이기적 인간과 이타적 인간

여기서 우리는 인간 본성의 상반되는 측면을 발견한다. 영양을 섭취하여 생명과 종을 유지하려는 생물적 본성과 영원을 동경하며 존재의 의미와 가치를 추구하는 정신적 본성, 자신의 사적 이익을 위해 공동체를 파괴할 수 있는 개체적 본성과 공동체를 위해 목숨을 바칠 수 있는 공동체적 본성, 이기적이며 탐욕적인 본성과 도덕법에 따라 살고자 하는 도덕적 본성이 그것이다.

오스트리아의 행동과학자 콘라트 로렌츠는 인간 본성의 상반되는 측면을 다음과 같이 설명한다.

"인간도 동물이다. 그러므로 인간도 동물적 본능 곧 공격 성향을 가진다. 그는 자신의 식구에 속하지 않은 동종의 생물들에게 때로 '마귀'가 되는 '쥐들과 비슷한' 본성이 있다. 이와 동시에 인간에게는 동물과 비교할 수 없는 높은 정신적 능력이 있다. 이 정신 능력으로 말미암아 '인간적인 인간'이 되고자 하며 '하나님의 형상'을 실현하고자 한다. 이리하여 인간은 '이웃을 사랑하라' 등의 윤리 규범을 지향하게 된다."

인간 본성의 이 상반되는 측면은 하나가 다른 하나로 환원될 수 없는 양극(Polarität)을 구성한다. 이는 죽는 순간까지 벗어날 수 없는 인간의 실존에 속한다. 동물적·이기적 본성과 정신적·도덕적 본성의 끝없는 갈등 속에서 실존하는 존재가 인간이다.

인간을 총체적으로 파악하려면 갈등 속에 있는 이 두 가지 측면을 함께 살펴야 한다. 어느 한 측면만 보고 다른 측면을 간과할 때 쉽게 일면성에 빠질 수 있다. 인간 본성의 정신적·도덕적 측면을 간과할 때, 인간을 단지 동물적·이기적 존재로 환원시키는 인간의 '자기비하'가 일어난다. 반대일 경우 인간을 정신적·도덕적 존재로 승화시키고 그의 동물적·이기적 측면을 은폐시키는 '자기기만'이 일어난다. 둘 다 인간 자신에게 해로운 결과를 초래한다.

타락한 인간세계 속에서 더 끈질기고 우세한 본성은 동물적·이기적 본성일 경우가 많다. 타락한 인간의 악한 본성이 선한 양심보다 더 강한 힘을 가진다. 그래서 동물적·이기적 탐욕 앞에서 도덕적 양심은 힘없이 무너지고, 개인의 이익에 대한 사적인 욕심이 공동체 전체의 유익을 훼손하는 경우가 허다하다. 이로 인해 오늘날 우리 세계는 불의와 죄악과 고난으로 가득하다. 극단적 사리사욕, 기만과 사기, 공공성의 파괴, 고도의 지능형 사기, 그리고 부정축재·폭력·테러·강간·살인·방화·전쟁·자연파괴·인간소외·착취·억울한 죽음들이 세계 도처에서 일어나고 있다. 변신을 잘하는 교활한 자들이 득세하고, 주어진 사명을 말없이 성실하게 감당하는 자들은 그늘에 묻히거나 제거되는 역사가 반복된다. 그래서 "악화가 양화를 구축한다"라고 이야기한다. 열역학 제2법칙 곧 '엔트로피 법칙'은 이 현상을 지지한다. 사용할 수 있는 양질의 에너지양은 감소하는 반면 사용할 수 없는 양은 증가하기 때문에, 폐쇄된 체계인 자연세계는 무질서와 혼돈상태로 발전하는 경향으로 흐른다는 것이다.

사용 가능한 양질의 에너지가 완전히 사용 못하는 형태로 바뀌고, 그래서 아무 일도 일어나지 않는 영원한 정지 상태에 이르는 것이 이 세계의 마지막 목적(telos가 아닌 finis)인가? 보다 정의롭고 인간적인 내일의 세계에 대한 우리의 꿈과 기다림은 무의미한 것인가?

이 질문에 대해 "그래도 우리에겐 희망이 있다"라고 답하고 싶다. 동물적이며 자기중심적인 성향이 인간을 지배하는 때가 많지만, 그래도 우리는 선하신 하나님의 형상에 따라 창조된 하나님의 피조물이요, 선함과 의로움을 추구하는 도덕적 성향이 마음속 깊이 뿌리박고 있기 때문이다. 영양 섭취의 욕구와 종족 번식의 욕구 때문에 이기적이고 탐욕적이며 공격적인 행동을 하기도 하지만, 이와 동시에 '사랑하고 존중할 만한 가치'가 무엇인가를 인지하고 영원한 것을 동경한다. 죄악과 혼돈과 모순이 이 세계 안에 가득하지만, 그래도 질서가 있고 아름다움과 의로움이 있다. 하나님이 그의 지혜로 땅의 기초를 세웠기 때문이다(「잠언」8장 29절).

자기 인식이 존재를 변화시킨다

중요한 문제는 우리가 현실을 어떤 시각에서 바라보느냐다. 하이젠베르크의 '불확정성원리'(Prinzip der Unbestimmtheit)가 말하는 것처럼 세계의 현실은 원인과 결과의 법칙(인과율)에 따라 결정되어 있는 '대상'이 아니라, 인간이 관찰하는 관점과 방법에 따라 관찰 과정 속에서 새롭게 인식되고 구성되는 '안개구름'과 같다. 미시 영역에서 현실을 구성하는 원자는 확정되어 있는 '물질적인 것'이라기보다 확정되지 않은 '정신적인 것'에 더 가깝기 때문이다(하이젠베르크, 『부분과 전체』).

그러므로 어떤 사물의 전체는 부분들로 구성되지만, 전체 속에는 부분들의 합(合)을 넘어서는 예측할 수 없는 잠재성이 숨어 있다. 한 편의 시(詩)와 그림과 음악이 사람에 따라 다르게 이해되는 무한한 잠재성을 가진 것처럼, 세계는 잠재성 그 자체이다. 원인과 결과의 법칙인 인과율에 근거한 기계론적 세계관과 결정론, 운명론은 여기에서 타당성을 상실한다.

현실은 우리가 바라보는 시각에 따라 다양하게 인식되고, 인식되는 바에 따라 구성된다. 현실을 "만인에 대한 만인의 투쟁"의 장으로 인식하면, 현실은 그렇게 보이고 또 그렇게 구성될 것이다. 그리하면 수단과 방법을 가리지 않는 경쟁과 투쟁이 역사의 법칙으로 정당화되고, 윤리성을 상실한 경쟁과 투쟁에서 이긴 자의 독식이 정당성을 주장할 수 있게 된다.

세계 현실과 마찬가지로 인간도 잠재성의 존재다. 어떤 인간도 결정되어 있지 않고 새로운 미래를 향해 열려 있다. 우리가 인간을 어떻게 규정하고 인식하느냐에 따라 인간의 존재가 결정된다. "그가 먹는 것이 곧 그 자신이다"(포이어바흐)라고 인식하면, 인간은 그가 먹는 바에 따라 결정되는 불쌍한 존재로 전락할 것이다. 반면 "인간은 그 본성에 있어 도덕적 존재다"라고 인식할 때는 먼저 도덕적 존재로서 인간의 가치와 존엄성이 인정되고, 생명 보호에 대한 의식이 발전한다.

"인간은 그 본성에 있어 도덕적 존재다"라는 인식(Indikativ)은 "그러므로 인간은 도덕적 존재가 되어야 한다"는 당위성(Imperativ)을 내포한다. 이리하여 인간은 비도덕성을 극복하고 도덕성을 발전시켜 할 당위성을 의식하게 되고, 도덕적 존재로 발전할 전망이 열리게 된다. 한마디로 우리가 인간의 존재를 어떻게 규정하고 인식하느냐에 따라 인간의 존재가 변화되고 구성된다.

물론 사회적·관계적 존재로서의 인간은 단지 자기 인식을 통해 형성되지는 않는다. 그의 존재는 자연 조건과 역사적 배경, 문화적·사회적 환경, 가족 관계, 물질적·경제적 조건 등 여러 복합적 요인들을 통해 형성된다. 그러나 내가 나를 어떻게 인식하느냐에 따라 나의 존재가 변화되고 구성된다는 것은 부인할 수 없는 사실이다. 자기를 '운명에 묶인 존재'라 인식하면 운명에 묶인 존재가 될 것이고, '운명에 자유로운 존재'라 인식하면 그렇게 될 것이다. '인간은 짐승들 가운데 하나일 뿐'이라고 인식하면, 짐승처럼 살아도 되고 짐승 취급을 받아도 좋은 존재로 전락할 것이다. 이에 반해 도덕적 존재라 인식하면, 도덕적 존재가 되어야 하고 도덕적 존재인 이웃의 존엄성을 존중해야 할 당위성을 의식하게 될 것이다.

인간의 의식은 그의 존재를 통해 결정된다는 마르크스의 물질론은 전적으로 타당하지 않다. 그것은 인간 존재의 정신적 측면을 물질적·경제적 조건으로 환원시키는 물질론적 환원주의의 일면성을 가진다. 인간의 의식은 물질적 현실의 영향을 받을 수밖에 없지만, 그것을 초극할 힘과 자유를 가진다. 바로 여기에 자연적·동물적·물질적 측면으로 환원될 수 없는 인간의 정신적 측면 내지 정신적 자유와 위대함이 있다는 사실을 간과해서는 안 될 것이다.

기계론적·물리주의적 인간관의 위험성

인간학의 가장 오래된 형이상학적 전통에 의하면 인간의 본질은 정신과 사유에 있다. 따라서 인간은 정신적·이성적 존재로 이해된다. 인간은 본질적으로 사유하는 존재, 정신이 육체를 지배하고 통제하는 합리적·도덕적 존재로 승화된다. 육체와 관계된 모든 자연적 욕구들은 통제하고 억제해야 할 '악한 것'으로 간주된다. 이에 반해 근대의 물질론적·기계론적·진화론적 인간학은 형이상학적 전통을 거부하고 인간을 자연적·물질적 요인들에 의해 결정되는 물질 덩어리 내지 분자 덩어리, 물리·화학적 법칙에 따라 움직이는 기계, 포유류에서 진화된 생물의 일종으로 파악한다. 여기서 인간의 욕구들은 '자연적인 것'으로 정당성을 회복한다.

인간을 일종의 기계로 보는 근대 프랑스의 의사이자 철학자인 쥘리앵 라메트리의 기계론적 인간관(『인간기계론』 *L'Homme Machine* 참조), "존재가 의식을 결정한다"고 보는 마르크스의 물질론적 인간관, 인간의 심리도 인과 법칙에 따라 움직이는 하나의 기계와 같기 때문에 물리적·수학적 방법으로 파악될 수 있다고 보는 19세기 헬름홀츠 학파의 물리주의적 인간관, 인간의 정신과 행동을 신경세포의 물리적 활동으로 환원시키고 그것을 물리·화학적 개입을 통해 조작할 수 있다고 보는 현대 신경과학과 인지과학은 계몽주의 이후의 반형이상학적 사조를 대변한다.

이 사조에 따르면 인간의 육체적 활동은 물론 정신적·심리적 활동, 기쁨과 슬픔, 좌절과 희망 등의 정서 활동도 인과 법칙에 따른 뇌세포 또는 신경세포의 물리적 활동으로 환원한다. 영양 섭취·종족 번식·성적 욕구의 충족을 삶의 기본 동인으로 설명하고, 본성은 동물적 이기성과 욕망 충족, 생존을 위한 경쟁과 투쟁에 있다고 규정한다. 이기심과 탐욕, 사회다윈주의적 경쟁과 투쟁과 전쟁을 개인과 사회와 역사의 발전 동인으로 규정하기도 한다.

이러한 이론들은 인간 존재의 자연적·생물적·물질적·육체적 측면을 정직하게 드러낸다는 점에서 타당하다. 이와 동시에 이들은 인간의 정신적 능력, 도덕적 본성과 자유를 간과하고, 인간을 물질적·경제적 조건, 육체의 물리적 법칙에 따라 결정되는 물질 덩어리, 생물적 욕구 충족을 위해 경쟁하고 투쟁하는 동물 내지 일종의 생물로 비하시키는 문제성을 지닌다.

인간을 단지 정신적·이성적 존재로만 보는 형이상학적 '자기기만'은 인간의 자연적 욕구들을 억제함으로써 총체적 자기발전과 행복을 불가능하게 한다. 그것은 물질적 · 경제적 현실을 중요하지 않은 것으로 간주함으로써 현실을 방치하거나 포기하도록 만드는 치명적인 문제를 낳을 수 있다.

물질론적 · 생물주의적 '자기비하'는 인간을 '먹는 것'에 의해 결정되는 불쌍한 존재, 경쟁과 투쟁 속에서 하나의 생물처럼 살아도 좋은 비도덕적 존재로 전락시킬 수 있다. 그것은 경쟁에서 이긴 강한 자들의 독식을 '자연질서'로 정당화시키며, 약한 종족에 대한 지배와 억압, 인종차별과 인종주의를 정당화시킬 수 있는 이데올로기적 위험성을 가진다.

그러므로 우리는 인간의 정신적 · 도덕적 측면과 생물적 · 이기적 측면을 인정하면서 보다 나은 인간상을 향한 일종의 이중 전략을 취할 필요가 있다. 이는 인간 내면에 깊이 숨어 있는 생물적 · 이기적 본성을 간파하고 이를 순화시키며 제어할 법적 · 제도적 장치들을 강화함과 동시에 인간의 정신적 · 도덕적 본성을 의식하고 교육과 종교를 통해 이를 계발하는 것이다.

물질적 풍요와 행복

현대사회는 경제성장과 물질적 풍요를 최고의 가치로 생각한다. 한국 사회도 예외는 아니다. 국민소득 2만 달러의 문턱을 넘어 3만 달러에 진입하는 것이 이 시대 우리 민족의 가장 큰 과제로 생각될 정도다. 물론 우리 사회는 이 목표를 달성해야 한다. 그러나 물질적 풍요만으로 인간이 행복할 수 없다는 사실을 우리는 깊이 유념할 필요가 있다.

어느 세계적 기업의 회장은 신문 인터뷰를 통해 이런 사실을 확인시켜 줬다. 세계 각지의 아름다운 곳에 그 회장 소유의 별장들이 있고, 이 별장에서 저 별장으로 이동할 수 있는 전용 비행기가 있다. 별장에는 젊고 아름다운 전속 모델 여성들이 대기 중이다. 그러나 그는 이렇게 고백한다.

"나는 너무도 외롭다. 내 인생은 저주받은 인생이다!"

물질적 풍요 그 자체가 나쁜 것은 아니다. 그러나 물질적으로 풍요로워질수록 삶의 투지력이 약화되고, 사회의 개체화로 말미암아 공동체의 결속력이 약해진다. 사치와 허영과 쾌락이 퍼지기 시작하고, 삶의 허무함과 정신적 공허감이 찾아들기 시작한다. 이 문제는 물질적 풍요를 통해 극복되지 않는다. 그래서 사람들은 더 깊은 쾌락과 우울증과 알코올중독과 마약중독에 빠진다. 그러나 이 역시 해결책이 되지 못하기 때문에 결국 자살로 삶을 마감하기도 한다.

왜 이런 현상이 일어나는 것일까? 왜 인간은 동물처럼 영양 섭취와 종족 번식의 욕구를 채우는 것으로 만족하지 못하는가? 왜 더 많은 소유와 소비와 쾌락으로 만족하지 못하고 정신적 공허감과 무의미에 빠지는가? 그 원인은 인간 본성의 양극성에 있다. 이 양극성으로 인해 언제나 갈등하면서 하나의 갈림길에 서게 된다. 그는 더 많은 소유를 획득하여 양질의 영양을 섭취하고 자기의 유전자를 확장시키는 데 몰두하는 생물적 존재가 될 수도 있고, 삶의 참 의미와 가치를 찾는 정신적·도덕적 존재가 될 수도 있다. 돈을 자기의 하나님으로 모시고 살 수도 있고, 가치 있고 영원한 것을 동경하며 살 수도 있다. 「창세기」 2장에 기록된 '생명의 나무'와 '죽음에 이르게 하는 나무'는 인간 존재의 두 가지 가능성을 시사한다. 하나님이 에덴동산을 지으시고 그 안에 생명의 나무와 죽음에 이르게 할 수 있는 이른바 '선악과나무'를 심는다. 그리고 이 나무 열매를 따먹는 날 "너희는 죽을 것이다"라고 경고한다. 이는 나무 두 그루를 심었다는 얘기가 아니다. 인간은 더 많은 소유와 유전자 뿌리기에 골몰하는 생물적 존재가 될 수도 있고, 하나님의 계명 안에서 도덕적 존재가 될 수도 있다는 뜻이 이 이야기 속에 담겨 있다.

오늘날 사회 전반을 지배하고 있는 경쟁의 에토스는 그 나름의 순기능을 가진다. 그것은 '철밥통' 속에 있는 개인의 나태와 무책임의 껍질을 깨뜨리고 숨어 있는 잠재력을 활성화시킬 수 있다. 이를 통해 개인의 자기 발전과 공동체의 발전을 유발하고, 노동의 생산성을 높이며, 경제성장을 가져올 수 있다. 더불어 개인의 사적 이익을 증대시키고 이기적 탐욕과 자기 성취감을 충족시킬 수 있는 길이 되기도 한다.

동시에 경쟁과 투쟁은 이웃을 경쟁 대상으로 보게 하고, 이익을 위해 이웃을 해치는 '늑대와 같은 인간'(homo sicut lupus)을 양산할 수 있다. 이리하여 인간의 세계는 "만인에 대한 만인의 투쟁"의 장으로 변할 수 있다. 경쟁은 인간의 관계성을 단절시키고 인간을 고독한 개체로 만들어 버린다. 경쟁에 능한 자는 우수한 종으로, 그렇지 못한 자는 열등한 종으로 분류함으로써 인간에 의한 인간 차별을 초래할 수 있다. 결국 그것은 사회적 통합과 단결을 와해시킬 수 있다.

아무리 경쟁을 잘하여 물질적 풍요를 누린다 해도 인간으로서 지켜야 할 기본 예의를 알지 못하고 도덕성을 상실한 채 이기심과 탐욕, 부패와 타락에 빠진 개체들이 이룬 사회는 망할 수밖에 없다. 이것은 역사가 증명하는 사실이다. 고대 로마제국이 멸망한 것도 단지 게르만 족과 오스만 투르크의 침입 때문이 아니라, 원로원 의원들과 궁정 관료들, 황제 일가를 중심으로 한 사회 지배계층의 이기심과 탐욕, 무책임과 권력투쟁으로 인해 사회의 도덕성이 무너졌기 때문이다.

개인이나 기업도 마찬가지다. 악하고 교활하고 이기적인 사람은 오래가지 못한다. 이런 사람들은 후대에 가서라도 망한다. 최대의 이윤 획득을 최고의 가치로 생각한 나머지 도덕성을 결여한 기업, 고위직 임원들에게는 천문학적 급여로 대우하면서 평직원과 하청업체에 '기름짜기'를 강요하는 기업은 오래 가기 어려울 것이다. 얼마 전 세계 언론이 대대적으로 보도한 일본의 도요타 자동차 리콜 사건은 이 가능성을 예시한다. 자연도 예외가 아니다. 표트르 크로포트킨이 말한 것처럼 협동하고 공생하는 생물의 종들은 유지되고, 공격적이며 투쟁을 일삼는 종들은 차츰 사멸한다. "사나운 호랑이는 없어지고, 힘없는 토끼는 늘어난다." 이 평범한 말 속에 생명의 법칙과 역사의 진리가 숨어 있다.

참으로 이 세상을 유지하는 힘은 이기적인 탐욕과 경쟁이 아니라 사회적 약자의 생존권을 보호하고 이웃과 더불어 살고자 하는 도덕성이 아닌가. 자기가 맡은 책임을 묵묵히 감당하는 우리 사회 많은 이들의 성실함과 정직성, 민족을 위해 소유와 삶을 바치는 의로운 마음, 생명에 대한 여성의 애착과 뜨거운 모성 본능, 일상의 크고 작은 친절함과 사랑이 사회를 유지하는 내적 힘이라 생각된다.

한 국제 난민 구호활동가는 다음과 같이 말한다.

> "그렇게 다 털어놓고 나니 알 수 있었다. 세상과 나를 움직이는 게 무엇인지 보였다. 세상을 향한, 여러분을 향한, 그리고 자신을 향한 내 마음 가장 밑바닥에 무엇이 있는지도 또렷하게 보였다. 그건, 사랑이었다."(한비야, 『그건, 사랑이었네』, 9쪽)

사람은 무엇보다 먼저 먹어야 한다. 먹은 다음에는 배설해야 한다. 이것은 우리가 부인할 수 없는 생명의 진리에 속한다. 그러나 인간을 참으로 인간답게 하고 사회를 인간다운 사회, '사람이 살 수 있는 사회'로 만드는 것은 단순히 영양 섭취와 배설에 있지 않다. 더 많은 소유, 더 높은 권세와 명예에 있지 않다. 그것은 고난당하는 이웃과 공동체를 향한 사랑에 있다. 달리 말해 그것은 도덕성에 있다.

우리는 이 세계의 비도덕성과 혼돈과 모순에 실망할 때가 많다. 때로 깊은 좌절감에 빠지기도 한다. 사실 많은 사람들이 인간세계에 대한 좌절감과 우울증 속에서 살아간다. 하이젠베르크가 말했듯 이 세계의 목적과 희망이 보이지 않기 때문이다. 하나님이 있다 하지만 죄와 죽음의 세력이 지구의 생태계 전체를 위협하고 있다. 일본에서 일어난 대지진과 쓰나미, 후쿠시마 원전사고는 이 시대의 상황을 예시한다.

그러나 우리는 희망을 포기해서는 안 된다. 생명을 사랑하고 선을 바라는 마음이 우리에게 있고, 재난을 극복할 수 있는 가능성과 의지가 있기 때문이다. 이와 관련하여 한 유대인의 삶의 고백을 인용하면서 이 글을 끝내고 싶다. 그는 제2차 세계대전 때 18세의 나이로 나치의 강제수용소에 수감되어 죽음과 같은 고통을 당한다. 이후 탈출에 성공하여 수차례 사선을 넘다가 전쟁이 끝난 후 사업에 성공하여 프랑스에 정착한다. 그러나 화재로 사랑하는 아내와 아이들을 모두 잃어버린다. 그럼에도 그는 인간에 대한 희망을 버리지 않는다.

"우리가 본능만 있는 존재인 동물과 다르다는 것은 좋은 일이다. 세상의 비극들을 아는 우리지만, 그래도 우리는 아직 희망을 믿는다. 나는 아름다움을 만났기 때문에 희망의 영원성을 믿는다. 아름다움은 여자와 아이들의 얼굴에 있다. 하지만 어떻게 봐야 하는지만 안다면, 모든 이의 얼굴에서 아름다움을 찾을 수 있다. 미소나 주름살 뒤에 숨겨 있는 것을 보아야 하고 심지어 추함이라 불리는 표면 아래에 숨겨 있는 비밀도 알아채야 한다."(마르틴 그레이, 『살아야 한다. 나는 살아야 한다』, 513쪽)

인류의 성장, 생태계의 위기

김응빈 교수 · 생물

생태 극장의 신참 배우

두 주인공의 사랑 이야기를 중심으로 전개되는 셰익스피어의 희곡 「뜻대로 하세요」(As You Like It)에서 조연격인 자크(Jacques)가 주인공 못지않게 부각되는 데에는 그의 극중 명대사가 한몫을 한다. 특히 2막 7장에서 "온 세상은 무대고, 모든 여자와 남자는 배우일 뿐이다. 그들은 등장했다가 퇴장한다. 한 사람은 일생에 걸쳐 많은 역할을 연기한다"로 시작되는 독백은 셰익스피어가 작품을 통해 남긴 문장 중에서도 가장 많이 인용되는 명언에 포함된다. "인생이란 무엇인가"라는 근원적인 문제에 대해 고민하다 일순간 염세주의로 빠지려 할 때가 있다. 그럴 때 이 경구는 내게 "과연 나는 어떤 배역을 맡았다가 몇 막에서 퇴장할까?"라는 자문을 하게 하여 의미 있는 삶을 위한 노력을 경주하게 만드는 활력소가 된다. 문득 나를 둘러싼 이 세상이 하나의 긴 장편극일지도 모른다는 생각이 들면서 지구상에 존재하는 모든 생물종이 연극배우이고, 지구는 거대한 '멀티플렉스 극장'이라는 상상을 해본다.

어림잡아도 45억 년이라는 장구한 역사를 가진 지구와 거기에 살고 있는 모든 생물종을 생물학적으로는 '생태 극장에서 진화 연극을 공연 중인 배우'라는 문구로 함축하여 표현할 수 있다. 개개의 극장(서식지)에는 열심히 개성 있게 연기하는 다양한 배우(생물종)가 있다. 모든 배우의 연기 목적은 '자자손손(子子孫孫) 잘 먹고 잘 살아보자'(생존과 번식)이다. 모든 생물종은 생존을 위해 생물과 무생물 요소를 지각하고 반응함으로써 끊임없이 내외부의 여러 생물과 상호작용을 해왔고, 이를 성공적으로 수행한 생물종만이 자손 번식에 유리한 고지를 점하여 왔다는 얘기다. 인간도 이러한 생물종 가운데 하나다.

최근 들어 이 생태 극장에 문제가 발생했다. 자율 운영을 원칙으로 하는 이 극장에서 인간이라는 신참 배우 하나가 말썽을 피우기 시작하더니, 급기야 극장 전체를 존폐의 위기까지 몰고 간 것이다. 이에 이 글에서는 생태 극장의 기본 운영 규칙과 이에 근거한 당면 문제들을 분석하여, 생태 극장의 보존과 함께 다양한 배우들이 출연하는 연극이 지속될 수 있는 방안을 모색해보고자 한다.

먹이그물, 생물종 간의 생존경쟁

생태계(ecosystem)는 생물 구성요소와 무생물 구성요소가 상호 의존적으로 통합되어 있는 시스템이다. 영국의 신학자인 윌리엄 잉(William Ralph Inge)이 남긴 "자연은 동사 '먹다'의 능동형과 수동형으로 이루어진다"라는 말처럼 생태계 생물종들의 상호작용을 한마디로 말하면 '먹고 먹히는 관계'다. 생태학에서는 이러한 관계를 먹이그물(food web)이라는 용어로 표현한다. 생태계의 생물 구성요소는 생산자·소비자·분해자로 구성되어 있으며, 이들은 먹이그물이라는 에너지와 영양물질의 이동 얼개를 통해 서로 연관되어 있다.

생태계를 작동시키는 가장 중요한 무생물 구성요소는 에너지와 물질이다. 태양에서 유래된 에너지는 생물체와 먹이그물을 통하여 활용 또는 저장되기도 하지만 궁극적으로는 열 형태로 생태계를 빠져나가기 때문에 에너지의 흐름은 일방통행이다. 반면, 물질은 외부로부터 유입되는 것이 아니라 순환하게 된다. 이처럼 생태계 내에서 물질들이 생물과 무생물 구성요소 사이를 순환하는 현상을 생지화학적 순환(biogeochemical cycle)이라 한다. 다시 말해서, 우주에서 지구로 날아드는 운석이나 우주 미아가 된 인공위성 등과 같은 드문 예외들을 제외한 지구의 모든 물질은 항상 그 안에 있으며, 생물 구성요소와 무생물 구성요소 사이를 끊임없이 순환하면서 지구라는 거대한 생태계의 생명력을 유지하고 있다.

"먹기 위해 사느냐, 아니면 살기 위해 먹느냐." 이런 질문은 생물학적으로 우문이다. 이에 대한 생물학적 현답은 "안(못) 먹으면 죽는다"이다. 결국 자연 생태계에서 모든 생물종은 최대한 잘 먹기 위해서 최선의 경쟁을 벌이고 있는 것이다. 이러한 경쟁을 생물학적으로 정의하면, 생산자가 공급하는 에너지를 획득하기 위한 생물종 간의 생존경쟁이다. 따라서 생물종들은 먹이그물에서 수행하는 역할, 즉 먹이(에너지) 획득 방법에 따라 분류할 수 있다〈표 참조〉.

생산자는 '광합성'과 '화학무기영양'으로 영양분을 만들어 다른 생명체들에게 공급한다. 광합성은 빛 에너지를 받아 식물과 조류(algae) 또는 세균에서 당이 만들어지는 과정이다. 이것을 등식으로 표현하면 '이산화탄소(CO_2) + 물(H_2O) + 빛 에너지→포도당($C_6H_{12}O_6$) + 산소(O_2)'이다. 포도당은 생명체의 기본 구성 분자이자 생명 활동에 필요한 주 연료이다. 화학무기영양은 특정 세균에만 국한된 매우 독특한 능력으로, 빛 에너지

자연 생태계에서 먹이 획득방식에 따른 생물 분류

분류	세부 분류 및 역할
생산자 (Producer)	무기화합물로 유기화합물을 합성하는 생물
소비자 (Consumer)	• 초식동물(herbivore) • 육식동물(carnivore) • 잡식동물(omnivore) • 잔사식(殘渣食)생물(detritivore): 지렁이 · 쥐며느리 등처럼 잔사(detritus: 생물체의 파편 · 사체 · 배설물 및 그들의 분해 산물)를 먹고사는 생물 • 기생생물(parasite): 살아 있는 생물을 숙주로 그 표면 또는 내부에서 생활하면서 영양분을 얻는 생물
분해자 (Decomposer)	물질을 분해하여 생기는 에너지로 생활하고, 생산자가 이용할 무기화합물로 만들어주는 생물

가 아닌 무기화합물 에너지를 이용하여 이산화탄소를 원료로 당을 합성하는 과정이다. 화학무기영양 세균들은 심해처럼 빛이 전혀 없는 환경에서 무기화합물에 들어 있는 에너지를 이용하여 이산화탄소를 유기탄소(당류)로 합성한다. 이 세균들이 해당 생태계에서 생산자로서 먹이그물의 중심에 있게 된다.

생산자에서 출발한 물질은 어디를 통과하든지 간에 최종적으로 분해자에게 모였다가 다시 생산자로 돌아온다. 궁극적으로 모든 생명체는 죽음을 맞이하고 그 사체가 분해되어 생산자가 새로운 영양분을 만드는 원료로 다시 쓰이기 때문이다. 살아 있는 생물과 죽은 생물을 연결해주는 분해자 역할은 세균과 곰팡이를 비롯한 미생물만이 해낼 수 있다. 미생물은 지구 생태계의 화학 균형을 유지함으로써 모든 생명체 존립에 필수적인 역할을 한다.

자체적으로 생존에 필요한 영양분을 생산할 능력이 없기에 생존을 위해 직접적이든 간접적이든 생산자가 공급하는 영양분에 의존할 수밖에 없는 모든 생물은 소비자에 포함된다. 자칫 동물만을 소비자로 간주하기 쉬우나, 기능적으로 소비자와 분해자의 구분이 애매한 경우가 많다. 생산자에 종속된 생명체로서 소비자 생물들은 생존 확률을 극대화하기 위해 주어진 환경에서 제공되는 먹이를 효율적으로 획득하여 이용할 수 있도록 진화해왔다. 이런 이유로 소비자를 '종속영양생물' 또는 '타가영양생물'이라고 한다. 생산자와 분해자에 비해 소비자에서 훨씬 다양한 먹이 획득 방법이 나타나는 것도 이러한 추론을 뒷받침해주는 증거다.

개체군의 무한증식은 가능한가

"네가 흙으로 돌아갈 때까지 얼굴에 땀을 흘려야 먹을 것을 먹으리니, 네가 그것에서 취함을 입었음이라. 너는 흙이니 흙으로 돌아갈 것이니라 하시니라."(「창세기」 3장 19절) 지독한 직업병 환자로 여길지 모르겠지만, 나는 이 『성경』 구절을 들을 때마다 생태학의 으뜸 규칙이 떠오른다. 앞서 설명한 대로 자연 생태계의 모든 관계는 기본적으로 생존을 위한 먹이 획득 경쟁에서 출발한다. 유한한 먹이를 놓고 벌이는 경쟁에서 항상 충분한 양을 확보하는 것은 거의 불가능하다. 그렇기에 자연에서 모든 생명체들은 늘 배고픈 상태에 처해 있고, 그래서 더 열심히 먹잇감을 찾아 나서게 된다. 이러한 과정을 반복하면서 효과적인 먹이 획득 방법을 터득하여 성공적인 경쟁을 할 수 있는 생물종들은 그렇지 못한 종들을 물리치고 번성한다. 하지만 이 경쟁에서 승리했다고 모든 문제가 해결되는 것은 아니다. 승자들도 자신들의 개체수가 증가함에 따라 또 다른 문제를 맞이하게 되기 때문이다.

일정 기간 동안 특정 지역에 함께 살고 있는 동일 생물종 개체들의 집단을 '개체군'이라고 한다. 생물은 성장하여 증식하므로 시간이 지남에 따라 개체군의 밀도가 높아지는데, 이것이 '개체군의 성장'이다. 환경의 제약이 전혀 없고, 성장에 필요한 영양분이 무한하게 공급되는 이상적인 조건에서는 각 생물종이 최대 성장률에 의거하여 기하급수적으로 성장할 수 있다. 그러나 무한한 자원을 전제로 하는 이러한 성장은 현실적으로 불가능하다. 실제 환경에서는 개체군의 밀도가 증가함에 따라 자원은 점점 감소하게 된다. 따라서 한 서식지를 차지하는 개체의 수에는 한계가 있다.

생태학자들은 특정 환경이 부양할 수 있는 개체군의 크기(지속적으로 생존 가능한 개체 수)를 환경수용력(carrying capacity, K)이라고 정의한다. 개체군의 성장은 초기에는 느리게 증가하지만 개체 수가 일정한 규모에 도달하면 증가 속도가 빨라지다가 다시 느려져 결국에는 증가하지 않게 된다. 이러한 현상을 도표로 나타내면 K값에 수렴하는 S자형 생장 곡선이 된다. 생태학의 으뜸 규칙은 "자연 생태계에서 그 어떤 생물의 개체군도 무한히 증가할 수 없다"이다.

이미 18세기 말 영국의 경제학자 토머스 맬서스는 그의 저서 『인구론』 (*An Essay on the Principle of Population*)에서 인구는 기하급수적으로 증가하는데 식량은 산술급수적으로 증가하기 때문에 결국 인구의 과잉 증가로 인한 빈곤은 불가피하다고 예견하였다. 그러나 과학기술의 눈부신 발전 덕분에 옛 경제학자의 예견은 일단 빗나간 것으로 판명되었다.

여기서 더 나아가 일부 학자들은 이데올로기의 대립과 갈등, 그리고 열악한 운송체계 등으로 인한 분배의 불균형이 인류가 겪고 있는 기아의 근본 원인이라면서, 오히려 범지구적으로는 식량이 충분하다는 주장을 펼친다. 따라서 전 세계적으로 더 민주적이고 자유로운 사회 시스템이 확립된다면 식량 위기의 문제는 큰 무리 없이 해결될 수 있다고 주장한다. 그렇다면 도대체 지구는 얼마나 많은 인간을 지속적으로 부양할 수 있을까?

화학비료의 탄생과 인구증가

산업혁명 이후 인구가 급격하게 증가하게 된 주요 배경에는 항생제의 발명을 비롯한 의학 발전도 있지만, 무엇보다도 더욱 질 좋은 식물 자원을 많이 생산하게 해준 화학비료, 특히 질소비료의 사용을 필두로 한 농업기술의 눈부신 발전을 일등공신으로 꼽을 수 있다. 생물학적으로 사람의 굶주림은 식물의 기아로부터 비롯된다. 필요로 하는 영양분의 종류와 성질이 다를 뿐 인간과 식물 모두 자기 생존을 위한 영양분이 필요하다. 일반적으로 식물이 필요로 하는 영양분에는 질소(N) · 인(P) · 칼륨(K)의 3대 요소를 비롯하여 칼슘 · 마그네슘 · 황 등 여러 종류의 미네랄이 있다. 이들 영양분은 모두 식물의 성장과 수확량을 결정하는 제한 인자로 작용하는데, 흙 속에 들어 있는 식물의 영양분은 무제한으로 공급될 수 없다. 식물을 계속 재배하려면 거기에 소요되는 영양분을 꾸준히 공급해 주어야 한다. 만일 재배에 필요한 영양분의 보충이 제대로 이루어지지 못하면 식물은 제대로 성장할 수 없게 되고, 결국 인간이 필요로 하는 식량 자원을 얻기가 그만큼 어려워지게 된다.

더욱이 식물은 식량 자원뿐 아니라 가축의 사료로도 이용되어 동물성 단백질을 공급하기도 하고, 섬유질을 생산하여 종이와 의복 재료 같은 생필품을 간접적으로 제공하기도 한다. 식물이 영양 결핍으로 제대로 성장하지 못하여 생산성이 떨어지게 되면 곧바로 인간에게 굶주림과 헐벗음을 안겨주게 되는데, 이러한 문제를 화학비료가 대부분 해결해주었다.

여러 관련 자료의 분석 결과와 전문가들의 의견을 종합해보면, 우려와는 달리 현재 지구가 인간을 수용할 수 있는 능력이 한계에 도달하지는 않은 것 같다. 전 세계 인구 증가율도 1960년대에 약 2.1퍼센트를 기록한 이래로 계속 감소하여 현재에는 1퍼센트 정도 수준이고, 이마저도 해마다 감소할 전망이니 식량 위기에 대한 우려는 단순한 기우에 그칠 수도 있다. 지구촌 한쪽에서는 수많은 사람이 굶주림으로 고통을 받고 있는 엄연한 현실 속에서도 많은 사람들에게 세계 인구 증가에 따른 식량 위기를 우려하는 견해가 한낱 상투적인 뉴스거리 정도로만 취급되는 이유가 여기에 있다.

지구의 인간 수용 능력의 한계

전 세계 언론은 지난 30년 만에 처음으로 농업과 식량 문제를 1면 머리기사로 다루면서, 급기야 애그플레이션(Agflation)이라는 신조어를 탄생시키기에 이르렀다. 농업(agriculture)과 인플레이션(inflation)의 합성어인 이 말은 농산물 가격 급등에 따른 물가 상승을 의미한다. 이 말을 들으면 별 걱정 없다고 생각한 전 인류를 위한 식량 생산량에 무언가 문제가 있다는 의구심이 든다. 이에 관해 유엔 산하 식량농업기구(FAO)가 2009년 가을 매우 의미심장한 보고서를 발표하였다. 이 보고서는 2009년 기준으로 68억 명 정도인 세계 인구가 2050년에는 91억여 명으로 증가할 것으로 내다보면서, 2050년에는 식량 생산이 현 수준보다 70퍼센트 늘어나야 인류를 먹여 살릴 수 있을 것으로 전망했다. 구체적으로 곡물 생산은 현재보다 약 10억 톤 늘어난 31억 톤, 육류는 2억 톤 늘어난 4억 7,000만 톤 수준이 되어야 한다는 것이다. 이에 대해 FAO의 사무차장은 2050년 인류의 부양능력을 조심스럽게 낙관한다면서도 지구상 모든 인구를 먹여 살리는 일이 자동적으로 이뤄지는 것은 아니며 많은 난관에 부닥치리라는 견해를 밝혔다.

조금만 깊게 생각해보면, 지구의 인간 수용 능력은 전 인류가 먹고살 만한 식량을 생산한다는 것 이상을 의미한다는 사실을 깨닫게 된다. 개인의 성향이나 환경에 따라 원하는 생활 양식과 질이 크게 다르기 때문이다. 인구 증가와 식량 생산량을 단순 비교하는 것으로 지구의 인간 수용 능력을 가늠할 수는 없다. 그렇기에 인구 증가에 따른 환경 영향을 더 정확하게 평가하기 위한 방법들이 연구 개발되었다.

백악관 과학기술 자문관 존 홀드런(John Holdren) 등이 1971년 『사이언스』지에 발표한 「인구 증가의 영향」(*Impact of Population Growth*)이라는 논문에서 환경에 의한 인류의 영향(Human Impact on the environment, I)을 평가하는 데에서, 인구(Population, P)와 함께 1인당 국민소득으로 나타나는 부유함(Affluence, A)의 정도와, 발생한 오염 물질의 양으로 각각 나타나는 기술(Technology, T) 정도를 고려할 것을 주장하면서 '$I=PAT$'라는 등식을 제안하였다. 이 식을 이용하여 인간이 환경에 가하는 부담을 국가별로 비교하면, 부유한 국가일수록 상대적으로 더 많은 환경 부담을 주는 것으로 나타난다. 경제적 여유가 소비 증가로 이어지고, 결국 더 많은 자원을 소비하기 때문이다.

이로써 지구가 인간을 수용할 능력이 결정되는 데에는 전체 인구수라는 양적 요소보다 인간의 생활 방식이라는 질적 요소가 더 큰 영향을 미친다는 사실을 인식하는 전기를 맞게 되었다. 특히 이 논문의 부제인 "이러한 인류의 곤경에 대해서 우리가 갖는 자기 위안은 근거도 없고 기대할 수도 없다"는 '인간은 지구의 인간 부양 능력을 무한정 끌어올려

생태계 으뜸 규칙의 제약에서 벗어날 수 있다'는 기존의 사고를 촌철살인격으로 꼬집었다.

1970년대 시작된 환경수용능력 평가에 대한 패러다임 전환은 1990년대에 생태발자국(Ecological Footprint, EF) 지수라는 측정 지표 개발을 통해 더욱 확고하게 자리매김을 했다. EF는 기존의 환경수용능력 계산 방식을 뒤집어서, 사람 수가 아니라 특정 수의 사람이 지속적으로 살기 위해 필요한 땅의 면적을 계산한다. 즉, EF는 인간이 지구에서 삶을 영위하는 데 필요한 의식주 등을 제공하기 위한 자원의 생산과 폐기에 드는 비용을 토지 면적으로 환산하여 나타낸 지수다. EF는 그동안 산출 과정에서 무시된 인간의 환경 영향력을 반영하고 있다. 또한 농업 생산성의 증가는 근본적으로 재생 불가능한 화석 연료의 사용에 의존하고 있다는 사실 등을 지적한다. 지구의 자원은 한정되어 있고, 이 때문에 인간은 자연 자원의 용량 한도 내에서 생활해야만 한다는 점을 강조하는 것이다.

생태계 규칙에 예외란 없다

현대인은 인류 역사상 최고로 문명의 이기를 누리고 있건만, 여전히 더 편리한 문명을 추구한다. 이처럼 만족을 모르는 인간의 욕망과 행동 양식 때문에 화석 연료 소비율은 계속 증가하고 이에 비례하여 이산화탄소 배출도 함께 늘어나고 있다. 사태의 심각성을 감지한 지구의 여신 가이아(Gaia)는 지구온난화에 의한 기후변화를 통해 끊임없이 우리에게 경고해왔고, 최근에는 그 강도를 한층 높이고 있다.

일부 세균을 제외하고 지구상에 사는 모든 생명체는 궁극적으로 광합성을 통해 모은 태양에너지에 의존해 삶을 유지한다. 인간은 현재의 광합성 산물보다는 먼 과거에 이루어졌던 광합성 산물에 더 많이 의존한다는 점에서 다른 생명체들과 구분된다. 현재 인류가 사용하는 에너지의 대부분을 차지하는 화석 연료는 땅속에 파묻힌 생물, 주로 식물의 사체가 수백만 년에 걸쳐 화석화된 것이다. 화석 연료는 거대한 유기 탄소화합물에 해당하기 때문에 우리가 사용한 화석 연료는 결국 이산화탄소의 형태로 대기에 들어간다.

우리가 이사를 다니는 것처럼 각 원소들도 생지화학적 순환을 통해 저장소를 옮겨 다닌다. 탄소의 주요 저장소로는 화석 연료와 토양·수생 생태계, 생명체, 대기 등이다. 자연 상태에서는 식물과 플랑크톤의 광합성에 의해서 제거되는 대기 중에 이산화탄소와 생산자와 소비자가 배출하는 이산화탄소의 양이 거의 동일해서 탄소 순환이 균형을 이룬다. 그런데 산업혁명 이후 급격히 증가한 화석 연료의 사용은 많은 양의 이산화탄소를 대기 중에 추가시킴으로써 탄소 순환의 균형을 깨뜨리고 있다.

"예외 없는 규칙은 없다"라는 말이 있지만, 자연 생태계에서 그 어떤 생물의 개체군도 무한히 증가할 수 없다는 '생태계의 으뜸 규칙'에는 예외가 없다. 한때는, 그리고 어떤 이들은 아직도, 인간만은 이 규칙에서 예외라고 생각한다. 그러나 유감스럽게도 진실은 그렇지 않다. 그리고 이 명백한 진실 하나를 깨닫기까지 우리 인간은 오랜 시간이 걸렸고 적지 않은 대가를 치러야 했다.

두 생명체가 공존하는 법

지구상에 살고 있는 모든 생명체의 생물학적 삶은 한마디로 에너지를 획득하기 위한 경쟁의 연속인 셈이다. 만약 동일 공간에서 제한된 자원을 놓고 두 종이 경쟁을 벌인다면 어떻게 될 것인가? 「The Winner

Takes It All」과 「Happy Together」라는 두 개의 올드 팝 제목이 떠오른다. 1930년대에 러시아의 생태학자 가우스(G. F. Gause)가 두 종류의 짚신벌레를 대상으로 수행한 실험에서 얻은 답은 전자였다. 한정된 먹이를 공급하며 두 종을 함께 배양하면 먹이를 구하는 과정에서 경쟁적으로 우세한 종이 다른 종보다 더 빨리 번식하게 되고, 궁극적으로 불리한 경쟁자는 그 지역에서 사라지게 된다는 설명이다. 이것이 경쟁적 배제(competitive exclusion)라는 생태학 개념이 탄생하게 된 배경이다.

경쟁적 배제 개념을 제대로 이해하기 위해서는 생태적 지위(ecological niche)에 대한 이해가 필수적이다. 주어진 환경에서 한 종이 이용하는 생물자원과 무생물자원의 총합으로 정의되는 이 개념은 인간 사회의 직업에 비유하여 설명할 수 있다. 직업이 없으면 사회에 적응하기가 어렵듯이 생태적 지위를 확보하지 못한 생명체는 그 환경에서 존속할 수 없다. 이러한 생태적 지위 개념을 적용하면, 두 생물종의 생태적 지위가 동일하다면 두 종은 결코 공존할 수 없다는 결론에 도달하게 된다.

이를 반대로 생각하면 상대적으로 열세인 종이 생태적 지위를 조금만 변화시키면 공존이 가능하다는 추론을 할 수 있다. 공존은 모든 생물종의 생태적 지위가 존중된다는 경쟁의 규칙이 지켜진다는 전제하에 이루어지는 자연의 일반적인 법칙이다. 실례로 도마뱀들의 경우 한 종은 햇볕이 드는 장소에, 다른 종은 그늘진 나뭇가지에 서식함으로써, 가까이 공존하지만 먹이 경쟁이 심하지 않다.

생태 극장에 가장 늦게 들어온 인간이라는 배우는 자신 이외의 다른 배우들의 권리를 인정하지 않으려 했다. 닥치는 대로 무대를 빼앗아(서식지 파괴), 짧은 기간 동안 수많은 배우가 극장에서 쫓겨나는 비극(멸종)을 맞았다. 그 결과 이제 생태 극장은 더 이상 다양한 연극을 공연할 수 없을 정도로 배우들이 급감했다(생물 다양성 감소). 예로부터 인기가 떨어져 스스로 무대를 떠나는 배우들은 늘 있었고(자연적인 멸종) 그 빈자리는 별 무리 없이 후임 배우들로 채워졌다. 하지만 인간에 의해서 자행되는 현재의 대량 해고 사태로 생긴 생태 극장의 빈자리는 미처 채워질 겨를이 없다. 현재 멸종되는 생물의 비율은 자연 멸종률보다 수백 배 이상 높다. 더 심각한 문제는 이제 그 수위가 인간의 존속마저도 위협할 정도에 이르렀다는 것이다. 이탈을 하루속히 중지하고 본연의 자리로 돌아오지 않는다면 인간의 미래는 결코 낙관할 수 없다.

다양한 생태계의 경제적 가치

하버드대학 생물학자인 에드워드 윌슨(Edward Osborne Wilson) 교수는 생명사랑(biophilia)이라는 개념으로 생태 극장의 미래에 대한 희망 메시지를 전한다. 우리는 생물 다양성이 보장되는 환경에서 출발했기 때문에 우리의 의식 속에는 이들에 대한 애정이 간직되어 있다는 내용이다. 일례로 주거지를 선택할 때 전망이 좋은 위치를 선호하는 일반적인 성향도 환경에 대한 애착의 표현이라고 설명한다. 사실 생물 다양성 보전은 이러한 낭만적인 이유보다도 현실적인 필요성 때문에 더욱 중요하다.

자연 생태계와 모든 생물종들이 인간의 삶을 가능하게 하는 모든 요소를 통틀어 생태계 서비스(ecosystem service)라고 한다. 자연은 자정 작용에 의한 환경 정화, 식량과 의약품 원료 공급, 비옥한 토양 보존 등 이루 다 말할 수 없는 서비스를 무료로 인간에게 제공하고 있다. 생태학에 따르면 생태계 서비스는 생물 다양성과 밀접한 관계가 있다. 그런데 인간은 무분별한 활동으로 생물 다양성을 감소시킴으로써, 생존에 필수적인 요소들을 부지불식간에 스스로 잠식해가고 있다. 이처럼 어리석은 행동의 가장 큰 원인은 아마도 생태계 서비스의 경제적 가치를 생각하지 않은 데에 있을 것이다.

1997년 미국의 생태학자 로버트 코스탄자(Robert Costanza)는 『네이처』지에 발표한 「지구 생태계 서비스의 가치와 자연 자본」(The Value of the World's Ecosystem Services and Natural Capital)이라는 논문에서 생태계 서비스 가치를 연 33조 달러라고 계산하였다. 이는 당시 전 세계 모든 국가의 국민총생산(GNP)이었던 18조 달러의 거의 두 배에 해당하는 엄청난 가치. 더욱이 생물 다양성이 전염병 발생이나 전파와도 밀접한 관계가 있다는 연구 결과가 속속 보고되고 있으니 실제 생태계 서비스의 가치는 엄청나다.

웨스트 나일 바이러스(West Nile Virus, WNV) 감염 환자수와 해당 지역에 서식하는 조류 다양성과의 상관관계를 입증한 논문을 소개한다. 모기에 의해 옮는 병원체인 WNV는 심하면 뇌염이나 수막염(뇌 또는 뇌와 척수 근처의 세포막에 발생하는 염증)을 일으킬 수도 있다. WNV는 일차적으로 주요 보유 숙주인 참새와 까마귀 등에 의해서 전파된다. 모기는 숙주 조류와 사람의 피를 빨아먹는 과정에서 WNV를 전염시킨다. 연구진은 해당 지역에 서식하는 새의 종류가 다양할수록 WNV 감염 환자수가 적다는 흥미로운 사실을 발견하였다.

왜 그럴까? 이에 대한 답은 의외로 간단한 곳에 있었다. 참새와 까마귀 같은 WNV의 보유 숙주가 다른 다양한 종류의 새들과 섞여 있어서 전체 서식 조류의 소수를 차지하는 지역과, WNV 보유숙주 조류가 상대적으로 다수를 차지하는 지역을 생각해보자. 두 지역 중 어느 곳에 사는 모기가 WNV에 감염된 피를 빨 확률이 높을까? 당연히 후자의 지역이다. 이를 일컬어 '희석 효과'(Dilution Effect)라고 한다. 생물 다양성 보존의 중요성을 다시금 일깨워주는 사례다.

자연과 인간의 공존이 필요한 시대

인간이 본격적으로 자연을 이용하기 시작한 때는 정착생활을 시작한 신석기 시대부터라 할 수 있다. 이후, 적어도 산업혁명 이전까지는 생태계의 규칙을 크게 벗어나지 않는 범위에서 자연을 이용해왔다. 하지만 산업혁명을 계기로 규칙을 크게 어기기 시작한 인간은 계속하여 독주 체제를 구축하고 더 나은 인간 생활을 영위하기 위해 성장지향 정책 일변도로 자연을 개발하고 이용해왔다. 그러나 승승장구하는 듯했던 자연 개발은 더 이상 장기적이고 지속 가능한 발전(sustainable development)을 가져오지 못하고 불과 1세기가 지나면서 많은 문제점을 노출시켰다. 예를 들어 지구온난화, 기상이변, 오존층 파괴, 사막화, 그리고 최근 심각한 문제로 대두되고 있는 신종 전염병의 창궐 등의 문제는 인류의 생존을 위해 반드시 해결해야 할 과제이다. 그러나 세계적으로 다각적인 노력이 계속되고 있음에도 아직 확실한 해결책은 제시되지 못하고 있는 실정이다. 단지 지금까지의 사후 처방적인 문제 해결 방식은 근본적인 해결책이 될 수 없다는 사실만 인식하게 되었을 뿐이다.

17세기 유럽에서 시작된 과학혁명 이후, 과학은 자연에 대한 이해를 넓혀서 자연을 효율적으로 개발하고 활용할 지식을 제공하리라는 기대에 힘입어 발전해왔다. 18세기를 지나면서 산업혁명을 통해 과학이 가시적인 성과를 냄으로써 이후 과학기술 발전이 더욱 가속화되었다는 것이 대다수 과학사학자들의 견해이다.

그에 따라 이전까지 아리스토텔레스의 자연철학에 영향을 많이 받았던 서구의 자연관에도 큰 변화의 물결이 일기 시작했다. 자연 안에 운동과 정지의 원리가 있다고 생각했던 아리스토텔레스는 근본적으로 자연을 살아 있는 존재로 보았다. 특히 그가 생각했던 운동 원리는 내재적으로 생성하여 발전하는 생명 원리에 가까운 의미를 지녔다. 따라서 과학혁명 이전까지 인간은 이러한 자연의 일부로서 존재한다는 사고가 지배적이었다.

17세기로 접어들면서 베이컨이 실용적 지식 축적을 위한 관찰과 실험을 강조하였고, 데카르트는 '기계론적 자연관'을 주장하며 자연으로부터 '실체적 형상'(forma substantialis)을 배제시켰다. 변화된 사고 체계 아래에서 자연은 공존의 대상이라기보다는 이용의 대상 또는 인간의 욕구를 충족시켜주는 자원의 집합체 정도로 여겨지기 시작했다. 그 결과 인간의 자연 지배와 자연의 수동성이 강조되면서 자연을 분해하여 조작하는 실험들이 활발하게 이루어지게 되었다. 사실 이러한 일련의 변화가 없었다면 현대 과학기술은 훨씬 더디게 발전했거나 아예 이루어지지 못했을지도 모른다. 하지만 기계적 자연관의 순기능 이면에서 자연에 대한 지배관념이 과도하게 확대되어 자연 파괴의 불을 지필 수 있는 인간의 편견과 오만이 싹터왔음을 간과해서는 안 된다.

현대의 산업화·도시화된 사회에서 인간이 환경을 파괴하지 않고 살아가기란 거의 불가능하다. 환경보호에 대한 우리의 의식 부족 또는 관심 부족 등을 원인으로 들 수 있겠지만, 그보다 더 근본적인 원인은 인간도 지구 생태계를 구성하는 일부임에도 과학기술 문명을 앞세워 다른 생물종과의 자연적인 경쟁 원리를 따르지 않는 데에 있다. 인간뿐만 아니라 지구상에 존재하는 모든 생물종은 각각 자기중심적인 생활을 하지만 인간만큼 심각한 환경문제를 일으키지는 않는다. 그러나 과학기술로

무장한 인간만은 대량생산·대량소비·대량폐기의 생활방식을 추구함으로써 필연적으로 환경문제를 유발하는 구조적 모순을 안고 있다. 현재까지의 인간 중심적 환경관에서 벗어나 생태주의적 가치관으로의 의식 전환 없이는 근본적으로 환경문제를 해결할 수 없다.

> "자연! 우리는 자연에 둘러싸여 자연과 하나가 되었다. 자연에서 떨어져나올 힘도, 자연을 넘어서 나아갈 힘도 없이."

세계 최고의 권위를 자랑하는 과학 학술지 『네이처』 창간호의 머리글을 여는 독일의 대문호 괴테의 아포리즘이다. 이 머리글을 쓴 토머스 헉슬리(Thomas Huxley)는 괴테를 인용하여 자연의 위대함에 대한 경외심을 강조함으로써, 『네이처』 창간의 의미를 부여하고자 했을 것이라 추측한다. 21세기를 살아가는 오늘의 우리는 이 의미를 과연 어떻게 받아들여야 할지 깊이 새겨보아야 할 것이다.

개인, 국가, 그리고 시민사회의 사사로움과 공공성

김동노　교수 · 사회학

개인의 사사로움과 공동체의 공공성

인간이 모여 살기 시작하면서 개인은 더 이상 개인이 아니라 집단의 한 부분으로 존재하게 되었다. 다른 사람과 관계를 맺지 않고 홀로 있을 때 개인의 모든 생각과 행위는 그의 사적 영역에 속한다. 사적 영역 안에서는 남에게 피해를 주지 않는 한 모든 생각과 행동의 자유가 허용된다. 또한 개인은 자신이 원하는 방식으로 스스로의 삶을 설계하고 행복을 추구할 수 있다. 이런 상황에서 개인은 대체로 사적 이익을 극대화할 것이며, 각자의 사익 추구가 서로 충돌을 일으키지 않는다면 사회 전체의 이익 추구와 조화를 이룰 수 있다.

많은 경우 개인이 독립적 존재로서 살아가기란 거의 불가능하다. 오히려 다른 개인과 관계를 맺음으로써 각자의 욕구와 행복을 추구하게 된다. 집단을 구성하여 사회의 일원이 된 개인은 더 이상 개별적 존재로서의 의미는 잃어버리고 공동체의 한 부분인 사회적 존재로 살아가게 된다. 그의 모든 생각과 행동은 다른 사람과 영향을 주고 또 받게 되는 것이다. 개인이 공동체를 유지하기 위해서는 개인과는 다른 사회의 도덕적 가치를 필요로 하게 된다. 우리는 흔히 이를 공공성(公共性, publicness)이라 부른다.

결국 개인은 독립적 자아로서, 그리고 사회적 자아로서 이중성을 갖게 되며, 이러한 존재의 이중성으로 인해 서로 다른 차원의 도덕적 가치를 필요로 하게 된다. 타인으로부터 독립된 자아로서 살아갈 때 개인에게 요구되는 도덕적 가치는 개인이 사회적 자아로서 살아갈 때 요구되는 도덕적 가치와 일치할 수도, 혹은 그렇지 않을 수도 있다. 공동체를 구성하는 모든 구성원들의 행복을 보장하기 위해 필요한 도덕적 선인 공공재는 두 차원을 포함하기 때문이다. 하나는 공익(公益, the universal interest)으로, 그리고 다른 하나는 공익(共益, the common interest)으로 불린다. 전자는 공동체 자체의 이익을 의미하며, 후자는 집단을 구성하는 개인들 다수의 공통 이익을 의미한다.

두 개념은 엄밀한 의미에서는 서로 다른 가치를 대변한다. 전자는 개인이 공동체를 구성하고 나면 그 공동체는 개인으로는 환원될 수 없는 자체의 독특한 목적과 이익인 공익(公益) 혹은 보편적 이익을 갖게 된다는 입장에 근거하고 있다. 반면에 후자는 공동체가 그 구성원인 개인들로 환원될 수 있으며 공동체의 이익은 개인들의 이익을 합한 것에 지나지 않는다. 따라서 공동체의 이익이란 개인 각자가 추구하는 이익의 공통된 부분 또는 그 합을 의미한다.

공공성에 포함된 두 공익, 즉 보편적 이익과 공동 이익의 차이를 알아보기 위해 한 가지 예를 들어보자. 경제개발과 환경보호라는 대립되는 가치를 두고 고민하는 어떤 사회가 있다고 가정하자. 만약 이 공동체에 속한 대부분의 개인이 경제발전을 통해 자신의 이익을 추구하려는 의도를 공유하고 있다면 이는 공동 이익에 해당한다. 그러나 경제발전이 환경오염을 가져와 장기적인 관점에서 공동체 자체의 존립과 유지에 문제를 야기할 수 있다면, 이 공동체가 추구해야 할 보편적 이익은 경제발전이 아니라 환경보호다.

두 이익이 대립되는 극단적 상황을 제외하면 두 종류의 공익은 일치하는 경우가 많기 때문에 이 두 용어는 상호 교환되거나 엄격히 구별되지 않은 채 사용되기도 한다. 두 가지 의미의 공익이 모두 공동체를 위해서는 필수적으로 요구된다는 점에서 더욱 그러하다. 개인들이 집단생활을 통해 얻으려는 이익을 무시할 수 없는 것과 마찬가지로 집단 자체의 전체적 이익도 추구되어야 한다. 특히 개인의 사적 이익만이 팽배하면 이기적 집단의 확산과 득세로 인해 공동체적 생활은 필연적으로 파괴될 수밖에 없다. 따라서 개인 다수의 이익만큼이나 집단 자체의 이익은 공동체의 도덕적 선으로 강조될 수밖에 없다.

그런 점에서 근대 사상가들은 개인과 공동체가 추구하는 도덕적 가치는 무엇이며 이 둘을 어떻게 조화시킬 수 있는지에 관해 끊임없이 성찰해왔다. 개인의 사적 이익 추구를 도덕적 가치로 정당화하려는 것이 애덤 스미스와 같은 자유주의 사상가들의 주된 임무였다면, 개인을 넘어서는 공동체의 공공성을 어떻게 확보할 수 있는가는 개인주의의 한계를 극복하려 한 사상가들에게 주어진 공통 과제였다. 특히 사익을 넘어설 수 있는 공동체의 공공성이 성립될 기반은 무엇이며, 이 공공성은 어떻게 유지될 수 있는지, 그리고 누가 공공성의 주체가 될 것인지에 대한 답을 얻는 일은 공동체 유지를 위해 중요한 선결 조건이었다.

이러한 맥락에서 개인과 공동체의 기반이 되는 가치로서 경쟁과 효율성, 그리고 공공성에 대한 다양한 사상적 탐색이 어떻게 이루어져왔는지를 살펴보려 한다. 이 검토에 있어 주된 초점이 되는 것은, 개인의 사적 이익 추구가 어떻게 경쟁을 통해 사회의 효율성을 높일 수 있는가, 그리고 공공성의 주체로서 국가와 사회는 어떤 방식으로 공공성을 지키려 하며 그들이 추구하는 공공성의 내용은 무엇인가이다. 더 나아가 이러한 논의에 입각하여 현대 한국 사회에서 공공성을 지키기 위한 방안은 무엇인지를 검토하기로 한다.

사익 추구와 도덕이 공존하는 시장공동체를 지향한 애덤 스미스

오랫동안 개인은 추구해야 할 도덕적 가치를 종교에서 구했다. 개인의 내재적 이성을 믿는 서구에서는 개인이 종교로부터 얻은 내재적 규율을 내면화함으로써 도덕적 존재로 살아갈 수 있다고 믿었기 때문이다. 그러나 근대의 도래와 함께 이러한 종교적 규율의 한계는 분명해졌다. 과학의 발달과 함께 종교의 영향력이 쇠퇴하면서 초월적인 인간이 아닌 현실적인 인간의 모습이 나타나기 시작했고, 이에 어울리는 도덕적 가치를 찾으려는 노력이 동시에 시작되었다. 근대와 함께 제시된 현실적인 인간의 가장 기본적인 특징은 사적 이익을 추구하는 개인의 모습이었다. 근대 사상가들에게 주어진 가장 근본적인 문제는 '사적 이익을 추구하는 개인들에게 도덕적 정당성을 부여할 수 있는가'였다. 이 문제를 가장 훌륭하게 해결한 사상가는 영국의 자유주의 시장경제학자인 애덤 스미스였다.

인간의 기본적인 성향을 교환에서 찾은 스미스는 교환이 이루어지는 시장이 곧 근대적 개인의 활동 공간이며 시장에서 개인은 본질적으로 사적 이익을 추구한다고 믿었다. 시장에서 이루어지는 교환의 밑바탕에는 사적 이익의 추구라는 행위의 동기가 놓여 있다는 주장이다. 그는 "우리가 우리의 식탁을 차릴 수 있는 것은 정육점 주인이나 빵집 주인의 자비 때문이 아니라 그들이 스스로의 이익을 추구한 행위의 결과이다"라고 주장했다. 이 주장을 통해 스미스는 개인의 사적 이익 추구가 그 행위의 주체에게 이익을 가져다 줄 뿐만 아니라 궁극적으로 교환에 참여하는 모든 이들의 이익을 크게 키울 수 있음을 보여주었다. 개인이 생산한 소비재 가운데 자신의 필요를 넘어서는 부분을 시장에서 교환함으로써 서로의 욕구를 충족시키게 된다는 것이다.

교환이 성립되기 전의 개인은 단지 자신이 생산한 것만을 소유하며 자신의 일상생활에 필요한 다른 상품은 얻을 수 없는 결핍 상태에 있다. 이 결핍으로부터 벗어날 수 있는 방법이 시장에서의 교환이다. 개인이 교환에 참여하는 이유는 자신의 이익 충족을 위해서지만 결과적으로 이러한 교환을 통해 서로가 서로의 욕구를 충족시키는 데 도움을 주게 된다. 개인의 효용(utility)을 극대화하려는 행위가 전체의 효용을 극대화하는 결과를 가져오는 것이다. 이런 점에서 개인의 사적 이익 추구는 도덕적으로 비난받을 대상이 아니라 전체의 이익을 크게 만들 수 있는 행위로서 정당성을 획득하게 되었다.

이런 방식으로 개인의 사익 추구가 새롭게 성장하는 자본주의 시장경제에서 사회 전체의 효용성을 크게 만듦으로써 공동체에 기여할 수 있는 가능성이 확인되었다. 이제 시장경제 속에서 살아가는 개인들에게 어떻게 효용성을 최대화할 수 있는가가 새로운 과제로 떠오르게 되었다. 이에 대해 스미스는 시장경제가 가진 효율성과 생산성 향상을 새로운 미덕으로 강조하였다. 널리 알려져 있듯이 생산성을 높일 구체적 방법으로 분업이라는 새로운 노동과정이 제시되었다. 이전에는 한 노동자가 상품 생산의 전 과정을 담당하였으나 이를 세분화함으로써 전문화된 노동을 수행하게 되고, 결국 노동 생산성을 높일 수 있게 되었다. 향상된 생산력은 생산자의 생존에 필요한 범위를 넘어서는 생산을 가능하게 한다. 이렇게 만든 잉여 생산품은 시장에서 교환을 통해 다른 개인들의 필요를 충족시켜줌으로써 사회 전체의 효용을 높이게 된다.

이 과정에서 중요한 요인은 시장의 경쟁 구조다. 잉여를 생산한 생산자와 상품을 필요로 하는 소비자가 시장이라는 사회적 공간을 통해 교환에 참여함으로써 서로의 필요를 만족시켜 준다. 이 교환은 공급자와 수요자 사이의 수적 불균형을 전제하는데, 이 불균형은 궁극적으로 균형상태로 이전되는 경향을 보인다. 공급자의 수가 수요자를 초과하는 경우 공급자들 사이의 경쟁이 심화되면서 상품 가격이 내려가게 되고, 그 반대의 상황이 되면 가격은 올라가게 될 것이다(애덤 스미스). 수요와 공급사이의 균형은 다른 어떤 인위적 개입이 없다면 '보이지 않는 손' (invisible hand)의 작동으로 인해 시장가격으로 표현된다. 바로 시장가격이라는 이 균형점에서 개인들의 효용성이 가장 커질 수 있다. 사회적으로는 이러한 균형을 통해 경제적 희소 자원의 허비를 줄이고 자원 활용의 효율성을 최대한 높일 수 있게 된다.

이것이 시장경제가 가진 경쟁의 장점이자 개인과 사회 전체의 효용을 동시에 극대화할 수 있는 사회적 기제다. 스미스를 비롯한 시장경제주의자의 생각은 자본주의 사회의 도덕적 정당화를 위한 사상적 기반을 제공해주었고, 개인의 사적 이익 추구가 개인이나 사회 모두에게 바람직한 행위가 되도록 하는 데 크게 기여하였다.

여기서 우리는 한 가지 사실을 짚고 넘어갈 필요가 있다. 자유주의 사상가들은 개인의 사적 이익 추구와 경쟁을 통한 시장경제의 미덕을 강조했지만, 다른 한편으로는 공동체 속에서 살아가는 다른 개인에 대한 배려에 큰 관심을 두었다. 스미스는 『국부론』(*The Wealth of Nations*)에서 개인의 사적 이익 추구에 입각한 시장경제의 가장 모범적인 모델을 제시하였지만, 그 이전에 출판된 『도덕감정론』(The Theory of Moral Sentiments)에서는 타인에 대한 배려와 자선, 그리고 정의감에서 그 모델을 찾아야 함을 강조했다. 이기적 자아와는 전혀 다른 개인이 나타날 수 있는 이유는 인간이 다른 개인의 감정을 느낄 수 있는 동정심을 지니고 있기 때문이다. 동정심은 타인에 대한 배려를 가능하게 함으로써 개인이 단순히 사적 이익만을 추구하지 않고 타인과 더불어 살 가능성을 열어준다.

개인이 경쟁 속에서 사적 이익을 추구하는 시장 경제 상황에서도 타인을 배려해야 한다는 생각은 스미스 이전에 자유주의 사상가였던 존 로크에게서도 찾을 수 있다. 화폐경제의 성장과 함께 자본 축적의 정당성을 찾기 위해 많은 노력을 쏟았던 로크에게 끝까지 남아 있던 고민은, 한 개인의 자본 축적이 다른 개인의 생존권을 침해하지 않아야 한다는 것이었다. 개인의 사적 이익을 강조하는 고전적 자유주의 사상가들에게도 개인의 이익과 공동체의 이익을 조화롭게 만드는 일은 매우 중요한 과제였다. 그런 점에서 다양한 근대 사상가들이 공동체의 도덕적 가치인 공공성을 누가, 그리고 어떻게 확보할 수 있는가를 탐구한 것은 자연스러운 현상이었다.

절대국가를 세우려 한 홉스

개인을 넘어서는 공동체의 공공성을 고찰하면서 근대 사상가들이 가장 먼저 관심을 가진 대상은 국가였다. 개인이 만들어낸 공동체의 가장 원초적인 형태가 국가이기 때문에 그러했을 것이다. 인류 역사에서 신석기 혁명 이후 인간들이 정착해 농업을 시작하면서 생산에 잉여가 생기고, 이를 둘러싼 분배와 개인들 사이의 관계를 조정하는 사회질서가 필요해지면서 국가는 집단생활의 필수 요소가 되었다. 따라서 공동체 생활의 우선적 덕목인 공공성도 최초에는 국가의 몫이었기에 많은 사상가들이 공공성의 주체로서 국가의 본질과 역할에 관심을 가졌다. 아리스토텔레스가 『정치학』(*Politics*)에서 국가의 본질이란 개인의 사적 이익이 아니라 구성원의 공동 이익을 추구하는 것이라는 주장을 제시한 이래로 공공성은 국가가 추구해야 할 도덕적 선의 모범으로 간주되었다.

국가의 공공성에 대한 새로운 생각은 근대에 들어 만들어졌다. 이전과 달리 국가는 더 이상 신의 창조물도 아니고 하늘의 의지도 아닌, 인간들이 만든 구성물로 인식되기 시작했다. 이러한 맥락에서 가장 우선적으로 풀어야 할 문제는 '인간은 왜 국가를 만들게 되었는가'이다. 이 문제에 대한 답을 구하기 위해 사상가들은 국가를 구성하는 개인들의 이익에 관심을 가졌다. 개인들이 개인으로서는 얻을 수 없는, 그러나 그들의 생존을 위해서는 필수불가결하게 요구되는 어떤 이익을 충족시키기 위해 국가를 만들었고, 따라서 국가는 국가를 구성하는 개인의 이익을 지킴으로써 공공성을 실현할 수 있다는 생각이 제시된 것이다.

이 생각의 단서를 제공한 사람은 영국의 사상가 홉스였고 이를 발전시킨 이가 로크였다. 흔히 계약론자로 불리는 두 사상가는 기본적으로 국가란 개인의 이익을 충족시키기 위해 개인들이 계약을 통해 인위적으로 만들어낸 것이라는 생각을 공유하고 있다. 그러나 국가의 형성 과정과 국가가 수행해야 할 공공성의 구체적 내용에서는 차별성을 보인다.

근대 사상가 가운데 국가의 기원과 본질을 밝히는 데 선구적인 통찰력을 보여준 홉스는 중세를 지탱했던 봉건제와 가톨릭 체제가 붕괴되던 17세기의 상황 속에서 올리버 크롬웰이 주도한 청교도혁명 이후의 사회질서를 구축하는 데 결정적으로 기여했다. 절대주의 국가의 사상적 기반을 제공한 홉스의 사고는 의외로 국가의 절대권이 아니라 개인의 절대적 자유에 대한 인식으로부터 시작한다. 그는 모든 개인이 평등하며 평등의 기반에는 "자신의 생명을 보존하기 위해 원하는 대로 자신의 힘을 사용할 수 있는 자유"(홉스), 즉 절대적 자유인 자연권이 있다고 믿었다.

모든 개인이 자연권을 행사한다면 끊임없는 투쟁 상태인 "만인에 대한 만인의 투쟁"을 겪게 된다. 이를 극복하는 방안이 곧 계약을 통한 국가의 성립이었다. '모두가' '동시에' 가공의 인격체인 국가(The Commonwealth)에게 자연권을 넘겨줌으로써 이를 포기하는 계약을 맺는 것이 곧 공동체를 형성하는 기원이 된다. 이렇게 형성된 국가는 개인들의 권리를 전적으로 양도받았기 때문에 절대 권력을 지닌 강력한 실체인 리바이어던(Leviathan)이 되고, 계약을 이행하지 않는 개인을 처벌할 수 있는 강제력을 가진다. 이런 방식으로 홉스는 개인의 절대적 자유인 자연권에서 시작하여 최종적으로는 국가의 절대 권력을 인정하는 사상적 반전을 통해 결국 절대주의적 국가(The Absolutist State)의 기초를 다졌다.

홉스가 국가에 절대 권력을 부여한 이유는 국가가 개인의 공통 이익을 지켜주기 때문이다. 개인이 자연권을 포기하고 이를 국가에게 넘겨주는 것이 바로 자연 상태에서 일어나는 만인에 대한 만인의 투쟁에서 벗어나고 안전을 보장받을 수 있는 유일한 방법이기 때문이다. 국가가 성립된 목적은 개인들의 공통된 이익인 개인의 안전을 국가가 지켜주기 때문이다. 국가가 절대권을 갖는 것도 그러한 목적 때문이다. 따라서 홉스에게 국가의 공공성은 개인의 안전을 지켜주는 것이며, 국가가 그 공익을 추구하기 위해서는 절대권이 필요했던 것이다.

공동의 이익을 위한 국가와 국가에 저항할 개인을 찾아낸 로크

서구 사상에 있어 국가의 절대권은 곧 부정된다. 국가의 공익성이 반드시 국가의 절대 권력과 동일시될 수 없음을 주장하는 새로운 생각들이 제시되었는데, 그 대표적인 사상가가 로크였다. 홉스와 마찬가지로 로크도 개인의 공통된 이익을 보호하기 위해 국가가 만들어졌다고 보았기에 국가의 공공성을 개인의 이익 보호에서 찾아야 한다고 주장하였다.

신흥귀족인 젠트리 계급 태생인 로크는 홉스가 주장했던 자연권·자연 상태·계약의 개념을 사용하여 국가의 형성과 공공성을 설명했다. 그러나 그의 사상은 홉스와는 상당히 다르다. 우선 로크는 홉스와는 달리 자연 상태를 투쟁 상태로 보지 않았고, 자연권도 다른 의미로 사용했다. 그가 주장하는 자연 상태는 완전히 자유로운 상태, 스스로 판단에 따라 행동을 규율하고 자신의 소유물과 신체를 마음대로 처리할 수 있는 상태를 의미한다. 그러나 타인의 생명과 자유, 자산을 침해해서는 안 된다고 주장함으로써 로크는 자신의 보호를 위해서는 타인도 동시에 보호되어야 한다는 상호성의 원리와 자율적 규제의 원리를 제시했다. 만약 이러한 상태가 무너지면 이는 자유로운 상태가 아니라 방종의 상태다.

로크에게 국가를 형성하는 이유는 자연 상태가 불완전하고 불안정한 상태이기 때문이다. 이 불안정성을 극복하기 위한 수단으로 그가 제시한 것이 정치적 권력의 개념이다. 이는 생명·자유·자산을 포함하는, 넓은 의미의 재산을 지키기 위해 형벌을 가할 수 있는 법률을 만들고 법률 시행을 위해 공동의 힘을 사용할 권리를 의미한다. 로크에게 정치적 권력의 형성은 홉스와 같은 방식으로 이루어진다. 자연 상태에서 개인이 가진 자연권을 계약을 통해 양도하고, 그 결과로 분쟁을 해결하기 위한 척도인 법을 만들고, 법을 통해 개인의 재산권을 보호받게 된다.

중요한 사실은 이 계약이 개인의 동의에 기반하고 있다는 점이다. 로크는 "인간은 태어나면서부터 자유로운 상태이고, 자신의 동의 없이는 어느 누구도 복종시킬 수 없다"는 이른바 주권재민설을 주장하였다. 모든 계약이 동의에 기반하고 있는 만큼, 동의한 내용이 지켜지지 않는다면 계약을 통해 형성된 국가의 정치적 권력도 계약의 당사자인 개인들에게 다시 돌아가야 한다. 개인들이 맺은 계약은 이익 충족에서 비롯되는 만큼 이 이익이 충족되지 않으면 국가의 공공성도 사라지고, 따라서 개인들은 국가로부터 자신들의 권리를 돌려받을 수 있다는 것이다. 일단 계약을 맺으면 개인은 자연권을 완전히 포기해야 하는 홉스와는 달리, 로크의 계약론은 자연권을 신탁하는 것에 불과하다.

홉스의 국가와 마찬가지로 로크의 국가도 개인이 자연 상태에서 충족시킬 수 없는 공동 이익을 보호한다는 점에서 공공성을 띠고 있다. 그러나 홉스가 공동 이익을 지키기 위해 국가에게 절대 권력을 부여하고 군주제를 정당화한 것과 달리 로크는 군주제가 공동 이익을 추구하는 국가의 목적에 위배되는 정치형태라고 비난했다. 군주제에서는 모든 개인이 자연권을 포기한 데 반해 군주만이 여전히 자연권을 지니고 있다는 것이 로크의 반론이다. 이렇듯 로크는 국가가 가진 권력은 절대 권력이 아니라 공동 이익을 추구하기 위해 개인들이 위탁한 권력이라고 주장함으로써 홉스와는 다른 국가의 모습을 제시했다. 로크의 생각을 이어받은 현대의 사상가들이 이러한 국가를 흔히 '조건부의 국가'(The Provisional State)로 규정하기도 한다.

자신 이외의 누구에게도 복종하지 않는 국가를 꿈꾼 루소

홉스와 로크가 서로 다른 모습의 국가를 제시했음에도 이들은 국가의 공공성을 구성원들의 공동 이익 보호에서 찾고 있다는 점에서 유사하다. 그러나 같은 계약론자인 프랑스의 철학자 장 자크 루소는 이들과는 다른 차원에서 국가의 필요성을 제시했다. 루소에게 국가란 다수의 이익을 보호하는 것이 아니라 국가를 구성하는 개인으로는 환원될 수 없는 자체의 목적을 추구하는 실체이다.

모든 사회질서는 계약에 기반하고 있다고 주장한다는 점에서 루소는 분명 이전의 계약론자들과 다르지 않다. 그러나 계약의 결과로 국가와 정치 권력이 만들어지더라도 개인은 자신 이외의 누구에게도 복종하지 않는 상태에 있다고 주장함으로써 새로운 모습의 국가를 보여준다.

루소에게도 국가의 형성은 계약으로 비롯된다. 개인들이 계약을 통해 자신의 모든 권리를 전적으로 양도함으로써 공동의 힘을 형성한다. 이 공동의 힘을 루소는 일반의지(General Will)라 불렀는데, 이는 개인들이 가진 특수의지(Particular Will)나 개인들의 의지가 모여진 전체의지(Total Will)와는 다른 차원이다. 일단 일반의지가 형성되고 나면 개인들은 더 이상 개별적인 존재로 남아 있지 않고 일반의지를 통해 전체로 결속되기 때문에 개인성은 소멸된다는 점에서, 일반의지는 개인과는 전혀 다른 차원인 공동체의 고유한 속성으로 이해되어야 한다. 이는 마치 개인들이 모여 사회가 구성되면 사회는 개인들과는 전혀 다른 속성을 지니는 것과 유사하다.

공동의 힘으로서 일반의지가 능동적으로 표현된 것이 주권자이며, 주권자의 가장 중요한 임무는 법의 제정이다. 반면에 일반의지가 수동적으로 표현된 것이 국가이며, 국가의 가장 중요한 기능은 법의 집행이다. 흥미롭게도 주권자가 구체적으로 누구인가에 대한 루소의 답은 개인이 아닌 개인들의 집합 '인민'으로 제시되었고, 국가의 지배대상이 구체적으로 누구인가에 대한 답도 역시 집합적 '인민'으로 표현되었다. 구체적 개인은 주권자의 일원이면서 동시에 국민의 일원이기 때문에 결국 자신이 자신을 지배하는 정치형태가 성립되는 것이다. 이것이 루소가 해결하려 했던 문제, 즉 "자신 이외의 누구의 지배도 받지 않는 사회질서는 어떻게 가능한가"에 대한 답이다.

이러한 사회질서를 유지하기 위해서는 모든 개인이 자신의 특수의지를 버리고 공동체의 일반의지를 내재화해야 한다. 개인들에게 일반의지를 내면화하도록 하는 것은 공동체 성립을 위한 선결 과제다. 일반의지는 공동체 자체의 의지고, 다수성이 아니라 일반성을 표방하고 있으며, 항상 보편적인 이익을 추구한다는 점에서 그 자체가 도덕적 선이다. 개인들은 자신의 특수의지를 버려야 일반의지를 통해 공동체에 완전히 통합될 수 있다. 이 상태에서 개인은 "불확실하고 불완전한 존재양식을 버리고 안전한 존재양식을 얻게 되며, 자연적 독립 대신에 자유를, 타인을 해칠 힘을 버리고 자신의 안전을, 그리고 개인의 미약한 힘을 버리고 사회적 단결을 얻을 수 있게 된다"는 점에서 보다 나은 상태에 도달하게 된다.

따라서 루소에게 국가의 공공성이란 개인에게 일반의지를 부여하여 개인과 공동체 사이의 통합을 이루도록 하는 것이며, 이것이 바로 국가가 추구하는 도덕적 선이다. 이러한 국가는 자체의 공공성에 근거하여 개인을 도덕적 존재로 만들어가는 도덕적 국가(The Moral State)의 모습을 취하게 된다.

모순을 극복한 절대적 공동체인 헤겔의 국가

개인을 공동체에 완전히 통합시킴으로써 공동체인 국가가 공공성의 실체가 될 수 있다는 루소의 생각은 이후 헤겔에 의해 완성된다. 이전의 사상가들이 개인을 넘어서는 집합체로 국가만을 상정한 것에 비해 헤겔은 국가와 더불어 공공성의 새로운 실체로 시민사회(Civil Society)를 제시했다. 이는 18세기 후반 이후 급속히 발전하던 자본주의 시장경제의 실상을 반영하는 것이기도 하다. 국가와 시민사회의 대비를 통해 헤겔은 시민사회란 개인의 욕구 실현이 모순을 만들어내는 공간으로, 그리고 국가는 그 모순을 해결하는 주체로 설정하였다. 시민사회는 내부에 모순을 포함하고 이에 의해 운동하는 세계인데, 모순의 출발점은 시민사회의 구성 요소인 욕망의 체계다. 시민사회 속에서 개인은 노동을 통해 욕망을 충족시키려 하는데, 각자가 가진 욕망의 차별성은 자신과 타인을 구별하는 요소로, 헤겔은 이를 특수성이라 표현했다. 개인은 특수성에 기반을 두고 자신만의 욕구를 충족시키려 하는데, 이 욕구의 충족은 혼자서가 아니라 타인과의 관계를 맺음으로써 이루어질 수 있다. 헤겔은 이를 "개인의 특수성이 보편성의 원리에 의해 매개된다"고 표현했다.

개인이 욕구를 실현하는 과정에서 개인의 특수성은 두 가지 차원에서 보편성에 의해 매개된다. 하나는 개인이 다른 사람과 관계를 맺고 그 관계 속에서 타자를 자신의 욕구 실현의 수단으로 삼으면서 이루어진다. 여기서 개인의 욕구는 개별자의 특수성으로, 개인이 욕구 충족을 위해 형성하는 타자와의 관계인 '개인들 사이의 전면적 상호 의존 체계'는 보편성의 형식으로 표현된다. 개인의 특수성에 보편성의 원리가 매개되는 다른 방식은 개인이 특수 욕구를 형성할 때 사회의 보편성이 통제와 규제의 원리로 작용하며 이루어진다. 이는 흔히 개인의 주관성이 억제되면서 개인의 욕망이 '사회적 성격'을 갖게 됨을 의미한다. 즉 개인의 욕망이 한편으로는 교양이나 예절과 같은 사회적 압력에 의해 주관성을 도야 하는 것이다.

사회의 보편성에 의해 매개된 개인의 특수 욕구가 실현되는 수단이 바로 노동이다. 시민사회에서 개인의 특수성이 점차 발현됨에 따라 개인의 욕구가 다양화되고 따라서 이를 충족하기 위한 수단으로서 노동도 다양화된다. 욕망의 다양화가 노동의 분업화를 불러오는데, 분업화는 시민사회의 모순을 가져오는 두 가지 계기로 작용하게 된다. 분업을 통해 생산이 전문화되고 생산량이 증가하지만 동시에 분업은 노동과정의 단순화를 초래하여 인간 소외를 야기한다. 또한 분업이 개인의 기능적·생래적 차이를 넘어 사회적 차이를 가져오게 되면 개인 사이의 불평등을 초래한다. 이 불평등은 법에 의해 보호되면서 정신의 힘으로 불평등을 산출하는 단계로 나아간다. 결국 개인의 욕망을 충족시키려는 의도에서 비롯된 노동은 소외와 불평등이라는 모순을 가져오는 기제로 작용한다.

헤겔에게 시민사회의 이러한 모순을 극복하는 방식은 개인을 공동체에 완전히 통합시키는 것이고, 이때 완전한 공동체는 국가다. 흔히 보편적 이성의 실현 또는 윤리적 이념의 현실태(現實態)로 불리는 국가는 그 자체로 절대 목적과 최고의 권리를 지닌다. 국가는 분업 없는 절대 평등을 추구하고 시민사회의 자율적 편성을 부정하기 때문에 시민사회에 속한 모든 것들은 국가의 최고 권력에 직접 종속된다. 이전의 계약론자들의 주장같이 국가의 목적은 재산이나 생명 같은 개인의 이익을 보호하는 것이 아니다. 이는 국가가 아닌 시민사회의 영역에 속한다는 것이 헤겔의 생각이다. 국가의 목적은 공동체 자체의 이익을 보호하는 국가의 보편성에서 찾아야 한다는 것이다.

이러한 생각은 국가의 공공성을 개인 차원이 아닌 집합체 자체의 일반 의지에서 찾는 루소와 유사하지만, 헤겔은 국가의 성립이 계약에 기반하고 있다는 루소의 생각을 넘어서고 있다. 그에게 국가는 내재적 이성을 지니고 있으며 논리적으로 시민사회에 선행하여 존재하는 보편적 실체다. 그런 점에서 국가는 즉자적으로(an sich) 그리고 대자적으로(für sich) 시민사회 전체 위에 존재하는 보편성의 실체다.

국가의 이러한 본질은 개인이 개별 이익을 버리고 국가의 보편적인 이익을 받아들임으로써 실현이 가능하다. 이는 개인이 국가라는 공동체에 완전히 통합됨으로써 이루어지고, 이 상태에서 개인은 자유로울 수 있다. 개인은 공동체를 위해 완전히 헌신하고 국가는 개인을 완전하게 돌보는 이상적인 상태를 헤겔은 주장한다. 국가라는 절대적 이성을 지닌 공동체에 완전히 통합되어 있는 상태에서 개인은 자신의 특수성을 버리고 공동체의 보편성을 받아들일 수 있다. 그리고 이것이 개인의 자유를 보장해줄 수 있는 상태다. 그럼 점에서 헤겔의 국가에서 추구하는 공공선이란 개인의 자유이며 이 자유는 개인과 국가의 완전한 통합을 통해 얻어질 수 있다.

국가가 진정 공공성의 담지자인가

홉스에서 헤겔에 이르기까지 근대 사상가들은 공동체의 도덕적 선인 공공성을 국가에서 찾으려 하였다. 이들은 개인을 넘어서는 집합체로서 국가를 서로 다른 모습으로 그렸지만, 국가를 공공성의 담지자로 여겼다는 점에서 공통점이 있다. 국가는 구성원 다수의 이익을 보호함으로써 공공성을 확보하거나, 때로는 사회를 넘어서는 초월적인 존재로서 보편적 이익을 추구함으로써 국가 자체가 도덕적 실체가 된다는 것이다. 그런 점에서 이들은 모두 국가를 중심으로 근대사회를 인식하려 한 국가주의의 입장을 띠고 있다.

다른 한편으로 국가가 진정 공공성의 담지자인가에 대한 문제 제기도 지속적으로 이루어졌다. 특히 국가의 공공성을 보편적 이익의 수호라는 절대적 가치로 자리매김한 헤겔에 대해 다양한 비판이 이루어지면서 공동체의 공공성을 새롭게 인식하는 계기가 마련되었다. 절대적인 이성을 실현하는 국가의 보편성에 대해 가장 직접적인 비판을 제기한 사람은 마르크스였다.

표면적 대립에도 불과하고 마르크스는 헤겔과 상당히 유사한 논리 체계를 보여주고 있는데, 특히 이들은 자본주의 사회의 공간인 시민사회의 모순에 대해서는 거의 생각이 일치했다. 시민사회에서 일어나는 개인의 욕구·노동·분업·소외·불평등과 같은 개념들은 헤겔과 같은 방식으로 마르크스에게서 재현된다. 단지 마르크스는 헤겔의 정신적 노동을 육체적 노동으로 전환시켰고, 헤겔의 관념론을 유물론으로 뒤집었을 따름이다.

마르크스는 시민사회의 모순을 극복하는 보편적 실체로서의 국가의 역할에 관해 헤겔과 근본적으로 차별성을 보인다. 헤겔이 주장한 국가의 모습, 곧 내재적 이성이 실현되고 공동체 전체의 보편적인 이익을 실현하는 국가는 마르크스에게 현실적으로 존재하는 국가가 아니라 이상적으로 설정된 비현실적인 공동체에 지나지 않았다. 헤겔이 생각한 진정한 공동체로서 국가는 마르크스에게 "환상의 공동체"일 뿐이었다. 마르크스가 보기에 현실적으로 존재하는 국가란 시민사회의 모순을 반영하며 동시에 시민사회의 계급투쟁을 수행하는 도구에 지나지 않았다.

따라서 마르크스는 공공성을 추구하며 시민사회의 모순을 극복하는 실체를 국가가 아닌 시민사회에서 찾았다. 특히 마르크스가 시민사회에서 보편적 이익을 추구하는 실체로 프롤레타리아에 관심을 가진 것은 주목할 만하다. 시민사회에서 인간의 욕구를 실현하는 수단인 노동을 실천하는 유일한 주체는 프롤레타리아이며, 인간의 본성을 회복하는 공동체를 건설할 유일한 주체도 그들이었다. 마르크스는 그들이 혁명을 통해 공산사회를 수립함으로써 개인과 공동체가 완전히 일치하는 사회를 만들 수 있으리라 기대했다.

물론 마르크스의 기대는 실현되지 않았다. 개인을 공동체에 완전히 통합하고 이 공동체가 보편적인 이익을 추구함으로써 개인은 자유로울 수 있다는 마르크스의 생각은 다시 헤겔에 접근하고 있다. 그러나 그의 이상적 공동체가 실현되지 못하면서 현실 영역에서 공공성을 추구하는 실체를 찾으려는 노력이 계속되었고, 이 시도를 통해 마르크스가 이룬 성취는 국가가 아닌 사회의 발견이었다. 국가가 공공성의 담지자가 될 수 없음을 확인한 사상가들은 새로운 공공성의 주체로 사회에 주목하게 되었고, 사회를 통해 공동체의 공공성을 찾으려 했다.

이러한 시도를 이끌어간 현대의 사상가 가운데 대표적인 사람이 한나 아렌트였다. 아렌트는 근대의 출현과 함께 사적 영역과 공적 영역을 단순히 가정과 국가로 구분하여 나누던 전통적 사고방식이 무너지고, 새로운 영역으로서 사회가 출현하였음을 주장했다. 사회의 출현은 이전의 사적인 영역마저도 공적 영역의 사안이 되도록 만들었다. 이러한 변화는 "공중 앞에 나타난 모든 것은 누구나 볼 수 있고 들을 수 있으며 그러므로 가장 폭넓은 공공성"을 가지기 때문에 일어날 수 있었다. 이전의 사적 영역이 새로운 공적 영역으로 자리 잡게 되었다. 국가 또는 정치에 의한 공공성의 독점이 무너지고 사회에 의한 공론 형성과 새로운 공공성이 발견되었기 때문이다.

아렌트가 사회적 공론을 통한 공공성 창출의 새로운 길을 열었다면, 이 길을 결정적으로 확장시킨 사람은 위르겐 하버마스이다. 그는 부르주아 사회 형성 초기에 나타난 공론장(The Public Sphere)에 주목하면서, 이 공간이 사회 변화를 주도하였다고 주장했다. 하버마스는 중세 사회질서의 붕괴와 함께 정치적으로는 절대주의 국가를 세웠고, 경제적으로는 개인이 공동체에서 분리되면서 사적 소유권에 기반을 둔 자본주의 시장경제가 나타나 시민사회를 형성하였다고 보았다. 새로운 사회 공간으로서 시민사회가 생겨나고 개인들이 이전의 공동체로부터 분리되면서 국가와는 다른 새로운 형태의 사회적 통합을 추구하게 된 것이다.

새로운 사회적 통합은 이들의 공통된 관심사에 근거하여 이루어지는데, 이들은 개인의 사적 영역에 속하면서도 공적인 함의와 관련성을 지닌 모든 주제에 대해 자유로운 공적 담론을 만들어갔다. 살롱이나 커피하우스 등을 중심으로 이루어지던 부르주아지의 공적 담론에서 이들이 최초로 선택했던 주제는 문화와 문예에 관한 담론이었다. 자본주의 사회의 발전과 함께 문화가 상품화되면서 이전에는 소수의 군주와 귀족에게 한정되었던 고급문화가 대중화되어 이들의 담론 형성에 중요하게 기여했다. 이러한 "공적 담론의 공간으로서의 공론장은 모두에게 개방된 평등의 공공성을 지닌 것"(하버마스)이었다. 이런 공간에서 모두가 신분의 차별 없이 참여하여 주제에 구애받지 않고 자유롭게 담론할 수 있었다.

정치적 성향이나 신분 배경의 차이를 극복하고 모두에게 개방된 공간으로 자리한 공적 담론장이 보다 중요한 역할을 떠맡게 된 시기는 이 공간에서 이루어지던 담론의 주제가 문화에서 정치로 옮겨가면서부터였다. 군주권과 법치의 우선권을 둘러싼 논쟁으로 촉발된 정치 담론은 절대권의 원리에 대한 법 해석으로 발전하였고, 점차 국가와 갈등관계를 형성하게 되었다.

담론을 이끌어간 주체는 이전과 마찬가지로 부르주아지였으며 그들의 대변자였던 로크와 샤를 몽테스키외 등이 담론 활성화에 결정적인 역할을 했다. 이전의 문예 담론과 달리 정치적 담론은 단순히 담론으로 그치지 않고 정치적 변화를 주도하여 절대주의 국가에서 민주주의 국가로 정치체제를 바꾸어갔다. 결국 부르주아 사회의 공적 담론장은 자본주의 사회의 공공성을 지켜갔을 뿐만 아니라 새로운 사회변화를 이끌었다. 이런 방식으로 하버마스는 국가에 의한 공공성이 아니라, 국가 밖에서 모두 참여할 수 있고 모두에게 열린 '공개성'과 '평등성'을 특징으로 하는 공동체 형성이 새로운 공공성을 가져올 수 있음을 증언하였다.

더 나은 시민사회의 요구

사상사적 흐름으로 볼 때 근대 이후 공공성을 수행하는 주체는 국가에서 사회로 옮겨왔다. 전통적으로 공동체의 공공성을 책임지는 주체였던 국가가 이제는 그 자체의 목적과 이익을 지닌 정치적 실체로 인식되었다. 특히 국가를 지배하는 정치 세력은 국가의 주된 목적이 자신들의 권력 재생산에 있는 것처럼 행동하였다. 이렇게 되면서 사람들은 국가가 더 이상 반드시, 그리고 항상 전체의 이익을 추구하는 보편적 실체가 되지 않을 수도 있다고 인식하게 되었다. 따라서 국가를 대신하여 공공성을 수행할 새로운 주체를 찾을 필요가 생겼고, 이 요구에 답하기 위해 사회 또는 시민사회의 공공성이 주목받게 되었다.

우리가 흔히 사용하는 시민사회라는 용어는 두 가지의 서로 다른 의미를 포함하고 있다. 하나는 자본주의 시장경제 영역으로서의 시민사회이며, 다른 하나는 국가나 시장경제로부터 독립된 사회적 공간으로서 국가와 시장경제의 모순을 바로잡으려는 의미로서의 시민사회이다. 전자는 헤겔과 마르크스 이래로 개인이 사적 이익을 추구하는 공간으로 여겨져왔다. 이에 반해 후자는 아렌트의 공론이나 하버마스의 공적 담론장과 유사한 개념으로, 최근 들어 정치적 민주화로 시민들의 참여와 주체적 역할이 강조되면서 그 중요성이 한층 커졌다.

국가와 시장경제의 과도한 발달이 공공성을 위축시켜 공동체가 위기에 처할 수 있다는 인식이 제기되면서 시민사회의 중요성은 이제 누구도 부정할 수 없게 되었다. 한국에서는 유별나게 강한 국가가 오랫동안 사회의 거의 모든 영역을 지배해왔으며 이 국가가 독재체제의 성격을 지니면서 공공성보다는 국민을 억압하는 지배를 계속해왔다. 또한 강한 국가가 주도한 경제발전의 과정은 시장경제라는 또 하나의 거대한 괴물을 만들어냈다. 국가가 정치 권력의 확보와 유지에 전념하고 시장경제가 개인의 사적 이익 추구만을 위한 수단이 된다면 국가와 시장경제의 과도한 발달은 분명 공공성의 위기를 초래할 것이다.

정치적 민주화가 시작된 1980년대 이후 한국사회에도 시민사회라는 새로운 사회적 공간이 생겨났다. 여기서 말하는 시민사회는 시장경제로서의 시민사회가 아니라 국가와 시장경제로부터 독립된 공간으로서 국가와 시장경제의 모순을 바로잡으려는 사회적 공간을 의미한다. 이 공간은 현실적으로 두 종류의 시민단체에 의해 주도된다. 하나는 시장경제에 대립되는 측면인 비영리기구(NPO)이며, 다른 하나는 국가에 대립되는 측면인 비정부기구(NGO)이다. 이 기구들의 적극적인 노력에도 국가와 시장경제에 맞서는 시민사회의 시도는 한계를 지니고 있다. 최근 들어 세계화의 흐름과 함께 신자유주의의 시장경제는 거의 만능의 힘을 휘두르고 있다. 경쟁체제에 입각한 시장경제의 효율성을 완전히 무시할 수는 없겠지만, 이는 분명 공공성에 대한 중대한 위협 요인이며 시민사회가 극복해야 할 중요한 과제다.

개인의 사적 이익이 과도하게 추구되는 시장경제에 맞서 공동체의 공공성을 확보할 방안 가운데 하나는 국가의 공공성을 되살리는 것이다. 시장경제라는 거대한 힘에 맞서기에는 시민사회의 힘이 너무나 미약해 보인다. 특히 공공성을 추구하던 다양한 형태의 사회운동들이 사회 환경의 변화로 쇠퇴하면서 시민사회는 더욱 힘을 잃어가고 있다. 시민사회는 국가에 압력을 행사하여 국가가 공공성을 회복하는 방안을 적극 검토해야 한다. 다행히도 정치 권력의 재생산에 관심 있는 국가의 정치적 지배 세력으로서는 시민사회의 요구를 무시할 수 없는 입장이기 때문에 시민사회가 적절한 지렛대를 확보한다면 국가의 공공성을 회복할 가능성은 있다. 만약 공공성을 회복하지 못한다면 점증하는 세계화의 압력과 과잉발달한 국가의 힘 앞에서 한국사회의 위기는 점점 심화될 수밖에 없을 것이다.

---

1) 취업포털 사이트 잡코리아가 직장인 765명을 대상으로 실시한 '워킹푸어(Working Poor, 근로빈곤층) 인지 정도'에 관한 조사도 심화되는 사회 양극화 현상을 나타낸다. 조사 결과에 의하면 응답자의 70.1퍼센트(536명)가 자신을 워킹푸어라고 생각한다고 대답했다. 워킹푸어가 생기는 원인으로는(복수응답) 부익부 빈익빈을 유도하는 사회의 양극화 구조(47.1퍼센트)를 가장 많이 꼽았다(연합뉴스 2009. 8. 5).

제 2 부 경쟁과 갈등을 넘어 공생으로

규칙이 있는 갈등은 아름답다

김용학 교수 · 사회학

갈등의 제도화

부부싸움은 개인 사이의 갈등이다. 그러나 남편에게 매 맞는 아내들이 집단을 결성하고 여권 신장 운동을 하며 전통적인 유교 신봉 집단들과 충돌한다면 개인 갈등은 사회 갈등으로 변한다. 급격한 사회 변동을 경험하는 과정에서 우리나라에는 수많은 사회 갈등이 생겨났다. 두 차례에 걸친 경제 위기를 벗어나기 위해 실시되었던 기업의 구조조정으로 극심한 노사 갈등이 표출되었던 현상이나, 미국 쇠고기 수입에 반대하는 시민과 시민단체들이 정부와 빚은 갈등 등이 대표적인 예이다. 이뿐만이 아니다. 불과 몇 년 전에는 농민들이 농가부채 탕감을 요구하면서 죽창을 들고 도로를 점거한 채 격렬한 시위를 벌였고, 화물연대는 자신들의 요구를 관철시키려 트럭으로 고속도로를 막는 등 다양한 종류의 사회 갈등이 빚어졌다.

지속적으로 다투는 집단들은 사회를 균열시키거나 혼란을 야기할 수도 있다. 때문에 사람들은 사회 갈등을 무조건 부정적으로 바라보는 경향이 있다. 그러나 사회 갈등은 결코 없애지 못할 뿐만 아니라, 긍정적인 기능도 수행하기 때문에 무조건 없애는 것이 바람직하지도 않다. 작은 지진이 자주 발생하면 지각의 긴장을 완화시켜 큰 지진이 일어나지 않듯, 적당한 사회 갈등은 사회 균열의 틈새에 쌓인 긴장을 해소함으로써 더 큰 균열을 막아준다. 즉 일상적인 사회 갈등은 일반적인 상식과는 달리 사회를 통합시키는 기능을 수행하는 것이다. 사회 갈등의 발생을 힘으로 억누를 수 있는 나라는 독재국가밖에 없다. 민주주의 국가에서는 집단이 존재하고 그들의 이익이 대립하는 한 사회 갈등은 없앨 수 없다. 갈등이 적정한 수준에서 유지되고 갈등을 풀어가는 규칙과 절차가 확립되는 것이 최상의 사회통합이다.

사회를 통합시키는 기능을 하지 못하는 병리적이고 파괴적인 갈등도 있다. 규칙을 무시하거나 양보와 타협의 여지를 두지 않고 폭력을 동원해서라도 사생결단을 내고야 말겠다는 사회 갈등은 반사회적이며 파괴적이다. 이러한 갈등은 사회 균열을 심화하며 벌어진 틈 사이에 독버섯이 자라나도록 한다. 법률을 제정하는 국회의원들이 쇠톱과 망치로 국회문을 부수고, 발길질로 다른 국회의원에게 폭력을 행사하는 일은 법과 절차를 만드는 당사자들이 법과 절차를 무시하는 병적인 갈등이다. 자신의 요구를 관철하기 위해서는 수단과 방법을 가리지 않아도 된다는 잘못된 모범을 국민들에게 보여주는 한심한 작태다. 이렇듯 오히려 갈등을 부추기는 이들에게 공공성에 대한 의무 따위는 안중에도 없어 보인다.

우리나라에서 일어나는 대부분의 극단적인 사회 갈등은 참지 못하는 기질에서 기인하는 것처럼 보인다. 학자들의 전반적인 평에 의하면 한국인의 다혈질 성향은 이탈리아 사람들 못지않다고 한다. 한국인은 조용히 해결할 문제들도 서로 핏대를 세워가면서 다투는 경우가 종종 있다는 주장이다. 쇠톱과 망치를 든 국회의원도, 경찰을 향해 새총을 겨누는 농성자도, 붉은 띠를 머리에 둘러매고 임전무퇴의 자세로 투쟁을 벌이는 노동조합도, 죽창을 든 농민도, 화염병을 던지는 운동권도 모두 한국인의 다혈질적인 특징을 보여주는 예로 보인다. 그러나 이 첨예한 사회 갈등도 곰곰이 따져보면 심리 기질이나 문화 요소에 기인해서라기보다 갈등을 해결하는 사회제도가 없어서 발생하는 경우가 많음을 알 수 있다. 이런 예는 도처에 있다.

불과 10여 년 전만 해도 우리는 자동차 접촉사고를 낸 운전자들이 차를 세워놓고 핏대를 올려가면서, 때로는 주먹다짐까지 하며 싸우는 모습을 길거리에서 목격하곤 했다. 지금은 이런 광경이 많이 사라졌다. 한국인이 다혈질이라서 자주 싸우는 것이라면, 왜 운전자들 사이에 언성을 높이며 실랑이를 벌이는 모습이 불과 몇 년 사이에 사라졌을까? 보험회사끼리 협상하여 사고처리 비용을 분담하는 효율적인 제도가 생겼기 때문이다. 운전자가 직접 나서서 상대 운전자와 싸워야 할 이유가 사라진 것이다.

보험회사 간에는 운전자의 과실 비율을 결정하는 세세한 법규가 있다. 가령 주차해놓은 차를 받으면, 받은 차의 보험회사가 100퍼센트 사고 비용을 부담한다. 그러나 불법주차를 했다면 해당 운전자에게도 10퍼센트의 과실이 있다. 만일 일몰 이후 어두운 시점에 사고가 났다면 불법주차한 차의 과실은 20퍼센트로 늘어난다. 보험회사는 회사대로 수많은 사고를 다루다보니, 어느 사건에서 약간 손해를 보더라도 장기적으로 보면 한 회사만 계속 손해를 보는 일은 없다. 이것이 사회 갈등이 일정한 틀 안에서 일어나도록 하는 '갈등의 제도화'다. 제도화된 사회 갈등은 사회 통합의 기능을 수행한다. 선진 자본주의 사회가 극심한 노사 갈등을 견디고 사회주의 혁명으로 무너지지 않은 이유도 노사 갈등의 제도화에 성공했기 때문이다(랄프 다렌도르프).

이 글에서는 지속적으로 반복되면서 사회 균열의 구조적 원인이 된 대표적인 사회 갈등을 유형별로 정리하고자 한다. 아울러 사회의 공공성을 해치는 병리적인 갈등의 근원적 성격을 따져본 후 대응책을 모색하려 한다. 지난 반세기 동안 줄기차게 표출되었던 우리나라의 대표적인 갈등은 다음의 몇 가지로 분류할 수 있다. 경제적 자원의 배분을 놓고 벌어지는 계층(계급) 갈등, 노사 갈등, 지역 갈등, 세대 갈등, 좌파와 우파 사이의 이념적 갈등이 그것이다. 다른 나라가 고질병으로 앓고 있는 종교·인종·다문화 갈등으로부터 우리 사회가 비교적 자유로웠던 것은 그나마 다행이라 할 수 있다.

부의 불평등과 노사 갈등

한국이 전쟁의 폐허 위에 경이로운 경제 발전의 기적을 이루었다고 칭송하는 해외 학자들은 우리나라의 경제성장 속도뿐만 아니라, 그토록 빠른 경제성장에도 비교적 평등한 사회를 이루었다는 점을 빠뜨리지 않고 주목한다. 라틴아메리카의 여러 나라들이나 우리보다 먼저 경제발전을 이루었던 필리핀, 그리고 아프리카의 몇몇 나라들이 경제가 발전할수록 극심한 빈부 격차를 겪었던 것과는 사뭇 달리, 우리나라를 포함하여 홍콩·싱가포르 등 동아시아의 후발국들은 비교적 평등한 사회를 이루었다. 우리나라는 사회보장제도가 발달하지 못했음에도 여러 나라에서 쉽게 볼 수 있는 도시 빈민촌인 게토가 없으며, 무주택자 부랑아도 많지 않은 편이다. 불평등 지표인 지니계수[1]를 살펴보면, 1996년부터 2008년 사이의 수치는 0.26에서 0.35에 놓여 있다. 한국은 전 세계적인 차원에서 보면 매우 평등한 사회다. 최근에 들어 양극화 현상이 조금씩 진행되어 불평등이 증가하는 추세이지만, 증가 추세 역시 다른 나라들에 비해 비교적 완만하다.

이러한 통계만을 놓고 보면 한국사회는 부의 분배를 둘러싼 갈등이 비교적 덜할 듯지만, 노사 갈등이나 계급 갈등은 매우 심각한 수준이다. 불평등 수준이 우리와 비슷한 이웃나라 일본만 비교하여도 그 심각성은 금세 드러난다. 다음 표에서 볼 수 있듯이 한국보다 기업 수가 훨씬 더 많은 일본에서 파업이 발생한 횟수는 한국과 비슷하다. 그러나 2002년부터 2006년까지 파업이 지속된 누적일수는 우리가 일본의 100배 이상이다.

한국 사회에서 노사 갈등이 심각한 데에는 여러 가지 역사적 · 구조적인 요인이 있지만, 특히 부의 불평등에 대한 형평 의식이 문제다. 2008년도 한 조사에 따르면 우리 사회에 부의 분배가 불공정하다고 믿는 사

한국과 일본의 노동자 파업 통계(1997~2007)

연도	한국				일본			
	파업 수	참여자 수	파업 일수	1,000명 당 파업 일수	파업 수	참여자 수	파업 일수	1,000명 당 파업 일수
1997	78	43.9	444.7	33.6	178	47.2	110.2	⋯
1998	129	146.1	1,452.1	119.1	145	26.3	101.5	⋯
1999	198	92.0	1,366.3	109.1	154	25.7	87.1	⋯
2000	250	178.0	1,893.6	141.7	118	15.3	35.1	⋯
2001	235	88.5	1,083.1	79.3	90	12.2	29.1	⋯
2002	322	93.9	1,580.4	111.4	74	7.0	12.3	⋯
2003	320	137.2	1,298.7	90.2	47	4.4	6.7	⋯
2004	462	185.0	1,198.8	80.5	51	7.0	9.8	⋯
2005	287	117.9	847.7	55.8	50	4.1	5.6	⋯
2006	138	131.4	1,200.6	77.2	46	5.8	7.9	⋯
2007	115	93.4	536.3	33.6	54	20.8	33.2	⋯

람이 77퍼센트에 이른다. 이렇게 낮은 형평 의식은 대다수 국민이 부자는 정경 유착이나 불법·탈법으로 재산을 모았다고 인식하는 풍토를 반영한다. 부를 획득하는 과정에 '정당성'이 결여되었다고 믿는 것이다. 기업주가 부를 축적하는 과정이 정당하지 않았거나 기업주가 정당한 몫보다 더 많은 이익을 챙긴다고 믿기 때문에 노사 갈등은 첨예한 대립각을 세운다.[2] 어느 대기업에서는 19년째 파업이 계속되고 있다.

지역감정을 조장하는 정치

지역감정은 우리 사회의 망국병으로 지적되고 있다. 지역감정의 심각성이 한국 정치와 관련이 있음은 정권 교체 이후 지역감정이 과거와는 정반대 방향으로 전개되었던 사례만 보아도 금세 알 수 있다. 김대중 정부가 들어선 지 얼마 지나지 않아 '경부선 민심'이라는 단어가 회자되었던 일을 기억하는 독자도 있을 것이다. 정권이 교체되자마자 영남 지역이 차별을 받는다는 소문이 돌았다. 소문의 골자는 이러했다. 호남선에 사용되던 낡은 열차가 경부선에 투입되고, 호남선 열차는 신형 객차로 바뀌었다는 것이다. 등받이가 젖혀지지도 않는 낡은 기차를 타본 영남 사람들은 이것을 새로운 정권에 의한 지역 차별의 신호탄으로 받아들였다. 소문의 실상을 추적하던 어느 기자에게 철도청 담당자는 실상을 해명했다. 여객 수요가 급증하면 임시로 낡은 차량을 동원하여 투입하는데, 이는 정권 교체 이전부터 늘 그래왔다고 하였다. 곧이어 영남 기업이 호남으로 옮겨감으로써 영남 사람이 경제적으로 핍박받는다는 음모론도 나돌았다.

사실 여부를 떠나 이러한 민심이 회자되는 것은 우리나라에서 지역감정이 정치와 뗄 수 없는 관계임을 증명한다. 선거철만 다가오면 언제나 지역감정이 고개를 든다. 당리당략을 위해, 그리고 선거에서 당선되기 위해 정치인들이 지역감정을 이용하기 때문이다. 뿐만 아니라 제3공화국 이후 정부 장·차관 등 고위직의 충원, 기업의 구조조정, 일인당 병상 수 등 모든 통계에서 지역 간 불평등이 존재했고, 이것이 더욱 지역감정을 자극했다. 국회에는 영남당과 호남당도 모자라 몇 해 전에는 충청당까지 생겨났다.

지역감정의 정도를 측정하는 방법으로 '사회적 거리'라는 척도가 종종 사용된다. "당신은 ○○지역 출신의 사람과 당신의 딸을 결혼시키겠습니까?" 또는 "당신은 △△지역 사람과 동업을 하시겠습니까?" 등을 질문하는 것이다. "아니오"라고 대답한 사람의 비율로 지역 간의 사회적 거리를 잰다. 지역 간 사회적 거리를 분석해보면 지역감정이 흔히 생각하듯이 영·호남 간의 대립이 아니라는 사실이 드러난다. 호남 사람들에 대한 거리감은 전국적으로 관찰된다. 호남에 대한 영남의 거리감은 다른 도에 비해 그다지 높지 않다. 그러나 영남 사람들을 싫어하는 현상은 호남에서만 관찰된다.

주목할 만한 사실은 지역감정이 생기게 된 원인을 어떻게 인식하는지에서도 영·호남 사람들 사이에 차이가 드러난다는 점이다. 호남 사람들은 호남이 영남에 대해 지역감정을 갖는 이유를 주로 정치권에 의해 생겨난 경제적·정치적 차별 때문으로 설명한다. 그러나 전국에서 관찰되는 호남에 대한 지역감정은 호남 사람들의 성격이나 행동 방식에 초점을 맞추고 있다. 다른 말로 바꾸자면, 타 지역 사람들은 호남에 대한 지역감정의 발생 원인을 심리적 현상으로 파악하는 경향이 있는 반면, 호남 출신 사람들은 그 원인을 사회구조적 현상으로 인식한다. 한마디로 다음과 같은 대립적인 시각으로 정리될 수 있다.

타 지역 사람들이 생각하는 지역감정의 원인: 역사적 뿌리 → 지역감정
  → 지역 격차·지역주의 = 심리적 결과로서의 지역감정
호남 사람들이 생각하는 지역감정의 원인: 정치 과정(3공 이후) →
  지역 격차 → 지역감정 = 구조적 결과로서의 지역감정

대통령 선거에서 자기 지역 출신에게 몰표를 던지게 했던 지역감정이 문민정부 이후 지난 네 번의 대선을 거치면서 점차로 약화되어온 것은 그나마 매우 다행스러운 일이다. 자기 지역에서 타 지역 출신 후보를 지지하기도 하는 등 지역과 관련 없는 후보를 투표하는 경향이 점차 증가하고 있다. 또한 앞으로 인터넷을 통한 지역 간 상호작용이 늘어감에 따라 지역감정은 서서히 약화될 것으로 전망한다.

인터넷 혁명과 세대간 권력이동

어느 사회이든지 변동의 속도가 빠르면 세대 간 갈등은 증폭된다. 우리 사회에는 인터넷과 가상공간에 푹 빠져 있는 N세대부터 동성동본 결혼을 금지해야 한다고 믿는 유교 신봉 세대까지 섞여 살고 있다. 생각과 가치관이 서로 다른 세대 사이의 갈등은 가정 안에서 그치지 않고, 선거 과정이나 시민운동 등에서 첨예하게 드러난다.

세대란 나이를 공유하는 사람들의 집단을 의미하는 것이 아니라 역사적인 경험을 공유하는 사람들의 집단을 의미한다. 386세대라는 말은 이들이 60년대에 태어난 세대일 뿐만 아니라, 80년대 학번 대학생으로서 민주화 투쟁을 경험한 사람들임을 의미한다. 강렬한 역사적 경험은 가치관 형성에 큰 영향을 미친다. 공산당의 잔혹한 행위로 인해 어린 나이에 가족을 잃은 사람은 아직도 공산주의에 치를 떤다.

우리나라에서 세대가 중요한 이유는 특정 세대가 사회변혁의 주체로 등장하고 있기 때문이다. 한 예를 보면, 2002년 대통령 선거 당시 노무현 대통령에 대한 지지율의 연령별 분포와 인터넷 사용률의 연령별 분포의 곡선은 묘하게 닮았다. 당시 한국 사회에서 인터넷이라는 정보기술을 받아들인 세대 중 20대가 90퍼센트 이상으로 가장 높았고, 50, 60대의 인터넷 사용은 20퍼센트대로 낮았다. 젊은 세대가 새로운 정치를 갈망했고, 이에 힘입어 새로운 유형의 지도자가 탄생한 것이다.

현실사회에 참여(Participation)하면서 열정(Passion)과 힘(Power)을 바탕으로 사회 패러다임의 변화(Paradigm-shifter)를 일으킬 수 있는 세대를 흔히 P세대라고 일컫는다. 17~39세로 이루어진 이 세대의 80퍼센트는 "나는 사회를 변화시킬 수 있다"고 생각한다. 이러한 세대가 인터넷에서 주류 여론을 형성하고, 촛불시위의 주역이 되며, 정치적인 압력 집단으로 부상했다.

세대 갈등은 정치 영역뿐 아니라 모든 분야에서 일어나고 있다. 신세대가 구세대에 비해 지식과 정보에 접근할 기회가 증진됨에 따라 '쉰세대'에서 '신세대'로 권력이 이동하는 현상이 발생한다. 디지털기술에 의해 나타난 가상공간과 공동체를 체험할 수 있게 된 젊은 세대와 그렇지 못한 세대 사이에 정보 격차와 문화 차이가 심화되는 것이다. 컴퓨터가 제공하는 무한한 가상공간 체험은 물리적 현실세계에 뿌리를 내리고 사는 기성세대의 입장에서 보면 비현실적이지만, 젊은 세대에게는 분명히 현실적이고 자극적인 체험이다.

기성세대는 이런 체험이 없기 때문에 신세대를 이해할 여력조차 없다. 기업체 간부도 신세대 신입 사원의 눈치를 보아야 하며, 교수들도 학생들의 당돌한 학점 정정 요구에 당황하기 일쑤다. 구입하고 싶은 상품에 대한 정보나 자신이 원하는 정보를 찾고자 할 때 그것을 자신의 어린 자녀들에게 시키는 것이 빠른지 아니면 본인이 직접 하는 것이 빠른지를 경험한 사람은 세대 간 의존성의 역전을 실감할 것이다. 이것이 앨빈 토플러의 '권력이동'의 핵심 내용이자 사회 거시적 변동의 큰 추세다.

세대 간 자원 배분을 둘러싸고도 갈등이 생겨나고 있다. 40, 50대에 은퇴하거나 실직한 사람은 아직 젊은데 실직한 것이 억울하다고 한다. 젊은이들은 윗세대가 제발 일찍 은퇴하여 청년실업 문제를 해결해달라고 청원한다. 한편 노령화가 진행됨에 따라 이제 노인들은 자식들에게 재산을 상속하기보다는 노후 생활을 위해 돈을 모으기 시작했다. 노인 세대에게 자원이 모이기 시작함에 따라 세대 간 부의 불균형은 점차 확대될 조짐이다. 이미 일본에서 관찰되는 세대 간 부의 불균형의 급속한 증가는 한국에도 곧 닥칠 현실이 될 것이다. 이러한 사회변화가 새로운 세대 갈등의 불씨로 자라기 시작했다.

좌우 이념갈등의 조정

우리나라에서 좌파 사상은 미군정기 이후 군부독재가 엄혹했던 70년대 말까지 철저하게 억눌리고 핍박받았다. 한반도가 분단된 이후 남한에서는 마르크스 사상이나 이론이 철저하게 봉쇄되어온 것이다. 공포의 대상으로 군림했던 국가보안법 때문에 자유로운 좌우 간의 토론과 언로는 막혀 있었다. 그러다 1980년의 광주 민주화 운동을 출발점으로 좌파 이념의 확산과 사회주의 운동이 시작되었다. 신 군부독재의 폭압적 통치에 저항한 민주화 투쟁은 좌파이론으로 무장되었다. 특히 광주 민주화 운동은 수많은 반체제 인사를 양산하면서 진보 운동의 물적 토대가 되었다. 오랜 기간 수면 아래 숨어 있던 사회주의 사상이 이때부터 표면에 떠오르면서 좌우 간의 이념 충돌은 극한 상황으로 치달았다. 과학적 절대주의를 표방하는 마르크스 이론이 부상하면서, 주류 세력으로 자리했던 이른바 부르주아 이론들은 민중의 적으로 규정되기도 했다.

70년대 말부터 소개되기 시작한 종속이론, 세계체계이론 등 좌파 이론은 좌파 지식의 초기 양분을 공급하더니, 80년대 중반에 들어서는 정통파 마르크스-레닌, 그리고 주체사상을 연구하는 진보적 학술 단체의 활동이 맹위를 떨치게 된다. '민중'이나 '분단'에 방점을 둔 새로운 이론들이 지배질서에 저항하는 학문으로 성장한 것이다. 레닌이 사회혁명을 "피착취 계급이 역사의 최전방에 등장하여 축제를 벌이는 것"이라고 규정했듯이, 진보 이론은 민중을 역사의 중심에 옮겨놓으려 했다.

진보 진영을 대표하는 한 논객은 주로 미국의 영향을 받은 주류 사회과학을 반민족적인 학문이라고 비판했다. 예를 들어 주류 이론의 하나였던 '근대화론'은 지배 이데올로기의 시녀이자 동반자이며, 반민중적·반민족적 독재정권 체제의 지배를 정당화하는 이데올로기의 역할을 담당했다고 규정했다. 이런 방식의 공격에 격분한 한 사회학자는 이러한 저급한 비판이 사석에서 가십거리가 될 수 있을지는 몰라도 학문적으로는 응답할 가치조차 없다고 목청을 높여 반박하기도 했다.

민주화 운동과 노동 운동, 그리고 사회주의 운동이 연합하면서 1988년 10개의 진보적 학술단체가 참여한 학술단체협의회가 결성되었다. 이를 두고 "한국 민중들의 생활상의 고통에 대해서 학문으로 응답하는 시도"라고 높게 평가하기도 한다. 이즈음에 나온 석사학위 논문의 내용을 살펴보면, 학문 후속세대 대부분이 마르크스 이론에 영감을 받았음을 알 수 있다. 이러한 현상은 90년대 중반까지 지속되었다. 극소수를 제외하고는 석사 논문 대부분이 좌파 이론에 근거하여 산업과 노동 문제, 통일과 북한 문제, 사회주의 이론과 사회 변혁 등의 주제에 집중되어 있었다.

좌파 이론의 위세는 90년대 중반부터 서서히 퇴조하기 시작한다. 우선, 대외적으로 동독이 서독에 흡수통일되고, 소련이 해체되었으며, 동유럽 사회주의 국가들이 몰락했다. 국내에서는 '남한 자본주의의 상대적 안정화'와 더불어 군부독재가 물러나면서 민주화를 상당히 이룩하자, 반제국주의 사상과 계급투쟁에 피를 공급하던 마르크스주의 이론이 서서히 시들었다. 90년대 초반까지 "몰락한 것은 현실 사회주의이지 사회주의 그 자체는 아니다"라면서 사회주의를 향한 꿈을 굽히지 않았던 많은 논자들마저도 차차 주장을 누그러뜨리거나, 침묵하거나, 입장을 선회했다. 하지만 대부분의 경우 그들이 버린 것은 마르크스 이론 자체이지, 결코 마르크스주의의 비판적 관점을 포기한 것은 아니다. 즉, 좌파이론의 관점은 생명력을 잃지 않은 것이다.

80년대에서 90년대에 이르기까지 좌파 이론에 영감을 받으며 대학 운동권으로 활동했던 이른바 386세대의 일부는 지금도 이념 갈등의 한 축으로 영향력을 발휘하고 있다. 이들은 미군 장갑차 사고로 사망한 '효순이·미선이 사건'을 반미운동에 활용하기도 하고, 미국과의 FTA 협정을 제국주의적 관점에서 반대하기도 했다. 또 북한과의 햇볕정책을 포기하는 것은 반통일적 처사라고 비판하면서 우파 세력들과 충돌했다. 이러한 좌우 사이의 이념 충돌을 보면 사회가 무척 혼란스럽게 보이기도 한다.

이러한 갈등을 긍정적으로 생각하면, 서구가 거의 150년 동안 겪은 좌우 이념 대립을 우리나라는 최근 20여 년에 걸쳐 압축 경험하고 있다고 볼 수 있다. 아직도 이념 갈등은 정부 정책이나 사회 운동 등에서 주된 사회 균열의 요인으로 작용하고 있다. 하지만 한 사회가 단 하나의 가치로 뭉치기보다는 다양한 사상과 이념이 혼재하는 편이 더 바람직하다고 본다면 이념 갈등을 억누르기보다는 갈등을 조정하는 방안을 모색하는 것이 바람직하다.

공공성을 지키는 사회 갈등

나는 사회 갈등은 없앨 수도 없고 없애는 것이 바람직하지도 않다는 주장으로 이 글을 시작했다. 그렇다면 앞서 검토한 한국 사회의 대표적인 사회 갈등도 이 상태로 지속되어야 한다는 뜻일까? 물론 아니다. 어떤 갈등은 절차적 합리성만 있으면 쉽게 해결될 수 있다. 두 사람이 피자를 나누어 먹을 때 자신이 더 많이 먹겠다고 다투고 있는 상황을 상상해보자. 만일 두 사람이 한 사람에게는 피자를 두 조각으로 자르는 권리를 주고, 다른 사람에게 피자 조각을 택하는 선택권을 주는 규칙에 합의한다면 갈등은 일순간에 해결된다. 누가 피자를 자르든지 피자는 공평하게 나뉘기 때문이다.

사회 갈등을 제어하는 합리적인 규칙과 절차가 있고 사람들이 이를 따른다면 사회 갈등은 쉽게 해결될 수 있다. 그러나 갈등하는 집단들이 규칙을 무시하거나, 다른 집단을 해하거나, 사회 공공질서를 무너뜨린다면, 이는 병리적인 갈등이고 따라서 마땅히 제지되어야 한다. 그렇다면 사회 갈등이 공공성을 해치지 않게 되는 조건이 핵심적인 논의 대상이 된다.

사회 갈등에는 반드시 반목하는 집단들이 대립 주체로 등장한다. 죽창을 든 농민, 망치를 든 국회의원, 새총을 든 철거민처럼 극단적인 경우는 아닐지라도, 행정 수도 이전에 반대하는 수도권 시민이나 화장터 설치를 반대하는 주민단체 등 언제나 이익집단이 생기게 마련이다.

갈등이 치열해지면 기존 언론들은 집단의 이기심부터 질타하고 나선다. 그러나 우리가 던져야 하는 질문은 '과연 집단이 이타적일 수 있는가'다. 이타적인 목적을 위해 결성된 집단을 제외하면 대부분 자기들의 이익을 위해 행동하는 것은 당연하다. 이타적인 집단도 자신의 이타적인 목적을 달성하기 위해 이기적이 될 수 있다.

한 걸음 더 나아가 개인들은 이타적일 수 있어도 집단은 언제나 이기적일 수밖에 없다고 생각한다. 집단은 이해를 공유하는 사람들이 구성한 것이며, 집단의 목적에 충실한 사람들은 반드시 집단의 이익을 위해 노력할 의무가 있기 때문이다. 애덤 스미스가 지적했듯이, "시장은 인간의 사적 이기심에 근거하여 작동한다." 오늘 나의 식탁에 고기 반찬이 오를 수 있는 이유는 축산 농가와 유통업자, 그리고 정육점 주인의 이기심 때문인 것이다.

이처럼 개인의 이기심을 시장의 출발점으로 인정한다면 개인들이 모인 집단의 이기심은 왜 인정할 수 없는가. 집단 이기주의를 질타하기 이전에 자신이 속한 집단의 이익이 침해당했을 때 그 집단이 이기적으로 행동할지 아닐지를 반문해보아야 한다. 자신이 속한 집단의 이익 추구는 정당하고 다른 집단의 이익 추구는 이기주의로 몰아붙이는 것은 이중적 잣대이거나 집단이 꼼짝도 못했던 과거 독재정권에 대한 향수라고 볼 수 있다. 남의 집 앞에 쓰레기장을 세우는 정책을 집단적으로 반대하면 집단이기주의로 몰아붙이고, 내 집 앞은 반대하는 것은 당연하다고 여기는 행동은 모순이다.

모든 이기적인 집단행동이 정당하다고 주장하려는 것은 결코 아니다. 시장에서 개인이 이기적이듯이 사회집단도 이기적이라는 명제를 받아들인다고 하더라도, 이익의 '내용'과 그것을 추구하는 '방법'에 문제가 있다면 질타해야 한다. 즉 추구하는 이익의 내용과 절차가 공공성을 해치는

지 여부가 사회 갈등의 정당성을 판단하는 기준이 되어야 한다.

예를 들어 바이러스를 퍼뜨려 돈을 벌려는 집단의 이익, 그리고 게임의 규칙을 벗어난 사회 갈등은 결코 용인될 수 없다. 배 째라 식의 투쟁, 너 죽고 나 죽자 식의 공멸적 항쟁, 결코 타협과 양보는 없다는 결사 항쟁 출정식은 모두 공공의 이익에 반하는 사회 갈등을 양산한다. 관용 없는 갈등은 사회 균열을 만들고 결속을 해친다. 가령 애향심으로 자기 지역 출신자를 우대한다면 이는 인지상정일 수 있다. 그러나 이것이 공정한 경쟁의 규칙을 해친다면 공공성이 훼손되기에 피해야 할 일이 된다.

알렉시스 드 토크빌이 주장했듯이, 오직 장기적인 관점에서 개인의 이익을 추구한다면 모두의 이익이 만족되는 사회에 도달한다. 예를 들어 자동차로 뒤엉킨 사거리를 빨리 지나가려고 꼬리를 물고 차량을 들이대면 결국 모두가 늦어진다는 사실을 운전자들도 반복적인 경험을 통해 잘 알고 있다. 상대가 지나갈 공간을 스스로 터주는 행위가 자신에게도 이득임을 이해하고 그에 맞게 행동하는 것이 장기적인 관점에서 자기 이익을 추구하는 것이다.

집단의 이익 추구를 인정해야 한다는 나의 견해는 경쟁은 공공성을 해친다는 등식에 찬성할 수 없게 만든다. 경쟁에도 공공성이 있기 때문이다. 사익을 추구하는 경제 주체들도 공평성이라는 규범(Norms of Fairness)에 따라 행동한다는 사실은 노벨 경제학상을 받은 심리학자인 아모스 트버스키 등(Kahneman, Slovic and Tversky)에 의해 이미 널리 알려졌다. 수요·공급에 의해 시장가격이 결정된다는 가정은 경제 행위자의 규범적 행위 때문에 제한적으로나마 진실이 아니라는 주장이다. 가령 폭설이 내려 눈을 치우는 삽에 대한 수요가 급증했을 때 삽의 가격을 올릴 것인가라고 물으면, 대부분의 상점 주인은 받던 값 그대로 받겠다고 대답한다. 그것이 공평하기 때문에 수요 급증의 기회로 활용하지 않겠다는 것이다.

기업 윤리에 입각하여 수익을 내는 경제활동도 공공성과 배치되지 않는다. 사회 갈등이나 집단 간 경쟁도 공평성의 규범을 따를 때 이익 집단은 스스로 재갈을 채우게 된다. 내 실속만 챙기면서 상대방에 대해서는 아랑곳하지 않는 태도는 규범적인 행위가 아니다. 공평성과 배려의 사회적 규범을 지키는 갈등, 또는 법의 테두리를 벗어나지 않는 사회 갈등은 백 번 관용되어야 한다.

공권력의 신뢰 회복

사회 갈등을 없애는 것이 꼭 바람직하지는 않다는 주장은 이 책 전반의 주제인 '어떤 방식으로 공존해야 할 것인가'라는 질문에도 그대로 적용된다. 공존의 방식에 대한 질문 자체가 사회 갈등을 야기할 수 있기 때문이다. 사회를 구성하는 원리는 크게 네 가지로 나누어볼 수 있으며, 그중 어떤 입장을 택하느냐에 따라서 공공성을 추구하는 방법도 달라진다. 첫째, 공동체와 공동체를 이끄는 지도자의 통치를 중심으로 구성하자는 보수적 공동체주의, 둘째, 개인의 자유로운 선택과 시장을 중심으로 구성하자는 고전적 자유주의, 셋째, 집단과 조직, 그리고 이들 간의 상호 인정과 조정을 통하여 사회를 구성하자는 다원주의, 마지막으로 객관적인 진리에 근거한 집합체를 통하여 사회를 구성하자는 마르크스적 급진주의가 그것이다.

어떤 이들은 더 이상 사회주의 혁명을 이야기하지는 않지만 노동자 계급에 대한 연민 역시 포기하지 않는다. 이들에게 공공성이란 지배계급의 이익에 봉사하지 못하도록 국가에게 '강제된 비계급성'을 강요하는 것이다. 국가에 압력을 가함으로써 공공성을 획득하자는 주장이다. 마르크스 이론에 의하면 자본주의 국가는 근원적으로 자본가의 이익을 도모하는 친자본가 국가일 수밖에 없다. 따라서 그런 국가에게 노동자·민중·시민사회가 결집하여 '친노동자적·친민중적·친시민사회적 정책을 강제할 수 있을 때' 그것이 바로 공공성이며, 계급 공존의 논리다. 위에서 제시한 네 가지 사회 구성원리 중 마르크스적 급진주의에 해당하는 논리다.

나는 둘째와 셋째의 혼합형 방법을 지지한다. 현대사회에 이르러 개인은 점차 홀로 자신의 이해를 추구하기보다는 다양한 집단에 속해 집단적으로 이익을 추구하게 되었다. 제임스 콜먼 같은 사회학자는 집단과 개인 사이의 힘의 불균형이 점차 확대되는 것을 '비대칭적 사회'의 출현이라 불렀다. 사람들은 시민단체와 같은 NGO나 노조와 같은 이익단체, 그 밖에 압력집단, 종교 단체, 동창회, 종친회, 각종 협회 등 다양한 집단을 구성하여 자신의 이익을 추구하게 된 것이다. 국가와 개인 사이에 수많은 중간집단이 생겼기 때문에 현대사회에서는 둘째 방식과 셋째 방식이 혼합된 형태의 사회 구성원리가 올바른 방법이라 믿는다.

이러한 입장은 시장 영역을 축소하고 공적 국가 영역을 확대함으로써, 또는 시장을 노동계급의 편에서 규제함으로써 시장의 사악함을 극복하고자 하는 주장과 정면으로 배치된다. 좌파가 시장을 불신하듯이, 이 주장에도 국가를 불신할 이유가 충분하다. 사회주의 국가가 실패한 경험에서 알 수 있듯이 국가도 공공성을 앞세워 자신의 이익을 추구한 수많은 역사적 경험을 보았기 때문이다.

국가를 옹호하는 견해에서 종종 이상적(ideal)인 국가와 현실(real)의 시장을 비교하는 경향이 있다. 이론적으로 보면 국가는 매우 이상적이다. 그러나 현실에서 관찰되는 시장은 여러 사악한 문제점을 드러내고 있다. 그렇기 때문에 이 둘의 비교는 불공평하다. 정반대로 이상적인 시장과 현실적인 국가를 비교하는 것도 바람직하지 않다.

올바른 것은 현실 국가와 현실 시장의 비교다. 그로써 우리는 두 가지 불완전한 대안의 기로에 놓여 있음을 알게 된다. 두 대안 사이에서 어디에 방점을 두고 공공성을 이루어낼 것인가에 대한 논의가 야기하는 갈등은 건강한 사회의 징표이다. 한 가지 견해만 넘치는 사회는 건강한 지식 생태계 또는 정책 생태계라 할 수 없다.

어떤 종류의 사회 갈등이라 할지라도 갈등이 일어나는 틀을 제도화하면 사생결단식 갈등은 사라진다. 정해진 법규와 규칙을 벗어난 갈등이 발생했을 때 엄격한 공권력을 발휘한다면 사회 갈등은 제도의 틀 안으로 들어올 수밖에 없다. 그러나 한국 사회는 반독재 투쟁 과정에서 공권력이 권위를 상실했고 이런 현상은 아직도 지속되고 있다. 공권력을 회복하여 법에 따라 사회 갈등이 표출되도록 유도하는 것이 최상의 과제다.

공권력의 회복은 올바른 정치가 자리 잡을 때만 가능하다. 국회는 국민들 사이에 이해가 상충하는 첨예한 사항들을 제도화된 틀 안에서 절차에 따라 합의 조정하도록 권력을 위임받은 곳이다. 이러한 국회에서 폭력을 행사하는 사람은 그 자리에서 의원 자격을 박탈하는 강력한 법이 발의되어야 한다. 그래야만 '도덕 기구로서의 국가'의 모습을 정립하고 '너 죽고 나 살자' 식의 사회 갈등을 다스릴 수 있다.

기업에게 사회적 책임과 윤리를 묻는 시대

박헌준 교수 · 경영학

경제 원리와 기업의 공공성

기업은 경제원리에 충실해야 한다. 이것은 경쟁을 바탕으로 기업가 정신과 혁신을 통해 경제적 가치를 창출하는 것을 말한다. 1970년 9월 13일자 『뉴욕타임스』 기사에서 밀턴 프리드먼(Milton Friedman)은 "기업이 기만이나 부정 없는 자유개방경쟁을 통해 수익성 추구의 경제원리에 충실한 것이 기업의 유일한 사회적 책임"이라고 주장했다.

21세기 글로벌 시장 환경에서 현대 기업이 경쟁과 효율성 추구의 경제원리에 충실하고 사회적 책임을 다해야 한다는 의미는 무엇일까? 과연 기업은 왜곡된 형태의 경쟁을 지양하고 혁신과 효율성을 희생하지 않고도 공존으로 가는 메커니즘을 알고 있을까? 공존의 규칙을 존중하며 살아가야 하는 사회에서 경쟁이란 시장 규칙만 지나치게 강조하면 오히려 시장은 제 기능을 다하지 못하고 혁신이 방해받게 되며 무한경쟁으로 왜곡되는 현상이 발생하는 것은 아닐까? 기업의 사회적 책임은 무엇이고, 혁신기업의 역할은 무엇이며, 지속가능한 경영이란 어떻게 가능할까?

사유재산권이 명확하게 설정되지 못하거나 반대로 너무 지나치게 설정되면 시장을 파괴하고 혁신을 방해하며 엄청난 비용을 유발하게 된다. 사유재산권이 명확하게 설정되어 있지 않은 공유지에서 사익의 경쟁적 추구는 '공유지의 비극'을 발생시킨다. 또한 도덕적 해이 현상이 경쟁적으로 나타나게 된다. 오늘날 지구환경의 파괴와 지구온난화로 인한 기후변화 문제가 전형적 공유지의 비극 현상으로 나타나고 있다. 이는 경쟁의 원리만으로는 우리가 살아가는 사회의 지속가능한 발전을 담보하기 어려움을 말해준다.

공유지의 비극은 물론 사유재산권이 지나치게 분산된 경우에는 또 다른 역(逆)공유지의 비극이라는 문제를 야기하기도 한다. 시장이 파괴되고 혁신활동은 억제될 수밖에 없다. 과열 경쟁의 부작용은 시장의 위기와 기업의 비윤리적 사건을 초래한다. 그리고 현실 속에서 이러한 기업의 스캔들과 시장의 위기상황은 문제의 원인을 치유하기 위한 제도 개선이나 규제 노력에도 불구하고 지속적으로 일어나고 있다. 시장이 효율적으로 가동되려면 적절한 규제하에 도덕적 해이 현상과 더불어 불명확하거나 지나친 사유재산권 문제를 해결해나가고, 공정한 경쟁시스템 속에서 욕심이 절제되어야만 가능하다.

건전한 경쟁을 보장할 수 있는 '올바른 규칙'은 어떻게 확립될 수 있는가. 기업이 경쟁과 효율성 추구의 경제 원리와 공존과 공공성의 가치를 동시에 추구해야 한다는 주장은 유효할까? 추구해야 한다면 과연 어떻게 해야 할까?

경쟁은 불가피하고도 필요하다. 기업가 정신과 혁신은 경쟁에서 나오기 때문이다. 경쟁이 없는 협동은 허위 협동이다. 단, 건전한 경쟁이어야 하며 반칙이 있어서는 안 된다. 시장에서 기업가 정신과 혁신이 활발해지려면 공정한 경쟁 규칙이 필요하다. 여기에는 효율성과 형평성의 규칙이 필요하고, 이들의 균형에는 사회적 합의가 있어야 한다. 기업의 사회적 책임을 강조하는 창조적 자본주의에 대한 생각이나 지속가능한 경영과 끌어안는 성장을 강조하는 통합적 자본주의에는 경쟁과 공존의 가치가 융합될 수 있는 가능성이 엿보인다.

기업의 사회적 책임에 대한 입장에는 최소주의적 유형과 포괄주의적 유형 두 가지가 존재한다. 최소주의적 유형이란 기업에 자본을 투자한 사람(Shareholder)에게만 책임을 진다는 입장이다. 밀턴 프리드먼이 주장한 최소주의적 유형은 기업의 사회적 책임은 비즈니스 자체를 통해서, 즉 고용 창출·차별 철폐·공해 예방 등을 통해 주주의 부를 극대화하는 입장이다. 포괄주의적 유형은 주주를 벗어나 종업원·소비자·채권자·협력업체·지역사회 등 여러 이해관계자(Stakeholder)들에 대한 책임을 다해야 한다는 입장이다.

과연 기업 경영자는 주주의 부를 위한 행동만을 해야 하는가, 아니면 여러 이해관계자들을 위해서도 행동해야 하는가. 기업의 의사결정에는 경제적 요소만을 고려해야 하는가, 아니면 사회적 요소도 고려의 대상인가. 급여 수준과 규정, 그리고 관습과 기준이 다른 개발도상국에서 기업은 어떤 기준을 따라야 하는가. 기업은 과연 자사의 주주만 책임지면 되는가 아니면 종업원, 협력업체, 협력업체의 종업원과 공장이 위치한 지역사회에 대한 책임까지 져야 하는가.

이 글에서는 기업의 사회적 책임에 대한 구체적이고 실천적인 의사결정 과정을 이케아·머크 사·나이키의 사례를 통해서 살피고자 한다. 아울러 경쟁과 공존의 통합을 가능케 하는 몇 가지 시장 혁신 사례를 살펴본다. 사회적 기업은 시장 경쟁 규칙에 사회적 공존 규칙을 내포시킨 시장 혁신 사례다. 환경문제 해결에 시장 기반 메커니즘을 활용한 탄소 배출권 거래시장 사례, 마이크로크레디트(무담보 소액대출)나 프로젝트 파이낸싱을 통한 빈곤문제의 해결 사례, 사회책임투자 사례는 사회적 공존 규칙에 시장 경쟁 규칙을 내포시킨 혁신 사례들이다.

이러한 기업의 실천적 의사결정 과정과 시장 혁신 사례를 통해 경쟁과 공존의 가치가 어떻게 기업 경제 활동을 이끌어가고 또 영향을 미치는지에 대한 실천적 이해를 시도해보자.

이케아의 글로벌 소싱과 아동노동

이케아(IKEA) 그룹은 값싸지만 잘 디자인한 가구를 만들어 "많은 사람들의 더 나은 생활을 추구한다"는 비즈니스 모토로 성공한 기업이다. 이케아의 핵심 전략인 값싸지만 잘 디자인한 가구를 만들기 위해서는 저가 공급선을 찾아내는 일이 중요하였다. 이를 위해 이케아는 주로 개발도상국가의 저가 공급선으로부터 "제품을 구매하는 것이 아니라 제조역량 자체를 구매하는" 독특한 접근 방법을 취했다. 기술 지원은 물론 재정 지원까지 제공함으로써 공급 업체의 효율적 생산을 가능하게 했던 것이다. 이러한 이케아와 공급 업체 간의 상업적 · 경제적 관계는 1980년대 환경적 · 사회적 이슈들로 말미암아 커다란 변화를 경험하게 되었다. 이는 이케아가 제품 생산 방식에 대한 더 큰 '사회적' 책임을 지는 계기가 되었다.

사회적 책임에 대해 긴급하게 주의를 촉구하는 계기가 되었던 최초의 사건은 매출의 20퍼센트 감축을 초래한, 덴마크에서 발생한 포름알데히드 방출기준 위반 사고였다. 회사는 즉각 해결책을 강구하는 한편 공급 사슬을 훨씬 거슬러 올라가 원료를 제조하는 화학 회사들과 같이 문제를 해결하기 위해 노력하였다.

그러나 1994년 스웨덴 TV 방송국의 한 다큐멘터리에서 미성년 어린이의 노동력을 착취하여 생산된 파키스탄산 러그카펫을 판매한 회사 중에 하나로 이케아를 지목하면서 또 다른 위기가 찾아왔다. 1994년 초카펫 사업부 매니저로 임명된 마리아네 바르네르(Marianne Barner)는 즉각 톱매니지먼트와 미팅을 마련하고 대응 행동 계획에 합의를 얻어냈다. 또한 이 문제에 대한 법적 이슈를 확인하기 위하여 기업 법무팀을 제네바 국제노동기구(ILO) 본부에 파견하는 동시에 스웨덴의 NGO인 세이브 더 칠드런(Save the Children)에 자문을 구했다. 그리고 그녀는 상사와 함께 인도 · 파키스탄 · 네팔의 공급처 · 정부 대표 · 노조 · NGO를 직접 방문하여 카펫 생산에 관련된 미성년 노동문제에 대한 연구조사를 했다. 현지 방문조사 이후 미성년 노동을 금지하는 공급 약관을 수정 · 실행하였으며 공급 약관의 준수를 감시하기 위한 독립 준법감시인을 임명하였다.

바르네르와 이케아의 이러한 노력에도 1995년 5월 독일 TV 방송국에서 또 다른 다큐물이 방송될 예정이었다. 이케아에 러그카펫을 공급하는 인도 공급업체 중 하나인 '랑간수출'에서 미성년자 노동력 착취가 일어나고 있다는 내용이었다. 이케아가 공급 약관에 미성년 노동에 대한 전면 금지조항을 포함시키고, 이를 위반한 사실이 확인될 경우 전면 계약 취소의 불이익 조치를 강제한 이후 채 1년도 지나지 않은 상황이어서 더욱 당황스러웠다. 당장 방송될 이 문제에 어떻게 대응할 것인가도 관건이었지만 장기적으로 러그카펫 소싱에 대한 회사 정책 방침을 어떻게 개선하느냐가 더욱 큰 문제였다. 이케아가 자체적으로 모니터 과정을 강화하더라도 회사 차원의 기존 수정 공급계약을 그대로 유지할 것인가 아니면 미성년 노동력이 사용되지 않았다는 인증제도인 러그마크에 가입할 것인가. 세이브 더 칠드런의 요구처럼 미성년 노동력 예방 프로그램에 직접 관여하는 것이 옳은가 아니면 회사 내 실용파 의견대로 단순 철수가 옳은 결정인가.

이케아 내에서는 "수정 공급계약 내용은 분명하고 확실하게 공급사들과 확인하고 강조했기 때문에 즉각 공급계약을 취소해야 한다. 이 사건에 대한 이케아의 처리 방법은 미성년 노동문제에 대한 선례가 되기 때문에 위반 사례를 위중하고 강력히 집행한다는 분명한 메시지를 공급사들에게 던질 좋은 기회로 삼아야 한다"라며 이케아의 브랜드 이미지 보호를 위해서도, 그리고 소비자 불매운동을 예방하는 차원에서도 강력하고도 즉각적인 조치를 취해야 한다는 의견이 지배적이었다.

그렇다면 랑간수출에게는 변명의 기회도 없이 계약 취소라는 강력한 조치를 취해야 할까? 이는 일종의 언론에 의한 '인민재판'이 아닐까? 사실 확인 없이 다큐멘터리 내용을 충분한 증거라고 보고 계약 취소를 했을 때 랑간수출이 혐의를 부인한다면 어떻게 될까? 그렇다고 사실을 확인하기 전까지 무죄라고 보는 것이 옳은가? 과연 어떤 정당한 소명절차를 밟아야 하며 의사결정까지는 얼마의 시간이 필요한 것일까? 방송 후 소비자의 반응은 어떻게 나타날까? 회사 관계자가 출연한다면 프로그램 진행자는 어떤 질문을 던질 것인가? 그리고 회사는 어떻게 답을 해야만 할까?

이케아는 랑간 수출과의 계약 취소에 대한 즉각적인 결정과 함께 방송 출연 여부라는 단기적 과제와 더불어 장기적 과제에 대한 고민을 시작하였다. 장기적으로 러그카펫 소싱 전략은 과연 어떻게 할 것인가? 어떻게 해야 지속적으로 발생하는 미성년 노동문제를 근본적으로 해결할 수 있을까? 회사의 감시·통제 프로그램에 어떤 변화를 시도해야 할까? 과연 이케아가 공급 체인에서 미성년 노동문제를 효과적으로 통제하는 것이 가능하기는 한 것일까? 내부 감시와 통제를 포기하고 러그마크 인증제도에 가입하여 외부 감시에 의존함으로써 책임을 떠넘기는 것이 현명한 일이 아닐까? 동시에 러그마크 인증자체를 강력한 마케팅 도구로 활용할 수도 있지 않을까? 그러나 러그마크 인증제도는 인도독일수출진흥위원회가 주도한 일종의 방어적 마케팅 도구일 뿐이라는 비판과 함께 고양이에게 생선을 지키라고 주는 것이나 마찬가지라는 주장도 있는데 과연 그럴까?

큰 공장에서 쉽게 개인의 집으로 그 생산과정이 숨어버릴 수 있는 파편화된 러그카펫 산업구조에서 미성년 노동을 통제한다는 것은 거의 불가능하였다. 이런 상황에서 어떤 회사든지 자사 브랜드 이미지에 미칠 위험부담을 감행하는 행위가 과연 가치 있고 의미 있는 일인지 자문해보아야 했다. 소비자 불매운동이 점점 사회 운동가나 기업 비판가들에게 쉽게 선택할 수 있는 무기가 된 상황에서 어쩌면 공급처인 인도나 네팔 시장을 탈출하는 것이 유일하게 합리적인 선택일 수도 있었다. 그러나 어떤 저가 생산국도 미성년 노동자 문제, 형편 없는 근로조건, 저임금 등의 문제가 없는 곳은 없을 것이었다. 그렇다고 선진국에서 공급처를 찾을 수도 없는 일이었다.

미성년 노동자들에 대한 이케아의 책임은 무엇인가. 어쩌면 이케아야말로 미성년 노동자 문제를 근원적으로 해결할 사명을 수행해야 하는 유일한 주체가 아닐까. 이케아가 이 상황을 등지면 러그카펫 공장에서 일하는 미성년 노동자들의 삶은 오랫동안 바뀌지 않을 것이다. 다른 공급처를 찾더라도 그곳에서 일하고 있는 미성년 노동자들을 도와줄 손길은 아무 데도 없을 것이다.

이케아는 랑간수출과의 공급계약을 취소하기에 이르렀으나 취소 후 얼마 지나지 않아 독일 방송사의 다큐멘터리가 위조되었다는 사실이 밝혀지며 즉시 랑간수출과의 공급계약을 재개했다. 방송사를 상대로 받은 손해배상 소송 합의금을 랑간수출 공장 근처에 학교를 짓는 데 기부하였다. 또한 '미성년 노동력을 사용하지 않았다'는 보증이 100퍼센트 완벽하지 않을지도 모른다고 우려하며 더 큰 타격을 염려한 이케아는 러그마크 인증제도에 참여하지 않기로 결정하였다. 인도 공급처로부터 탈출하기보다는 오히려 미성년 노동력 문제를 근본적·장기적으로 해결하기 위한 프로그램에 몰입하기로 결정하였다.

초기에 방어적인 태도를 취했던 이케아는 계약에 입각한 통제 위주의 접근을 뛰어넘는 시도를 한다. "미성년의 이익 보호를 위해 노력한다"는 기업철학을 확립하고 확산하는 데 앞장서기로 정한 것이었다. 바르네르는 공급계약 취소가 초래할 수 있는 의도하지 않은 결과, 즉 어린이들을 더 불리하고 열악한 경제·사회적 상황으로 내몰게 된다는 사실을 회사에 알리면서 이케아 사내의 어린이 옴부즈맨의 역할을 맡았다. 나아가 공급자들의 행동변화를 요구하고 협력을 통해 지역사회의 마인드를 바꾸는 데 전념하기 시작하였다. 2000년에는 유엔아동기금인 유니세프(UNICEF)와 파트너십을 맺고 학교가 없는 러그카펫 생산 지역 200여 마을에 2만 4,000명의 어린이를 위한 학교를 세웠고, 103개의 대안 학교(Alternative Learning Center)를 세우는 데 도움을 주었다. 계속해서 세계보건기구 WHO와 손잡고 5년간 15만 명의 엄마와 14만 명의 유아에게 예방 백신을 제공했고, 또한 카펫 생산지역에서 마이크로 크레디트라는 무담보 소액대출 사업을 시작하여 마을에 사는 6,000명의 여성으로 구성된 자력갱생 그룹 429개를 조직하여 소규모 비즈니스를 돕는 일에 뛰어들었다.

이케아의 CEO 안데르스 달비(Anders Dahlvig)는 공급자와 협력업체, 환경에 대한 책임을 회사의 10대 우선 전략 중에 하나로 설정하였다. 그리고 미성년 노동예방규정이 포함된 이케아 웨이(IKEA Way) 구매행동규범을 확정하고 KPMG와 80명의 현장준법감시인이 감시하도록 하였다.

과연 이케아가 장기적으로 바른 길을 걸어가고 있는 것일까 아니면 끝없이 발생하는 난제를 풀려 노력하는 시시포스 같은 싸움을 벌이고 있는 것일까. 당신이 이케아의 안데르스 달비나 마리아네 바르네르 위치에 처한 경영자라면 과연 어떻게 할 것인가?

수익성 없는 신약 개발한 머크 사

1978년 당시 머크(MERCK) 사 연구원장이었던 로이 바젤로스(Roy Vagelos) 회장은 수석 연구원인 캠벨 박사로부터 아이버멕틴이라는 동물치료제에서 수많은 아프리카 사람의 실명을 초래하는 리버블라인드라는 질병에 대한 치료제 개발 가능성을 발견했다는 보고와 함께 이 연구개발 제안을 받았다. 하지만 치료제가 개발되어도 아프리카 사람들은 치료제를 구매하기 어려울 것으로 예상되었다. 바젤로스 사장은 과연 이 제안을 수락하였을까?

1668년 독일 다름슈타트 시에서 창업한 지 300여 년 된 미국 제약회사 머크 사는 이 무렵 뉴저지 주 라웨이에 본사를 두고 전 세계에 2만 8,000여 명의 직원을 고용해 운영하는 세계 최대 제약사 중에 하나로 탈바꿈한 상태였다. 기업 경영 가치관에 관한 논란이 일기 수십 년 전인

1935년, 창업 가족인 조지 머크 2세는 "우리의 의약과 의학 발전에 대한 노력은 인간을 위해서임을 절대 잊지 말자. 이익을 위한 노력이 아니다. 이익은 부수적으로 따라 오는 것이다. 우리가 우리의 기업 철학을 기억하는 한 이익은 결코 우리를 배반하지 않을 것이다. 더 잘 기억하고 지켜나갈수록 이익은 커질 것이다"라고 말했다. 그 후 사장이 세 번이나 바뀐 1991년에도 머크의 최고 경영자 로이 바젤로스는 "우리의 성공은 무엇보다도 질병에 대한 투쟁의 승리요, 인류에 대한 봉사였음을 명심해야 할 것이다"라며 변함없는 기업 철학을 밝혔다.

1970년대 후반 머크 사는 당시 연매출 약 20억 달러의 대부분을 차지하는 류머티즘 관절염 치료제인 인도메타신과 고혈압 치료제인 알도멧이라는 두 가지 처방약 이외에는 신제품을 10년간 거의 출시하지 못한 상태였다. 두 약의 17년간의 특허 기간도 곧 만료되는 상황이어서 신약 연구개발에 박차를 가하는 중이었다. 개발연구 추진 여부의 결정을 내려야 하는 바젤로스로서는 경제적 검토는 물론 조직문화와 동기, 전략적 판단과 명성에 미치는 영향에 대해서도 고려해야 했다.

캠벨 박사의 제안에 대한 경제적 고려사항으로는 첫째, 개발 연구에 2천만~4천만 달러가 투입되어야 한다는 점. 둘째, 개발 투자를 하더라도 연구가 실패할 수도 있다는 점. 셋째, 제3세계 환자는 구매력이 없다는 점. 넷째, 제3세계 환자뿐만 아니라 제3세계 정부도 세계보건기구나 관련 재단들이 구매해주지 않을 경우 판매를 보장할 수 없다는 점. 다섯째, 개발에 성공해도 무료로 배포해야 하는 상황이 발생할지도 모른다는 점. 여섯째, 치료제에 역효과나 부작용이 나타날 경우 수익을 내고 있는 동물용 치료제 시장까지 망가지거나 위협당할 수도 있다는 점 등이 있었다.

머크 사가 투자를 시작한다면 회사의 명성을 높이는 데 도움이 될 것이며, 전략적으로는 리버블라인드 연구개발기술이 기생충학에 관한 머크 사의 전문성을 높여서 또 다른 수익성 좋은 치료제를 개발하는 데 도움이 될 수도 있었다. 더 나아가 제3세계 국가들이 머크 사에 대한 호감을 가지게 되면 미래에 제3세계 시장 진입에 도움이 될 수도 있었다. 조직 문화와 동기 측면에서는 인류를 질병으로부터 구하고자 하는 강한 기업 철학을 지켜온 머크 사가 이 제안을 거절한다면 과학자들의 사기를 떨어뜨릴 수밖에 없다는 점, 그리고 동물용 치료제 영업 부서와 사람용 치료제 개발 부서와의 싸움을 유발할 수도 있다는 점도 고려해야 했다.

왜 많은 돈을 수익성 없는 치료제를 개발하는 데 투자하느냐고 주주들이 물을 수도 있다. 또 이번 제안을 수락한다면 수익성 없는 또 다른 프로젝트들의 제안을 거절하기 어려워진다. 즉 캠벨 박사의 제안을 수락했을 경우 다른 의사결정에 미칠 영향도 무시할 수 없었다.

상업적 성공 가능성과 수익성이 높은 연구개발 프로젝트에 비해 비상업적·비영리적 연구개발 활동에 전체 투자예산의 어느 정도를 할당하는 것이 옳을까? 타 경쟁 제약사들은 비영리 활동을 전혀 하고 있지 않는 상황에서 과연 어떻게 할 것인가? 동물용 치료제의 성공적인 성과로 수익성이 전무한 사람용 치료제 개발에 교차 지원을 하는 것은 과연 옳은 의사결정인지 생각해보자. 만약 옳다면 항상 수익성이 좋은 약품이 수익성이 나쁜 프로젝트의 손실을 보조해야 하는 것일까? 그렇다면 많은 약품의 가격이 정상보다 높게 책정되었다는 말일 수 있다. 그러면 정부는 제약회사의 약품 가격을 제한해야 할 책무를 방관했다고 볼 수 있다.

캠벨 박사의 제안은 기생충학에 집중하고 있는 머크 사에게만 있는 기회이자 1,800만 명에 이르는 리버블라인드 환자의 생명을 구하는 일이기 때문에 특별하다고 하여도 투자의 원가는 고려해야 하지 않을까?

고심 끝에 로이 바젤로스는 리버블라인드 치료를 위한 연구개발에 투자하기로 결정한다. 드디어 1980년 임상실험이 시작되고 1982년 WHO와의 협력을 맺는다. 마침내 캠벨 박사가 연구 제안을 한 지 10년이 지난 뒤인 1987년 10월, 리버블라인드 치료제 개발에 성공한다. 그러나 머크 사는 제3세계의 리버블라인드 환자들을 위해 어떤 국제기구도, 정부도, 재단도 치료제 구입에 적극적이지 않다는 사실에 실망할 수밖에 없었다. 하지만 지난 10년간 총 2, 3천만 달러를 치료제 멕티잔 개발에 투자했는데, 수익성이 없으므로 무료로 제공한다면 앞으로 15년간 매년 300만에서 2,000만 달러의 비용을 더 지불해야만 하였다. 설상가상으로 무료 제공을 결정하더라도 머크 사가 이 약품을 판매하는 것이 아니기 때문에 만약에 이 약품의 부작용으로 인한 배상 책임이 불거질 경우 배보다 배꼽이 더 커지는 위험을 안고 있는 상황이었다. 더욱 아이러니한 상황은 머크 사가 이런 관대한 의사결정을 하게 되면, 여러 제3세계 정부나 사회재단들이 미래에 비슷한 상황이 발생할 경우 신약 구매에 덜 적극적이 될 가능성이 높아질 수 있다는 것이었다. 또한 이와 비슷한 상업성 없는 비영리적 고아 약품(Orphan drug) 개발에 투자하려는 제약회사들의 의욕은 점점 더 떨어질 수밖에 없다. 게다가 약품 가격에 대한 공공정책적 논란이 불거질 가능성은 더 커질 수밖에 없는 상태였다. 만약 정부가 고가 약품에 대한 정당성 조사를 통해 제조원가에 대한 논란을 벌이게 된다면 사태는 더 악화될 것이었다.

그렇다면 어느 정부나 재단이 필요한 돈을 제공할 때까지 1, 2년 동안 치료약 제공 기한을 지연시키는 것은 과연 좋은 의사결정일까? 그럴 경우 질병으로 인한 리버블라인드 환자들의 인간적 고통과 연구개발에 참여한 과학자들의 사기 저하의 문제가 발생한다.

1987년 10월 21일 워싱턴과 파리에서 동시에 열린 프레스 컨퍼런스에서 머크 사는 리버블라인드 치료제인 멕티잔을 모든 사람에게 무료로 제공하기로 결정했다고 발표한다. 그러나 머크 사는 또 다른 어려움에 봉착한다. 치료제를 무료로 제공하려 해도 의료전달 시스템이 존재하지 않는다는 현실이었다.

　멕티잔을 배포하는 역할과 책임까지 머크 사가 직접 지는 것이 과연 맞을까? 의약품 개발과 마케팅은 전혀 다른 기능인데 이 차이를 어떻게 관리해나가야 할지 고민이 필요했다. 제3세계 의료시스템을 미국 제약회사가 독점하는 것은 아닐까라는 비판과 의심에 대한 대처도 고민해야 했다. 타 경쟁 제약사 또한 머크 사가 의료전달 시스템까지 독점한다고 비판할 것이었다. 또 다른 한편에서는 매일매일 수많은 아프리카 환자들이 실명을 하게 될 텐데, 어떤 이유에서든지 공급이 지연되면 비극을 초래할 수 있었다.

　회사의 명성에 미칠 긍정적 효과를 위해 멕티잔을 무료 제공한다는 내용을 적극적으로 홍보해야 할 것인가? 적극적 홍보는 어쩌면 멕티잔을 홍보 가치를 위해 개발했다는 비판을 초래할지도 모르는데다가 인류를 질병으로부터 구한다는 머크 사의 고귀한 기업 목표와 그 진정성을 의심하게 만들 수도 있었다.

　로이 바젤로스 회장은 치료제 배포를 직접 감당하는 일에 대한 장단점을 고려한 후에 7명의 공중 보건과 열대의약 전문가로 구성된 멕티잔 전문위원회를 발족시켰다. 이 위원회는 머크 사를 치료제 배포에 따른 여러 잠재적 비난과 위험으로부터 보호하는 역할을 하였다. 1991년까지 150만 명의 리버블라인드 환자가 치료를 받았으며 머크 사는 자신들의 성취를 자랑스럽게 생각하였다.

멕티잔이 머크 사에게 장기적으로 이익이 되었는지는 시간이 지나야 알 수 있는 일이다. 그러나 과거의 사례를 보면 머크 사는 제2차 세계대전 이후 일본에 결핵이 크게 번졌을 때 스트렙토마이신을 지원했고 시간이 지난 후 일본 시장에서 가장 큰 미국 제약회사가 되었다.

1986년 중국에 B형 간염이 크게 퍼져 간암이 중국 남성의 두 번째로 많은 사망원인이 되었을 때 머크 사는 백신 제조기술을 중국에 700만 달러라는 아주 싼 값에 판매하는 결정을 내렸다. 로이 바젤로스 회장은 "시간이 지나 중국이 세계 시장에 통합되었을 때에 중국은 머크 사가 중국인들의 목숨을 구한 백신을 제공한 회사라는 사실을 기억할 것이다"라고 말했다.

150달러 나이키 운동화와 1.67달러 임금

세계적으로 가장 성공한 운동화 업체 가운데 하나인 나이키(NIKE)는 1990년대 중반 세계화와 인권을 둘러싼 감정적 논쟁의 소용돌이 속에 휩싸이게 된다. 언론의 집중 포화를 받은 나이키는 해외 생산공장에서 저임금으로 해외 노동력을 착취해온 회사로 전락하였고, 악덕기업의 대표 주자처럼 비추어졌다. 나이키는 해외의 독립 외주 생산업체들에 대한 통제력이 없다며 해외 노동력 착취에 대한 비난을 적극적으로 부인하였으나 비판가들은 끝까지 물러서지 않았다. 결국 나이키는 회사 이미지와 성과에 커다란 손상을 입고 큰 비용을 치루면서 기업의 사회적 책임에 대한 새로운 인식을 얻었다.

나이키는 1964년 필 나이트(Phil Kngiht)와 빌 보워먼(Bill Bowerman)이 500달러씩 투자해서 만든 블루리본스포츠라는 조그만 회사로 시작하였으나, 이어 세계에서 가장 구매력 있는 소비자들에게 패션 트랜드를 선도하는 스포츠 운동화 회사로 큰 성공을 거두었다. 연간 성장률이 두 자리 숫자를 기록하였고, 매출이 90억 달러로 급등하였던 1980년 기업공개를 하였다. 1998년까지 나이키의 매출은 147억 달러로 미국 운동화 시장의 40퍼센트 이상을 차지하였으며, 640억 달러 규모에 이르는 전 세계 스포츠 의류 시장에서도 큰 두각을 나타내었다. 나이키는 1980년대에 아디다스를, 1990년대에는 리복을 앞지르면서 성장세를 이어나갔다.

나이키는 외주 생산방식을 채택하여 비용을 줄이고 회사 내 생산 라인을 전혀 두지 않았다. 모든 제품은 독립적으로 계약한 외주 업체에서 생산되었으며 유형 자산이 없는 특별한 제조 회사로 운영되었다. 외주로 절약되는 비용은 최고의 운동선수를 활용한 스타 마케팅에 투자하였다. 마이클 조던과 타이거 우즈와 같은 운동선수들을 통해 나이키 로고를 격찬하게 하여 그들의 대단한 명성을 나이키 이미지에 투영하는 경영을 하였다. "나이키 운동화를 신은 운동선수들을 보는 것은 나이키를 직접 광고하는 것보다 고객에게 더 큰 확신을 준다"고 나이트는 확신하였다.

이러한 성공 스토리의 이면에는 해외 노동력의 문제가 잠재하고 있었다. 나이키가 부유한 미국인에게 고기능 패션에 중점을 둔 스타 마케팅을 하는 동안에, 이 스포츠 운동화를 만드는 해외 하청공장에서는 저임금 노동자들이 열악한 근로 환경에서 일하고 있었다.

나이키의 전략은 세계에서 가장 원가가 낮은 곳에 외주를 주는 것이었다. 나이키는 첫 번째 계약을 일본 제조업체와 했지만 이후 원가가 더 싸고 생산이 용이한 한국과 대만 업체로 공급처를 바꾸었다. 1982년에는 나이키 운동화 중 86퍼센트가 이 두 나라에서 생산되었고 나이키는 이들 나라에 대규모 공급 네트워크를 설치하였다.

한국과 대만의 인건비가 비싸져 원가가 증가하게 되자 나이키는 원가가 더 낮은 지역인 중국과 인도네시아로 공급처를 이동하였다. 특히 인도네시아는 나이키에 공급하는 신발 공장이 6개나 되는 중요한 지역으로 탈바꿈하는 중이었다.

1988년 제프 밸린저(Jeff Ballinger)라는 NGO 노동운동가가 미국 노동총연맹 산별노조회의 산하 인도네시아의 아시아-미국 자유노동협회(Asian-American Free Labor Institute, AAFLI)에서 일하고 있었다. 그는 인도네시아 공장의 근로환경 조사와 미국 회사가 동의한 최소 임금에 대해 연구했다. 그는 인도네시아 나이키 제품 생산공장에 만연했던 열악한 저임금과 근로조건을 고발하였다. 그의 목표는 미국 회사들이 제3세계 해외 공장 노동자들을 착취한다는 것을 전 세계에 알리는 데 있었다. 한 나라에서 한 회사만을 집중 공략한다는 전략에 따라 그는 나이키를 목표로 삼았다. 밸린저의 AAFLI 보고서는 나이키의 경쟁적 강점을 전략적 취약점으로 바꾸어놓은 셈이었다.

이러한 비판의 목소리에도 나이키는 하청 공장들의 근로조건은 나이키의 관심도 책임도 아니며 책임질 수도 없다고 주장했다. 노동법 위반 사항들이 나이키의 하청공장에서 발생하였는데도 자카르타에 있는 나이키 총 관리자는 "내가 그 이슈에 대하여 알 필요가 있는지조차 모르겠다"라고 말했다. 나이키의 입장은 명료하고 완고했다. 회사 내 제조 공장도 없고 단지 독립된 계약자인 하청업자의 행동에 책임을 질 수는 없다는 것이었다.

이렇듯 나이키 경영진은 협력업체의 공장에서 발견되는 갖가지 보건·환경·안전 문제에 대한 책임을 처음에는 인정하지 않으려 했다. 하청공장의 근로자들은 나이키의 직원이 아니므로 나이키의 책임이 아니라는 태도였다. 1992년이 되어서야 비로소 나이키는 변화하기 시작했고 협력업체를 대상으로 행동 강령을 제정·준수하도록 요구하였다.

과연 나이키는 밸린저의 주장에 어떻게 대응했어야 할까? 인도네시아나 베트남에서 '공정한' 임금이란 무엇이고 공정한 임금에 대한 나이키의 생각은 어떠했는지 생각해보자. 나이키가 수익을 최대화하기 위해 형편없는 임금을 주고 해외 노동력을 활용한 것은 과연 잘못인가? 해외업체에 생산 하청을 준 일 자체가 도덕적으로 잘못된 일은 아닐 것이다. 현지의 근로환경이 열악한 것은 사실이지만 이보다 훨씬 더 나쁜 조건에서 일하는 사람들도 많다. 어쩌면 이들 나라를 가난에서 구제해주는 일을 하고 있다고 볼 수도 있다.

나이키가 일본에서 처음 사업을 시작했을 때 그곳 공장 근로자들도 상대적으로 형편없는 임금을 받은 것이 사실이고 한국이나 대만에서도 마찬가지였다. 나이키 신발공장에서 일하는 인도네시아 근로자 대부분이 가난한 시골 출신이고 공장에서 번 돈으로 저축을 하고 남는 돈을 가족들에게 보내고 있었다. 그들에게 이런 일자리가 없었다면 과연 그들이 어떻게 살았을지 알 수 없다. 환경과 경제적 조건이 다른 사회에 전혀 다른 기준과 잣대를 들이대는 것이 올바른 일일까?

1992년 8월 나이키의 해외 노동 착취에 대한 비판은 인도네시아 밖으로 스며나오기 시작했다. 『하퍼스』지 8월호는 인도네시아 근로자의 임금과 마이클 조던의 계약금을 비교하면서 인도네시아 근로자가 마이클 조던의 계약과 동등해지려면 4만 4,492년이 걸린다는 내용을 실었다. 오리건 주 포틀랜드에 있는 나이키의 고향 신문인 『오레고니언』에는 1992년 바르셀로나 올림픽 기간 동안에 일련의 비평 기사들이 게재되었다. 또한 올림픽이 열리던 바르셀로나에서는 작은 무리의 항의자들이 공장 노동자를 이용한 나이키가 책임져야 한다는 내용을 담은 자료를 나눠주었다.

1993년 7월, CBS 방송은 한 시간에 19센트를 받고 있는 인도네시아 노동자들을 인터뷰하였다. 여성 근로자들은 일요일에야 회사 기숙사를 겨우 떠날 수 있었고, 이마저도 감독의 특별 허가서가 필요하였다. 나이키는 해명을 위해 언스트앤영(Ernst & Young) 회계 법인을 고용하여 하청 공장들을 조사하도록 하였다. 그러나 이 법인의 조사 비용을 나이키가 지불하였기 때문에, 노동 운동가들은 감사의 목적을 의심했다. 나이키 근로자에 대한 대중의 비평 수위는 계속 높아지고 있었다.

1996년 4월, 당시 인기 있던 캐시 리 지포드(Kathie Lee Gifford)의 토크쇼에서 갑자기 외국인 노동자의 학대가 이슈화됐다. 인권 운동가들이 지포드 이름을 단 의류 제품이 온두라스의 미성년 노동으로 제조되었다는 사실을 밝혔던 것이다. 지포드가 이 사실을 부인하지 않고 즉시 아동노동에 반대하는 입장을 밝히고 울면서 사죄하자 미디어의 관심이 폭발적으로 증가하였다. 1996년 7월, 『라이프』 잡지에는 파키스탄의 미성년 아동노동에 대한 이야기가 실리고, 나이키 축구공을 바느질하는 12살 소년의 사진이 크게 보도되었다. 지포드는 공개적으로 의류 제품들이 만든 환경과 근로 조건들을 조사하였다.

미디어 모두의 주목을 받고 있던 제시 잭슨(Jesse Jackson) 목사가 나이키의 인도네시아 공장 중 한 곳을 방문하고자 했을 때 나이키는 거절하였다. 반면 리복은 투어를 제공하고 회사 임원을 직접 인도네시아로 보냈다. 이러한 해외 노동 착취 문제에 대해 미국 입법부에서는 '노 스웨트(No Sweat)' 라벨 사용을 의무화하는 법안을 제시하였다. 상원의원 조지 밀러(George Miller)는 "부모들이 아이들을 위해 사는 옷이나 장난감이 착취된 아동 노동력으로 만든 제품인지를 알 권리가 있다"라고 말했다. 이러한 항의 이후 클린턴 미 대통령은 대책 위원회를 구성하였다. 해외 공장의 허용 가능한 노동 기준을 마련하고자 의류·신발 산업의 경영자들이 소집되었으며, 의류산업연대(The Apparel Industry Partnership, AIP)가 탄생하였다. 운동가·노동계·종교계 인사로 구성된 이 연대에 산업체로서는 나이키가 가장 먼저 합류하였다.

1996년 10월 언스트앤영을 고용한 후 나이키는 홍보담당 임원을 부서장으로 한 노무부서를 신설하였다. 나이트 회장은 새롭게 조직을 개편하면서 나이키의 공정한 노동 개선활동, 의류산업연대 참여, 책임 있는 비즈니스연대(Business for Social Responsibility) 회원 가입, NGO와 대화 등 새로운 활동을 시작한다고 공표하였다. 그런데도 나이키에 대한 안티 운동은 가라앉지 않았다.

1996년 말에는 존경받는 시민 운동가인 앤드루 영(Andrew Young)을 고용하여 보고서 작성을 의뢰하고, 그 보고서를 주요 신문에 전면광고로 실었다. 그러나 영의 보고서는 문제를 더 악화시키기만 하였다. 비평가들은 보고서의 조사 방법과 결론에 반발하였고, 영의 참여를 좋지 않게 생각했다.

1997년에 접어들면서 대중과의 관계는 더 악화되었다. 회사는 나이키타운이라는 거대한 소매점을 개설하였으나 나이키타운에 대한 항의와 시위, 그리고 경찰의 바리케이드가 금세 생겨났다. 1997년 5월 한 일간지의 인기 연재만화인 「둔스베리」(Doonesbury)가 나이키의 노동 문제를 일주일간이나 다루었다. 이 연재물로 반나이키 정서가 주류 미국 소비자들에게 영향을 미치게 되었다.

근로 조건에 대한 내용, 미성년 아동 노동, 해외 노동 착취, 안전하지 못하고 인권이 존중되지 않는 환경에서 일하는 근로자에 대한 착취 등은 인권과 관련된 대중적인 논쟁이 되었다. 이러한 근로 조건에 대한 대중적 관심과 논쟁은 임금 자체에 대한 논쟁으로 번져나갔다. 많은 노동 운동가들에 따르면 개발도상국의 노동자들이 받는 임금은 그들이 하는 일보다 너무 적다고 한다. 먹고살기도 힘들 만큼 적게 받는다는 것이다. 그러나 그들이 받는 임금은 시장의 영향을 받아 결정된다고 생각한 나이키는 임금 문제를 회피하고 있었다. 베트남 나이키 근로자 임금은 평균 일당 1.67달러인데 페니 하더웨이(Penny Hardaway)의 농구화 한 켤레의 소매가격은 150달러라는 비판이 지속되었다. 비평가들의 공세에도 나이키는 1997년 봄까지 그런대로 난공불락처럼 보였다. 그러나 1년 후 상황이 급격히 악화되었다. 1998년 3분기에 회사는 공급 과잉과 수요 저하로 압박을 받았고 환율 문제까지 겹쳐서 더 힘든 상황에 처하게 된 것이다. 이익은 69퍼센트나 떨어졌고 과거 13년 동안 한 번도 없었던 첫 번째 손실을 기록하였다. 구조조정이 단행되었고 1,600명이 해고되었다.

1998년 내셔널 프레스 클럽 연설에서 나이트는 "나이키 상품은 노동 착취, 초과 시간 강요와 동의어가 되어버렸다"라고 인정하면서 변화를 시사했다. 신발 제조 부문에서 일하는 노동자의 최저 연령은 18세, 의류는 16세로 상향 조정하였고, 모든 공장의 작업장 대기 기준을 미국 기준에 맞추도록 요구하였으며, 근로자를 위한 교육 프로그램도 확충하였다. 그리고 근로자를 위한 소규모 대출도 가능하게 만들었다.

나이키의 다양한 양보 조처와 새로운 프로그램은 몇몇 인권단체에서 환영받았으나 많은 이들은 아직도 나이키가 임금에 큰 문제가 있다고 지적한다. 나이키를 초기부터 비판한 밸린저는 나이키는 공장에서 위험한 화학약품을 최소한으로 제거하기는 하였으나 임금 문제는 아직 해결되지 않았다고 말한다.

기업의 사회적 책임과 지속가능경영

기업의 사회적 책임과 함께 사회 혁신 기업의 등장도 경쟁과 공존의 융합과정에서 발생한 시장 혁신사례이다.

사회 혁신 기업은 사회적 목적을 추구하면서 수익을 창출하고 이 과정에서 사회적 서비스와 일자리도 제공함으로써 더 좋은 세상으로 바꿀 수 있는 조직을 말한다. 즉 사회 혁신 기업은 사회적 서비스와 결과를 만들어내면서도 성장을 위한 잉여를 창출하는 저속가능한 비즈니스를 말하는 것이다. 이 세상에 혁신을 가져오고 세상을 변화시키려는 의도를 가진 사회 혁신 기업가는 수익 극대화라는 동기뿐만이 아니라 사회에 좋은 일을 한다는 목적을 동시에 가지고 있다. 사회 혁신 기업가란 자본주의를 혁신적으로 바꿀 수 있으며 자유 시장 규칙 안에서 정의롭지 않은 균형 상태에 놓인 사회적·경제적 문제를 해결해나가려는 혁신가다. 어떻게 혁신적 비즈니스 모델을 창출할 수 있으며 원가경쟁력이 있는 사회적 서비스와 제품, 즉 사회적 결과를 효율적으로 만들어낼 수 있는가? 기업가든 사회 혁신 기업가든 시장 창출의 기회를 찾아내고 그 기회를 철저하게 추구함으로써 비전을 현실화시키고 심리적 보상을 얻는다는 면에서는 똑같다. 다만 사회 혁신 기업가는 기업가처럼 투자가나 자신을 위해서 이익을 남기는 것이 목적이 아니라, 어떤 의미 있는 사회 영역에서 대규모로 변화되는 세상을 만들어낼 혁신적 가치를 남기는 것이 목적이다. 기업가는 자신이 만들어낼 혁신에 대하여 가격과 이익을 지불할 시장의 존재를 전제하고 있다면, 사회 혁신 기업가는 혁신적 가치를 성취해낼 정치적 힘이나 재무 수단을 갖지 못한 시장의 약자를 대상으로 하고 있다는 점이 다를 뿐이다.

그라민뱅크의 창업가이며 마이크로 크레디트의 아버지라 일컫는 무함마드 유누스는 사회 혁신 기업가의 대표 인물이다. 유누스는 은행에서 소액대출을 받을 수 없는 방글라데시의 가난한 여성들에게 무담보 소액대출을 해줌으로써 빈곤의 악순환 고리를 끊을 수 있도록 돕고 있다. 그라민뱅크는 소액대출에 이자를 붙여 돌려받지만 그 이자를 또 다른 가난한 여성들을 돕는 자본금으로 환원시키고 있다. 마이크로 크레디트를 하나의 산업 지위로 격상시킨 유누스가 사회 혁신 기업가로서 성공한 데는 그의 비전을 현실화시키기 위해 필요한 영감·창의성·용기·실행력 등 강한 기업가 정신과 혁신이 원동력이 되었다.

배우이자 감독이며 제작자인 로버트 레드포드도 사회 혁신 기업가이다. 1980년대 영화 산업은 스튜디오 중심의 대형 상업적 제작·유통 방식 일변도의 할리우드 스타일로 고정되는 경향을 보였다. 이에 반하여 새롭게 나타난 예술성 높은 소규모 독립영화 제작 방식을 지원하기 위하여 레드포드는 비영리기관인 선댄스 인스티튜트를 설립하고 선댄스 필름페스티발을 조직하였다. 10여 년 전까지만 해도 아주 미미했던 독립영화 운동을 하나의 새로운 산업으로 일으켜 또 다른 균형 상태가 만들어진 것이다. 한국의 대표적 사회 혁신 기업으로 기부와 자원봉사의 새로운 문화를 만들어낸 아름다운 가게, 금융 소외계층과 사회적 약자를 돕는 사회연대은행 등을 꼽을 수 있다.

이 글을 통해 "기업이 경쟁을 통한 혁신과 효율성을 희생하지 않고도 공존할 수 있는가"라는 질문에 대한 긍정적인 답은 찾았다. 그러나 그 실천 과정은 그리 호락호락하지 않으며 실천적 변화는 시간이 걸리고 어렵다.

기업이 사회적 책임을 완수한다는 것이 실천적으로 얼마나 어려운 문제인가. 이러한 변화가 현실로 구현되려면 수없이 많은 실천적 질문들과 그 답을 찾아가는 의사결정 과정이 꼭 필요하다. 그 숱한 어려운 문제와 질문들을 해결해나가는 과정에는 경영자의 분석적 역량과 창의적 문제 해결 역량은 물론 실천적 경영지능이 필요하다. 더불어 기업을 둘러싼 이해관계자들의 인식 또한 변화·발전해야만 가능하다.

　결국 이러한 실천 과정을 통해 기업은 사회적 책임에 대한 인식을 새로이 하게 되고 사회적 책임을 완수할 수 있게 된다. 이를 통해 기업은 지속가능한 성장을 보장받게 되는 것이다. 이 사회가 진보하고 경제가 발전해나가는 데 필요한 것은 경쟁을 통한 기업가 정신과 혁신이며 기업의 사회적 책임과 지속경영이라는 공존의 가치이다.

통일, 제로섬 게임인가 윈윈전략인가

문정인 교수 · 정치외교학

동반 성장의 지혜

한반도 분단의 역사가 60년을 넘었다. 냉전이 빚어낸 분단과 대립은 탈냉전의 새로운 연대기인 21세기에도 지속되고 있다. 베트남을 필두로 독일 · 예멘 등 분단국들이 민족 통일의 길로 들어섰지만 아직 한반도는 냉전의 마지막 고도로 남아 있다. 1민족 2국가의 비극이 여전히 계속되고 있는 것이다. 남북한 분단은 단순히 분단 자체에 그치지 않고 경쟁과 대립, 더 나아가 서로의 생존을 위협하는 적대관계로 발전해나갔다는 데 문제의 본질이 있다. 샴쌍둥이가 하나의 몸체(한반도)에 뿌리를 박은 채 서로 처절하게 치고받는 싸움질을 한다고 상상해보라. 이것은 거의 희극에 가까운 비극이다.

물론 적대적 경쟁에 역기능만 있는 것은 아니었다. 남북 간에 체제경쟁이 없었다면 오늘의 한국을 기대하기 어려웠을 것이다. 일제 식민지배에서 벗어나 분단의 아픔을 이기고 전쟁의 폐허에서 복구의 길로 들어서자마자 남과 북은 치열한 체제경쟁에 돌입했다. 군비경쟁 · 외교경합 ·

경제발전 등 모든 면에서 남과 북은 서로 목숨을 걸고 앞서나가려 했다.

이러한 총력전(Total War)에서 분명히 남이 북을 압도했다. 남한의 경제력은 북한 경제의 30배가 되고, 민주주의, 삶의 질을 비롯한 모든 면에서 앞서나가고 있다. 남의 '성공신화'와 북의 '실패국가' 처지는 극명하게 대조된다. 그러나 우리의 승리를 일방적으로 선언하기에는 아직 때가 이르다. 군사적인 면에서 남북한은 아직도 첨예한 대결을 보이고 있기 때문이다. 한·미 연합체제와 첨단 전력에서의 우위를 북한은 핵무기와 미사일 같은 비대칭 전력으로 맞서고 있다. 북한 핵무기 문제가 해결되지 않으면 한반도는 핵 군비 경쟁으로 치달을 수도 있다. 이는 서로를 파멸로 이끄는 길이다.

경쟁의 끝이 파멸이어서는 안 된다. 경쟁은 서로 윈윈하는 결과를 가져올 때 의미가 있다. 북을 누르고 우리만 행복하게 잘사는 길이 있을까? 북을 흡수하는 우리식 통일이 가능할까? 쉽지 않을 것이다. 공존과 상생의 길밖에는 대안이 없다. 적대적 경쟁이 아니라 우호와 협력으로 남과 북 모두가 상생, 발전하는 지혜, 이것만이 우리의 미래를 담보할 수 있다.

갈등을 심화시키는 남북한 정체성의 이질화

남북 간의 경쟁과 공존의 문제를 이해하는 데 정체성(identity)은 필수 개념이다. 정체성은 각 개인이나 단체의 성격을 규정할 뿐만 아니라 행동의 규범과 평가 기준을 결정하기 때문이다. 2008년 작고한 미국의 새뮤얼 헌팅턴(Samuel P. Huntington) 교수는 정체성에 대해 이렇게 기술하고 있다.

"정체성은 차별화를 요구한다. 차별화는 '우리' 그룹과 '다른' 그룹과의 비교를 수반한다. 비교는 또한 평가를, 평가는 서로 상충되는 정당화와 경쟁, 그리고 적대감을 조성한다."[3)]

남북한 간의 적대적 경쟁도 각기 다른 정체성에 기인하는 바가 크다. 하나의 뿌리에서 시작한 남과 북, 이들의 정체성은 어떻게 다른가. 우선 역사적 정통성을 보자. 우리 제헌헌법은 그 역사적 근거를 3·1운동 정신과 임시정부에 두고 있다. 그래서 오늘날에도 헌법 전문에 "유구한 역사와 전통에 빛나는 우리 대한국민은 3·1운동으로 건립된 대한민국임시정부의 법통과 불의에 항거한 4·19민주이념을 계승"한다고 천명하고 있다.

실제로는 당시 남한이 처한 역사적 특수성 때문에 과거청산에 다소 소극적이었다. 제헌헌법 101조에 "단기 4278년 8월 15일 이전의 악질적인 반민족행위를 처벌하는 특별법을 제정할 수 있다" 정도로 매듭을 지었다. 그리고 비록 헌법에 명시하지는 않았지만 태극기와 애국가가 국가 상징으로 자리 잡았다.

북한은 이와 아주 다른 입장을 취하고 있다. 북한 헌법에서는 역사적 정통성에 대해 구체적으로 언급하지 않는다. 북한을 지배하는 조선노동당 규약 전문에서는 공산주의적 혁명 조직으로서 "타도 제국주의 동맹"과 "항일혁명투쟁"을 역사적 정통성의 뿌리로 규정하고 있다. 3·1운동, 상해임시정부, 그리고 기타 독립투사들에 대한 언급은 전혀 없다. 오직 자신들만의 항일혁명투쟁을 역사적 정통성의 기반으로 묘사하고 있다. 그리고 헌법 101조와 102조에 국장과 국기에 대한 구체적 기술을 통해 남한과 차별화되는 국가 상징을 설정했다.

정치적으로도 남북한은 다른 경로를 걸어왔다. 남한은 "대한민국 영토는 한반도와 그 부속 도서로 한다"고 헌법에 규정하고 있다. 북한 영토는 회복되어야 할 실지(失地)로 본 것이다. 이렇게 보면 북한 조선노동당 정권은 우리의 영토를 무단으로 점유하고 있는 불법 반국가단체와 다를 바 없다.

정치 체제와 제도 측면에서 남한은 민주공화정의 성격을 띠었고, 삼권분립이 철저히 이루어지는 동시에 다당제를 모색했다. 제헌헌법이 정해놓은 남한의 정치·행정 제도는 이상적이었지만, 헌법의 이상과 달리 현실 정치는 권위주의적 파행을 계속해왔다. 이러한 파행은 이승만 독재와 박정희·전두환 군사 독재를 통해 나타났고, 1987년이 지나서야 대한민국은 민주화의 경로로 들어섰다. 이제 명실상부한 민주사회의 공고화가 이루어진 것이다. 물론 아직도 좌절과 시련이 없지 않으나, 성숙한 시민사회에 기초한 민주주의의 도도한 흐름을 역류할 수는 없을 것이다.

북한은 남한과 다른 정치적 경로 종속성을 보여왔다. 북한 역시 수도를 서울로 정하고 남한을 회복해야 할 조선민주주의 인민공화국의 영토로 규정했다. 북한의 1차 헌법은 주권이 인민에 있다는 주권재민원칙을 명백히 하고 있으나, 프롤레타리아 독재 국가에서 전위당으로서 조선노동당은 최우선 정치조직으로 간주되었다. 조선노동당 규약 전문을 보면 조선노동당은 "우리나라 노동계급과 전체 근로 대중의 선봉적·조직적 부대"로, 당은 국가와 인민에 우선하는 "최고 형태의 혁명 조직"으로 규정한다.

이 당은 "오로지 위대한 수령 김일성 동지의 주체사상, 혁명 사상에 의해 지도"된다고 규정하고 있다. 결국 북한은 프롤레타리아 독재 국가에서 김일성 유일지도체계하의 극단적 1인 독재 국가로 변모한 것이다. 즉 북한은 수령은 곧 당이고, 당은 국가이며, 국가는 인민이다"라는 4위 일체론을 본질로 하는 유기체 사회이다. 최근에 와서는 이것이 '수령 = 당 = 국가 = 인민 = 군'이라는 5위 일체론으로 변질되고 있다.

경제 부문에서도 남북한 정체성의 이질화는 두드러지게 나타난다. 분단하에서 남한은 미군정, 북한은 소련 군정하에 관리되었다. 이러한 관리 체제의 경로 종속성은 매우 대조적인 경제지형을 가져왔다. 미군정 통치 3년을 거치면서 남한은 국제 자본주의 질서로 편입되기 시작했고, 1948년 제헌헌법은 사유재산권을 기초로 한 시장경제라는 제도적 틀을 확고히 해주었다. 더구나 미군정은 1945~48년 3년 기간 동안 남로당 세력을 포함한 좌파 세력들을 척결해줌으로써 새롭게 탄생한 대한민국이 자본주의 경로로 순탄히 진입할 정치 구조적 기반을 조성해주었다. 50년대에 전쟁의 좌절을 딛고, 60년대 박정희 정부의 수출 주도 성장전략과 70년대 중화학공업화는 한국 경제의 대전환을 가져왔다. 남한은 개방경제와 국제자본주의 분업질서로 통합한다는 정체성에 기반을 두고 경제 운용을 해온 것이다.

북한은 사회주의 계획경제라는 길을 택했다. 지주계급의 토지를 몰수하고, 소작제도를 폐지하는 동시에 모든 생산수단의 국유화와 대외무역의 국가관리라는 새로운 사회주의 경제 시스템을 도입했다. 북한은 '주체경제'라는 자급자족적 경제노선을 모색했지만 결과는 참담했다. 90년대에 이른바 '고난의 행군'은 이를 처절하게 보여주었다. 미국을 위시한 서방 국가들로부터 제재를 받던 북한으로서는 주체경제 이외에 다른 대안이 없었을 것이다. 그러나 주체경제는 북한 경제의 체질을 극도로 악화시켰고, 사회주의권으로부터 경제협력이 단절되면서 경제는 파국으로 치닫고 말았다.

국제사회에서 대표성과 정통성을 인정받는 과정도 남과 북은 그 내용을 달리했다. 남한은 1948년 5월 유엔 감시하에 총선을 실시했고 그 후 지속적으로 유엔의 인정과 지원을 받아왔다. 1950년 6월 25일, 북한이 남침을 하자 유엔 회원국 중 16개국이 유엔 헌장에 의거 참전했고, 1953년 전쟁이 끝난 후에도 유엔은 '유엔 한국통일부흥위원단'(UNCURK)을 1973년까지 존속시켰으며 휴전협정의 당사자인 유엔군 사령부를 아직도 유지하고 있다. 이런 맥락에서 남한은 스스로를 한반도 전체를 대표하는 유일한 합법정부로서 내세웠다.

북한은 남한의 이러한 위상을 전적으로 부정해왔다. 조선노동당 규약 전문에 그 내용이 극명하게 드러난다. 북한은 남한을 미 제국주의 점령 하에 있는 괴뢰정부로 간주한다. 이들의 주장에 따르면 대한민국은 자주독립국가가 아니기 때문에 우리 민족 전체를 대표할 수 없다. 오로지 외세의 점령이 종식되고 남한 주민들에 의한 자유로운 정치적 결정이 내려질 때 비로소 국제적 정통성과 대표성을 향유할 수 있다고 본다. 쉽게 말해 괴뢰정부가 어떻게 대표성을 띨 수 있느냐는 입장이다. 따라서 남한과는 달리 외세 개입 없이 자주독립을 영위하는 북한만이 국제적 대표성과 정통성을 가진다고 주장한다.

통일관에서도 대결적 차별성이 나타난다. 제헌헌법과 국가보안법에 의거하여 북한을 불법·반국가단체로 규정하는 남한의 통일관은 단선적일 수밖에 없었다. 이승만 대통령은 승공통일론, 박정희 대통령은 반공통일론, 김영삼 대통령은 흡수통일론을 각각 주장해왔다. 여기에는 '빨갱이들과 합의 통일은 있을 수 없다'는 인식이 강하게 깔려 있다. 시장경제와 자유민주주의가 기초가 되는 우리식 통일을 이루어야 한다는 입장이다.

남한의 통일론이 배타적 통일론의 하나로 고정된 것은 아니었다. 노태우 대통령의 한민족공동체 통일 방안, 김대중 대통령의 3단계 통일 방안, 그리고 노무현 대통령의 평화와 번영의 통일론 모두 남북 간의 평화공존, 그리고 이를 바탕으로 한 점진적 합의 통일이라는 지향점을 공유하고 있다. 그러나 이들의 통일 방안에도 시장경제와 자유민주주의에 기초한 통일이라는 우리식 가치 지향이 암묵적으로 깔려 있다.

북한 역시 이른바 '통일전선전략'이라는 배타적 통일론을 표방해왔다. 조선노동당은 규약 전문에 "조선노동당의 당면 목적은 공화국 북반부에서 사회주의의 완전한 승리를 이룩하여 전국적 범위에서 민족해방과 인민민주주의의 혁명 과업을 완수하는 데 있으며 최종 목적은 온 사회의 주체사상화와 공산주의 사회를 건설하는 데 있다"고 밝힌다. 더 나아가 "남조선 인민들의 사회민주화와 생존권 투쟁을 적극 지원하고 조국을 자주적 · 평화적 민족대단결의 원칙에 기초하여 통일을 이룩하고 나라와 민족의 통일적 발전을 이룩하기 위해 투쟁한다"는 목적을 설정했다. 이는 '남조선 적화통일' 노선을 명백히 보여주는 것이다.

이렇듯 남과 북은 그 정체성 규정에 배타적 대립성을 특징으로 한다. 여기에 공존과 상생의 틈은 전혀 보이지 않는다. 홉스가 이야기하는 "만인에 대한 만인의 투쟁" 관계만 존재할 뿐이다. 이러한 상호 배타적 정체성이 분단된 남과 북의 대립과 갈등을 심화시켜왔다.

우열이 분명한 남북한의 지표

남과 북이 이토록 각자의 정체성을 강조하는 것은 이를 통해 국내 정치적 정통성을 고양시키려 했기 때문이다. 자신의 정체성이 부각될수록 정치적으로 유리한 환경이 조성되기 때문에 서로의 정체성을 부정하는 배타적 경쟁에 임할 수밖에 없었다. '인민의 파라다이스'로서의 북한, '자유와 번영의 품'으로서의 남한, 이들은 냉전 기간뿐만 아니라 지금 이 시간에도 치열한 체제 경쟁을 지속하고 있다. 북한은 통일전선전략에 의해 남한을 적화통일하기 위한 다각적 공작을 전개해왔던 반면 남한은 북한에 자유의 바람을 불어넣어 체제를 와해시키고 주민들을 김일성·김정일 독재로부터 해방시키려 했다.

남북 간 체제 경쟁은 전방위적으로 전개되었다. 가장 치열했던 분야는 외교 전선이었다. 해외 공관 수에서는 남한이 압도적 우위를 차지해, 2008년 남한은 156개국에 공관을 둔 반면 북한의 공관 수는 46개국에 그쳤다. 그러나 수교 국가의 수와 국제기구 가입에서는 큰 차이가 없다. 2007년까지 남한은 188개 국가와 수교를, 북한은 160개국과 수교를 맺었다. 북한으로서는 국력에 걸맞지 않게 많은 국가와 수교를 맺고 있는 셈이지만, 남한과의 외교 경합을 고려할 때 이해할 만한 조치라 하겠다.

유엔에서의 남북한 외교 경합도 주목할 만하다. 전통적으로 대 유엔 외교에서는 남한이 우위를 보여왔다. 그러나 1960년 중반을 기점으로 전세가 역전되기 시작했다. 사회주의권과 비동맹 회의를 중심으로 한 개발도상국의 지원을 받은 북한이 외교적 약진을 보였던 것이다. 북한은 유엔사령부 해체, 외국군 철수, 한국통일부흥위원단 해체 등을 내걸고 남한을 집요하게 몰아세웠다. 수적 열세에 몰린 미국 등을 위시한 서방 측은 1973년 한반도 문제 불상정안을 통과시키고 한반도 문제의 탈유엔화를 모색했다. 1991년 남북한 유엔 동시 가입이 이루어지면서부터는 유엔은 더 이상 남북한 외교 경합의 무대가 되지 못했다.

1988년 서울 올림픽을 계기로 판도는 다시 뒤바뀌었다. 과거에 진영논리에 의거하여 한국과 수교를 거부했던 동구권 국가들이 헝가리를 필두로 한국과 국교관계를 정상화했다. 1990년에는 소련과, 1992년에는 중국과 각각 수교함으로써 남한은 탈냉전의 혜택을 한껏 누렸다. 반대로 북한의 고립은 계속되었다. 미국과 일본이 북한과 수교를 거부했기 때문이다.

외교 부문에서 남북한은 더 이상 서로의 경합 대상이 될 수 없게 되었다. 남한 위상의 급상승과 북한 위상의 추락이 가시화되었기 때문이다. 이제 한국은 선진국의 상징인 OECD 회원국이 되었을 뿐만 아니라 유엔사무총장을 배출했고, 국제무대 전역에서 주도적인 역할을 하고 있다. 불량 국가로 낙인이 찍히고 유엔 안보리의 제재를 받고 있는 북한과는 분명한 대조를 이룬다. 결국 외교적 위상은 국력과 함수 관계를 가진다고 하겠다. 그러나 북한의 고립과 추락에서 우리가 얻은 것이 무엇인지는 분명치 않다. 경쟁의 의미를 찾기 힘들다.

경제 · 사회적 지표에서도 남북의 우열은 분명하다. 1974년 이전까지만 해도 북한 경제가 남한 경제를 앞서고 있었다. 1960년 북한의 1인당 국민소득은 137달러로 남한의 94달러를 훨씬 상회했다. 1970년에도 북한의 소득은 286달러, 남한은 248달러로 북한이 우세했다. 그러나 1974년 이후 북한 경제는 계속 침체를 거듭해왔던 반면, 남한 경제는 간헐적 위기에도 성장 가도를 달려왔다. 1인당 국민소득은 1990년에는 근 6배(남 6,147달러, 북 1,146달러), 2007년에는 거의 18배(남 2만 45달러, 북 1,152달러)의 차이를 보이고 있다. 국민총소득 GNI(Gross National Income)의 경우에는 남한의 경제규모(9,713억 달러)가 북한(267억 달러)의 36.4배에 달하고 있다.

교역과 국가 재정의 규모에서도 양자는 비교된다. 2007년 통계에 따르면 남한의 총교역량은 7,283억 달러인 반면, 북한은 29억 4,000만 달러에 지나지 않았다. 거의 250배 차이가 나는 것이다. 통상국가와 주체경제국가의 차이점이 확연히 드러나는 대목이다. 경제 규모와 국가 재정의 규모는 상관관계를 갖는다. 2007년도 남한의 재정 지출 규모는 1,684억 달러에 이르는 반면, 북한의 재정 규모는 32억 2,000만 달러에 그쳤다. 50배 이상의 차이다.

이제 남한과 북한은 경쟁의 틀에서 비교할 단계를 지났다. 북한 경제는 60년대 중진국 대열에서 이제는 하위권 개발도상국가로 전락한 반면, 남한은 60년대 초반 세계 최악의 빈국 중 하나에서 40여 년 만에 선진 공업국의 상징인 OECD에 가입하는 쾌거를 이루어냈다. 북은 공업, 남은 농업이라는 전통적인 남북한 산업구조로 볼 때 이는 상상할 수 없던 일이다.

사실 북한이 70년대 초반까지 남한을 앞설 수 있었던 것도 중공업에 집중 투자한 결과라고 할 수 있다. 그러나 주체경제라는 폐쇄적이고 내부지향적인 경제에서 능률과 성장을 기대할 수는 없는 일이었다. 시장을 무시한 계획경제 또한 문제였고, 유인효과가 제도화되지 않은 북한의 토양에서 지속가능한 성장을 기대하기란 사실상 불가능했다. 결국 그것은 생산수단의 국유화와 획일적 배분 구조가 가져온 비극이라 할 수 있다. 한 가지 놀라운 사실은 개방개혁의 중국, '도이모이'의 베트남을 제외하고 아직까지 유일하게 살아남은 사회주의 국가가 북한과 쿠바뿐이라는 점이다.

남북한의 격차는 사회부문에서 더 극명하게 나타난다. 수많은 사회지표 중에서 남북한 주민들의 삶의 질을 가장 잘 반영하는 것은 바로 평균수명이다. 의식주 · 의료 · 교육 등 인간의 기본욕구가 충족될수록 평균수명이 높아지기 때문이다. 1973년까지만 하더라도 남과 북의 평균수명은 비슷했다. 1973년 북한 남성의 평균수명은 60.7세로 남한 남성의 59.6세보다 앞섰다. 여성의 경우도 남한의 67세와 거의 비슷한 65.6세였다. 그러나 북한이 경제적으로 가장 어려움을 겪던 1997년에는 북한의 남자 평균수명은 59.8세로 줄어들었으나 남측은 70.6세로 거의 10년 이상 늘어났다. 여성도 북한은 64.5세로 줄어든 반면 남측은 78.1세로 크게 늘어났다. 이러한 추세는 21세기에 들어와서도 계속되고 있다.

또 다른 사회지표로 유아 사망률을 들 수 있다. 1975년까지만 해도 남북한 유아 사망률은 비슷했다. 1,000명당 유아 사망률 세계 평균이 90명인데 반해 남한은 38명, 북한은 44.1명이었다. 남북한 모두 세계 평균보다는 훨씬 양호한 수준이었다. 그러나 90년대로 들어서면서 상황은 판이해졌다. 1995년 남한의 유아 사망률은 14.1명으로 세계 평균 61.5명보다 크게 개선된 반면, 북한은 42명으로 큰 변화를 보이지 않았다. 2005년 통계에서 남한은 선진국 수준인 4.7명으로, 북한은 후진국 수준인 50명으로 각각 집계되었다.

이러한 사회지표를 통해 남한은 선진국으로, 북한은 후진국으로 재편성되고 있음을 알 수 있다. 더욱 안타까운 것은 계속 악화되는 북한 어린이들의 삶의 질 문제. 기아에 허덕이는 북한 어린이들의 문제는 단순한 발육부진 문제를 떠나 유전인자 변형까지 가져온다는 보고가 있다. 이것이 우리가 바라는 경쟁의 모습이 아님은 자명하다.

북한은 사실상 실패한 국가다. 2009년 10월 1일 중국의 건국절 행사를 보며 이러한 상황을 절절히 느꼈다. 이 행사에서 중국 지도부는 중국 공산당이 1989년에는 사회주의를 구제했고, 2009년에는 자본주의를 살렸다는 자신감을 내보였다. 중국 특색 사회주의의 승리, 대국굴기의 길이 열리고 있다는 자부심을 도처에서 읽을 수 있었다. '주체경제'라는 우리식 사회주의의 종착점이 경제 파탄, 주민생활의 피폐화, 그리고 국제적 고립이었다는 점을 감안할 때, 이는 참으로 처참한 대조다.

끝나지 않은 군비경쟁

그러나 아직 경쟁이 끝나지 않은 영역이 있다. 다름 아닌 남북한 군비경쟁이다. 경제발전도 여의치 않은 상황에서 남북한 모두 군비 지출과 무기 획득에 많은 노력을 기울여왔다. 경제 부문과 유사하게 1970년대 초반까지만 해도 북한은 군사비 지출이나 군사력 증강에서 남한을 앞섰다. 그러나 최근에 와서는 남한이 압도적 우세를 보이고 있다.

남한 국방부가 추정하는 2007년 기준 북한의 군비 지출 추정치는 미화 80억 달러 수준이다. 이는 남한 군사비 263억 달러의 3분의 1에도 못 미치는 규모다. 반면 남한의 군비 지출 규모는 북한의 국민총소득 267억 달러와 맞먹는 수준이다. 군사비 항목만으로 남북한을 서로 비교하는 것은 큰 의미가 없다.

물론 반대 의견도 있다. 군사비 지출은 남측이 우위를 보이고 있으나 실질적 군사력은 북한이 앞선다는 의견이다. 남한의 『2008 국방백서』에 따르면 주요 항목별 평가에서 남한은 해군 병력(6만 8,000 대 6만), 장갑차(2,400 대 2,100), 헬기(680 대 310) 수에서만 북한을 앞설 뿐 병력·육군 장비·함정·항공기 보유량에서는 북한에 비해 큰 열세에 처해 있다. 특히 전차(2,300 대 3,900)와 야포(5,200 대 8,500), 다련장·방사포(200 대 5,100), 전투함정(120 대 420), 잠수함정(10 대 70), 전투임무기(490 대 840) 등 핵심 무기 체계에서 열세가 확연히 드러난다. 그러나 이러한 분석은 다분히 정치적 목적이나 예산 확충을 위한 의도 등에 따라 북한군의 수적인 우위를 지나치게 강조하고 남한 군대의 질적인 우위는 지나치게 과소평가한 결과라고 보는 시각이 압도적이다.

북한이 병력과 장비의 보유량에서 우세를 보인다고는 하지만 북한군 장비의 수적 우세는 낡은 장비를 폐기하지 않고 축적한 데 따른 결과일 뿐이다. 예컨대 북한 전차의 절반 이상이 1950년대에 개발된 T-55·T-54·T-59형이다. 남한 국방부는 제2차 세계대전과 한국전쟁 당시 위용을 떨쳤던 T-34도 포함하여 북한군의 전차 수를 계산하고 있다. 현역 부대에는 1970년대에 도입된 T-62와 1990년대에 도입된 천마호 T-72 등만 배치되어 있으므로 북한 전차의 수적 우위라는 주장은 허상에 불과하다. 또 이 전차들조차도 남한의 주력 전차인 K-1과 K1A1에 비해 화력과 방호력이 떨어진다.

수상전투함의 경우에도 북한이 함정 수에서는 절대 우세를 보이고 있지만, 워낙 수명이 오래되어 사격 통제와 전자전 장비를 수동으로 작동해야 하며 대다수는 100톤 이하의 소형함이라 파고가 높으면 작전수행이 불가능한 상태다. 반면 남한은 2011년 현재 이지스함 3척과 4,500톤급 구축함을 비롯해 1,000톤급 이상 함정을 40여 척이나 보유하고 있다.

전투기도 북한이 수백 대나 더 많이 보유하고 있다지만 보유 전투기의 과반수가 MIG-19와 MIG-21이다. 남한 국방부는 MIG-17도 포함시켜 북한의 전투기 수를 계산하고 있다. 이 전투기들이 노후한 것은 물론이거니와 대부분 전천후 요격 레이더가 장착되어 있지 않아 기상 상황이 나쁘면 작전에 제약을 받는다. 북한은 비교적 신형기인 MIG-29를 35대, MIG-23과 SU-25도 각각 수십 대를 보유한 것으로 알려져 있지만 남한은 KF-16C 118대와 KF-16D 47대 등 더 향상된 첨단 기종을 보유하고 있다. 게다가 남한이 보유한 F-15K 39대는 북한의 전투기들을 압도하는 전투력을 자랑한다. 전투기 수보다 더 중요하다고 여겨지는 출격률, 체공 시간, 비행훈련 시간, 시뮬레이터를 통한 지상훈련 시간 등을 고려할 경우, 남북한 공군력의 차이는 비교 자체가 무의미할 정도의 전력 차이를 보인다고 해도 과언이 아니다.

북한은 재래식 전력의 격차를 극복하기 위해 이른바 대량살상무기라는 '비대칭전력' 구축에 심혈을 기울이고 있다. 이미 북한은 두 차례의

지하 핵실험을 통해 세계에서 아홉 번째로 핵무기를 보유한 국가로 선포한 바 있고, 미사일 능력도 크게 개선시켜왔다. 북한은 1980년대 중반에 사정거리 300킬로미터의 SCUD-B, 500킬로미터의 SCUD-C를 생산해 실전용으로 배치하였다. 이때부터 한반도 전역을 사정거리 내에 두는 미사일 전력을 구축하고 있었던 것이다. 1990년대에는 사정거리 1,300킬로미터인 노동미사일을 시험 발사한 뒤 작전 배치하였고 비록 실패는 했지만 1998년 8월 이후 대륙 간 탄도 미사일 개발에 공을 들여왔다. 게다가 대규모 화생 무기도 보유한 것으로 알려졌다. 이제 한반도는 재래식 군비 경쟁을 넘어 핵 군비 경쟁으로 치닫고 있는 것이다.

이러한 상황이기에 경쟁의 끝을 이야기하기에는 아직 이르다. 북한의 핵무장은 한반도는 물론 동북아 전체의 평화와 안정을 위협하는 결과를 가져올 것이다. 북한의 핵무장을 저지하고 화해·공존·상생의 새로운 질서를 만드는 일은 우리에게 주어진 시대적 소명이다. 핵전쟁은 물론 재래식 전쟁도 허용해서는 안 된다. 전쟁은 우리가 이루어온 모든 것을 일시에 파멸로 이끌기 때문이다. 전쟁을 막고 평화 공존과 상생의 길을 모색해야 한다. 그렇다면 그 대안은 무엇인가.

교류·협력에서 통일

남북한이라는 이질적이고 적대적인 집단이 공존하고 상생하는 일이 가능할까? 가능하다고 믿는다. 지난 10년간 남북한은 그러한 목표를 두고 부단히 노력해왔다. 포용정책은 바로 그 매개 역할을 해왔다. 포용정책은 결코 '퍼주기' '북한 핵무기 만들기' '남남 갈등 심화시키기' '남한에 안보불감증을 불어넣기'를 낳는 정책이 아니다.

김대중 대통령은 대북 포용정책의 핵심을 네 가지로 압축한 바 있다.

첫째, 북한의 어떠한 무력 도발도 용납하지 않는다. 둘째, 북한에 대한 흡수통일을 모색하지 않는다. 셋째, 남북 간 교류 협력의 추진을 통해 사람과 물자가 자유로이 오갈 수 있는 사실상의 통일을 구축한다. 마지막으로 냉전 구조의 해체를 통해 한반도 평화 정착의 외부적 여건을 조성한다.

이제 대북 포용정책의 의미를 재음미하면서 남북한 평화 공존과 상생의 길을 열어나가야 한다. 그러기 위해 취해야 할 조치들이 있다. 우선 남북 간 상호 불신과 부정의 악순환에서 벗어나야 한다. 서로의 존재를 인정하지 않고 화해·공존·협력의 길로 나아갈 수 없는 일이다. 지금 또다시 새로운 조치를 취할 필요는 없다. 1992년 2월 19일 발효시킨 남북기본합의서를 쌍방이 성실히 이행하면 되는 것이다.

이 합의서의 1장 1조는 "남과 북은 서로 상대방의 체제를 인정하고 존중한다," 2조는 "남과 북은 상대방의 내부문제에 간섭하지 아니한다," 3조는 "남과 북은 상대방에 대한 비방·중상을 하지 아니한다," 4조는 "남과 북은 상대방을 파괴·전복하려는 일체 행동을 하지 아니한다"라고 명시하고 있다. 더 나아가 5조에서는 "현 정전 상태를 공고한 평화 상태로 전환시키기 위해 공동으로 노력"하며 "이러한 평화 상태가 이룩될 때까지 현 군사 정전협정을 준수한다"라고 합의하고 있다. 6조에서는 "남과 북은 국제무대에서 대결과 경쟁을 중지하고 서로 협력하며 민족의 존엄과 이익을 위해 공동으로 노력한다"라고 명시해놓았다. 이렇듯 남북기본합의서의 1장만 잘 이행해도 남북 간 신뢰는 잘 구축될 것이다.

신뢰 구축 못지않게 중요한 사항은 남과 북 모두에 대한 위협 요인을 없애는 일이다. 북한의 핵 위협과 비대칭전력에 대한 남측의 우려와 미국의 핵전력, 한·미 연합전력에 대한 북한의 공포를 동시에 해소해야 한다. 세계 최강국 미국과 군사동맹을 맺고 있는 남한보다는 자력갱생을 해야 하는 북한이 더 높은 강도의 외부 위협을 느끼고 있다. 이러한 위협인식을 해소하지 않고서 남북의 공존과 상생을 논의하는 것은 허위이고 위선이다. 이 역시 기존의 남북 합의로 돌아가야 한다. 1992년 남북기본합의서에는 군사훈련의 상호 통보 및 참관, 직통전화 개통, 군사공동위원회 설치 등 군사적 신뢰구축에 대한 상세한 조치들이 포함되어 있다.

북한 핵문제에 대한 해답도 과거 합의에서 찾을 수 있다. 우선 6자회담에서 채택한 9·19 공동성명을 성실히 이행하면 된다. 북한은 핵을 검증 가능하게 폐기하고, 미국은 북한에 대한 적대적 의도정책을 포기하고 평화 공존과 국교 정상화 조치를 동시에 취하면 된다. 북한이 핵 폐기를 향한 가시적 조치를 취한다면 미국이 북한을 외교적으로 인정하지 못할 이유는 없다. 국교 정상화가 돈이 드는 일도 아니고 정상화 이후 단교 위협이 북한의 비협조에 대해 보다 효과적인 카드가 될 수 있다는 점을 고려할 때 미국이 더욱 전향적인 자세를 취해야 한다.

북한의 비핵화 문제는 결국 한반도 평화체제와 직결되어 있다. 2007년 합의한 10·4 정상선언 4항에 명시되어 있듯이 남과 북은 현 정전체제를 종식시키고 한반도에 항구적 평화체제를 구축하기 위해 휴전협정 당사국인 4개국 정상회담을 통한 종전 선언을 취할 필요가 있다. 더불어 남북한과 미국이 참여하는 평화협정의 체결도 고려할 수 있다. 이를 대승적으로 담보하기 위해 동북아 다자 안보협력체제의 구축을 강력히 모색해야 한다.

남북한 간의 교류·협력이 다방면에서 이루어져야 한다. 더 늦기 전에 1세대 이산가족의 상봉이 활성화되어야 하고, 개성공단·금강산 사업도 본 궤도에 올라야 한다. 교환·교류의 차원을 넘어 모든 분야에서 협력이 심화되어야 할 것이다. 이미 6·15 공동선언 4항에서 "경제협력을 통하여 민족경제를 균형적으로 발전"하기로 약속하지 않았는가. 10·4 정상선언의 5항·6항·7항은 남북 간 경제·사회·문화, 그리고 인도주의 분야에 있어 교류·협력의 범위와 내용을 구체적으로 적시하고 있다. 이를 실무협의를 거쳐 실행하기만 하면 된다.

마지막으로 통일에 대한 현시적 또는 묵시적 논의와 합의가 이루어져야 한다. '1민족 1국가' 통일로 형태가 한정된다면 상생과 공존의 가능성은 적어진다. 우리가 도달해야 할 목표가 남과 북 중 어느 하나가 포기해야 달성된다면 이는 승자독식의 제로섬 게임의 성격을 띠어 공존과 상생은 더욱 어려워진다.

통일의 형태는 열려 있어야 한다. 공동체 통일, 남북연합, 낮은 단계의 연방제, 연방제, 단일 민족국가 등 여러 가지 가능성을 열어둘 필요가 있다. 6·15 공동선언 2항에서 규정하고 있듯이 남과 북은 공식·비공식 채널을 통해 다양한 통일의 방안을 검토해야 한다.

현 시점에서 실현 가능성이 있고 또 바람직한 형태는 남북연합이라고 생각한다. 남과 북이 유럽연합처럼 각자의 주권은 유지하면서도 정상회담, 각료 회담, 국회 회담 등 다양한 수준의 협의체를 형성하고 운영한다면 법률적(de jure) 통일은 아니지만 사실상(de facto)의 통일을 이룰 수 있다. 국가연합 단계에서는 사람·물자·자본의 이동이 자유로워질 수밖에 없기 때문이다. 단일 민족국가나 연방에 의한 통일은 후대들이 각기 국민투표를 통해 이룰 수 있을 것이다. 그때쯤이면 남북 공히 시민사회가 성숙하고 민주주의가 공고화될 터이므로 국민투표가 가능하리라 본다.

통일의 방향을 여기에 맞춘다면 자연히 통일 방식에도 변화가 있어야 할 것이다. 무력통일도 안 되지만, 흡수통일도 바람직하지 않다. 독일식 통일이 한반도에 그리 쉽게 오리라 생각하지 않는다. 북한의 엘리트와 주민 모두 최악의 상황하에서도 주권을 포기하지는 않을 것이기 때문이다. 특히 북한이 붕괴하여 외세 개입에 의한 북한의 신탁통치가 실시되어 통일이 지연되는 상황은 결코 일어나서는 안 된다. 오로지 남북 주민들의 합의에 의한 통일만이 상생과 공존의 새로운 지평을 열어줄 것이다.

우리 주변에는 패자를 억누르고 지배의 희열을 느끼는 '경쟁을 위한 경쟁'을 좋아하는 사람들이 있다. 보편적 가치라는 이름 아래 자기의 이익과 오만, 독선을 타인에게 강요하는 사람들도 있다. 나아가 경쟁의 끝을 우리의 승리, 타방의 패배로 규정하는 사람들도 많다.

남북 관계를 이러한 제로섬 게임의 시각에서 보면 화해 · 공존 · 상생의 길은 어렵다. 그렇게 될 수도 없지만 되어도 안 된다. 북측의 패배와 아픔은 궁극적으로 남측의 고통과 부담으로 나타난다. 이것은 일란성 쌍둥이가 가지는 태생적인 굴레다. 실패한 북한이라 하여도 우리가 쉽게 해방시키거나 흡수할 수 없는 이유가 여기에 있다.

발상을 전환해야 한다. 북한의 정체성을 인정해주고, 교류 · 협력을 강화해나가는 가운데 하루빨리 북한이 개방 · 개혁을 이끌어내도록 도와야 한다. 북한이 살아야 남한도 산다. 북한이 무너지면 남한도 온전치 못하다. 남북한 모두 회복하기 힘든 공멸의 나락으로 떨어져서는 안 된다. 신뢰가 쌓이면 북한 핵문제는 저절로 풀리게 되어 있다. 이것은 유토피아적 낙관론자의 넋두리가 아니다. 화해 · 공존, 상생의 경쟁은 바로 그런 희망의 결과를 가져올 수 있기 때문이다. 대청해전, 천안함 피폭, 북한의 연평도 포격, 그리고 일촉즉발의 남북한 긴장관계를 보면서 화해와 공존, 그리고 상생의 중요성을 다시 한 번 깨닫는다.

국제정치 분쟁의 역사와 갈림길에서 선 21세기

김기정 　교수 · 정치외교학

무한 경쟁이 야기한 인류의 위기

미국의 시인 로버트 프로스트(Robert Frost)가 쓴 '가지 않은 길'(The Road Not Taken)은 아직도 전 세계 많은 사람들이 애송하는 시다. 미국 뉴잉글랜드 지방의 가을날, 프로스트는 단풍으로 노랗게 물든 숲 속에 놓인 아름다운 두 길을 보면서 인간의 삶에 놓인 선택과 대안(Alternatives)에 관한 시상을 노래하였다.

> 노란 숲 속에 두 갈래 길이 있었습니다.
> 나는 두 길을 다 가지 못하는 것을 안타까워하며
> 오랫동안 서서 길이 굽어 꺾여 내려간 데까지
> 바라볼 수 있는 데까지 멀리 바라보았습니다.
> 그리고 똑같이 아름다운 다른 길을 선택했습니다.
> 그 길에는 풀이 더 있고 사람이 걸은 자취가 적어
> 아마 더 걸어야 될 길이라고 나는 생각했던 거지요.
> (……)

훗날에 훗날에 나는 어디선가
한숨 쉬며 이야기할 것입니다.
숲 속에 두 갈래 길이 있었다고. 그리고
나는 사람이 덜 간 길을 택하였다고
그리고 그것 때문에 모든 것이 달라졌다고.

인간에게 선택이란 무엇이며, 변화는 어떻게 오는가? 프로스트의 시는 '사람이 많이 간 길', 이를테면 우리가 당연하다고 믿어왔고, 또 피할 수 없는 그 무엇이라고 믿는 기존 인식의 관성에서 벗어날 때 비로소 변화가 시작됨을 암시하고 있다. 국제정치 영역에서도 이 시가 주는 함의는 뚜렷하다. 국제정치만큼 경쟁이 노골적이고 치열한 곳도 없다. 국가는 기본적으로 서로 경쟁관계이며, 이는 국제정치 원리상 거의 불변의 진리처럼 존재해왔다. 세계정부가 존재하지 않는 상황하에서 국가들은 치열하게 경쟁을 해왔으며 공정한 경쟁을 위한 규칙조차 만들기가 쉽지 않았다. 따라서 무한경쟁 구도로 쉽게 변할 수 있던 영역이 국제정치였다. 우리가 아직도 입버릇처럼 말하는 '국가경쟁력'이란 말에도 국가 간 경쟁구도가 피할 수 없는 원칙이라는 믿음이 내포되어 있다.

하지만 우리가 생각하는 것처럼 국제정치 영역에서 경쟁만이 유일하게 허용된 길이겠는가? 그렇지 않다. 인류는 경쟁이 무모한 갈등으로 전이되지 않도록 고민을 거듭해왔고, 국가 간 경쟁이 과열되어 큰 비극을 만들어낼수록 대안의 길도 동시에 모색했다. 국가의 행위를 법과 조약으로 규제하려 했던 근대 국제법의 발전이 그러했고, 경쟁이 본원적 원칙이라는 국제정치 관념에 도전하는 철학적 고민과 사상적 문제제기도 있었다.

특히 20세기 후반기에 이르러 국제정치 영역에서도 무한경쟁을 넘어

인류 공존의 길을 모색하려는 노력이 하나의 시대 담론으로 자리했다. 과열 경쟁으로 인류가 공멸에 이를지도 모른다는 위기감 때문이었다. 이런 위기감을 부른 일차적 원인은 지구 전체를 파괴할 수 있는 가공할 만한 파괴력을 가진 핵무기의 등장이었다. 곧이어 산업화와 경제 발전을 위하여 국가가 맹목적으로 선택했던 무한경쟁 전략이 마침내 지구 생태계에 심각한 적신호를 보내기 시작하자 공존을 향한 움직임은 더욱 활발해졌다.

이 글에서는 근대 이후 국제정치 영역에 작동해왔던 국가 간 경쟁의 논리와 그것을 부추겨왔던 국제정치의 관념, 그리고 '사람이 덜 간 길'을 모색하려는 공존의 논리가 국제정치 영역에서 어떻게 변화되어왔는지 살펴보고자 한다.

베스트팔렌 조약과 국력 다툼

유럽에서 30년 종교전쟁이 끝난 뒤, 1648년 베스트팔렌 조약이 체결되었다. 많은 사람들은 이 조약을 근대 국제정치의 시발점이라 부른다. 민족국가(nation-state)라는 새로운 정치조직의 탄생과 함께 근대 국제정치 체제가 도래하였다. 이후 지금까지 국제정치를 지배해왔던 양식을 베스트팔렌 체제라 부른다. 이 체제의 핵심 행위자는 국가였다. 모든 국가는 다른 국가가 간섭할 수 없는 배타적 권리, 즉 주권(Sovereignty)을 지닌 단위로 간주되었다. 불가침의 원리에 기반한 주권 개념을 중심으로 국제관계의 기본 원칙들이 만들어졌다.

이런 배경 속에서 개별 국가 중심의 사고 체계가 국제정치의 지배원칙으로 작동한 것은 어찌 보면 당연한 이치였다. 베스트팔렌 체제가 진행되는 동안 국가들은 끊임없이 경쟁을 치러왔다. 국가들의 경쟁이란 서로 '이기고 지는' 게임이었고, 경우에 따라 국가의 존립 자체를 결정했던 '죽고 사는' 게임이 되기도 했다. 국가의 생존과 발전, 번영과 영광을 위한 경쟁들이 300여 년 국제정치 역사를 끊임없이 장식해왔다.

국가들이 몰두해왔던 경쟁은 무엇보다도 국력 증대였다. 국가의 능력 확장을 통해 주권을 지켜야 한다고 믿었으며, 더 나아가 자국의 이익을 위하여 타국의 행동에 간섭하였으며 타국을 통제하고 지배할 수 있어야 한다고 믿었다. 국력증강 경쟁은 두 가지 형태로 나타났다. 한편으로는 산업화를 통해 국부의 토대가 되는 경제적 능력을 확대했다. 다른 한편으로는 국내 자원을 효율적으로 사용할 수 있도록 정치체제를 구축하여 국력을 증대하는 방안을 모색하였다. 19세기 제1·2차 산업혁명을 통해 서구 국가들은 경제적 발전을 이룩하고 과학기술적 토대를 확충하는 한편, 상비군 제도를 비롯한 효율적 국민동원체제를 도입했다. 이 모든 것은 점차 치열해지던 국가 간 경쟁이라는 국제정치적 환경에 기인하는 바가 컸다.

베스트팔렌 체제의 경쟁논리는 19세기 들어 민족주의 정서와 결합하면서 더욱 치열해졌다. 때로는 개별 국가가 발전을 도모하는 과정에서 심리적인 원동력으로 작용하기도 하였다. 공공적 가치와 공평한 규칙을 정하기 어려운 상황 속에서 국가 간 무한경쟁이 갈등과 전쟁으로 전화된 것은 피할 수 없는 수순이었다. 특히 19세기 제국주의 시대를 거치면서 치열해진 식민지 쟁탈전과 자국의 상업과 자본을 수호하기 위해 국가 간 소통의 벽이 높아지는 상황 속에서 경쟁은 점차 노골적인 갈등으로 치닫게 되었다. 19세기 말 나타났던 신제국주의적 논리가 이를 극명하게 대변한다.

역사학자 폴 케네디(Paul M. Kennedy)가 묘사하듯, 19세기 말 서구

제국주의 지배층 국가들의 국제정치에 대한 인식은 보편적으로 "투쟁, 변화, 경쟁, 무력의 사용 및 국력 성장을 위한 국가 차원의 조직화를 강조하는 세계관"과 맞물려 있었다. 서구 국가들의 제국주의 경쟁은 비서구지역에 대한 강압과 침탈의 형식으로 전이되었다. 전 세계에 걸쳐 시장과 영토를 두고 벌어지는 경쟁이 식민지 경영체제를 만들어내고 세계를 양극으로 분할시켰다.

무한경쟁은 제국주의 국가들 간의 관계에도 갈등을 낳았다. 자국의 발전과 번영을 위해서는 타국, 특히 인접 국가를 빈곤하게 만들어야 한다는 인식은 경쟁논리에서 파급된 사생아였다. 경제적 민족주의의 시대라 불렸던 1930년대, '근린궁핍화 정책'(Beggar Thy Neighbors Policy)은 무한경쟁을 상징하는 하나의 시대논리였다. 이것은 타국의 경제를 희생시키는 것이 자국 이익 추구에 도움이 된다는 극단적 경쟁논리였다. 극심한 보호주의가 판을 치면서 세계 규모의 전쟁으로 치달은 재앙은 어쩌면 인간이 선택한 불가피한 길이었는지도 모른다.

평화를 원한다면 전쟁을 준비하라?

국력증강 경쟁으로 나타났던 또 다른 형태는 군비경쟁이었다. 국가의 능력은 다양한 요소로 구성된다. 그러나 19세기 근대화의 담론이었던 부국강병 논리는 국가들을 경제와 군사력이라는 두 영역의 국력증강 경쟁으로 내몰았다. 그중에서도 군사력 증대의 유혹은 국가 간 경쟁이 치열해질수록 더욱 강력하게 작동했다. 경쟁 게임에 참여하는 모든 국가는 타국과의 관계에서 가장 효과적으로 승패를 좌우하는 요소가 군사력이라 믿었다. 또한 국가의 생존 경쟁에서도 군사력을 마지막 보루로 여겼다.

더 나아가 평화 구축도 군사력 증대를 통해서 가능하다고 믿었다. '힘을 통한 평화'(Peace Through Strength)의 논리가 지배 담론이었던 것이다. "평화를 원한다면 전쟁을 준비하라"는 경구도 '힘을 통한 평화'라는 안보관을 잘 상징하는 말이다. 타국이 안전을 위협하지 못할 정도의 군사력을 보유할 때 비로소 평화가 보장된다는 논리였다. 평화도 개별 국가 단위로 정의되고 실천되었던 것이다. 아울러 평화란 주요 경쟁 국가들 간에 국력이 균형을 유지할 때 성취될 수 있다는 믿음도 개별 국가 중심의 국제정치 논리에서 비롯되었다. 이를 '세력균형론'(Balance of Power)이라 부른다. 19세기 유럽의 협조체제는 세력균형론에 의해 유지되었다. 세력균형을 이루기 위해 국가들은 끊임없이 경쟁적으로 국력을 증대하는 한편, 국력 증강의 방편으로 동맹 정책을 추구하였다.

국제정치에서 경쟁이란 피할 수 없으며, 피하지 말아야 한다는 강박관념은 결국 20세기를 살육과 야만의 시대로 만든 주범이 되었다. 군비 경쟁에 대한 허상은 국가 간 갈등 구조를 더욱 증폭시킬 수밖에 없는 심각한 내재적 모순을 안고 있었다. 타국의 위협에 대응하기 위해 자국의 군사력을 증대시키면, 이러한 행동은 다시 타국에게 위협 요인으로 작용하여 타국 또한 군비 증강을 할 수밖에 없는 구조적 모순, 이른바 '안보 딜레마'가 내재되어 있었던 것이다.

군비 경쟁은 평화를 보장하기보다는 끝없는 불안감을 증대시키는 악순환 구조를 만들었다. 결국 이러한 모순은 1914년 제1차 세계대전이라는 대규모 폭력으로 드러나고야 말았다. 통계에 의하면 11세기 이후 전쟁으로 인한 사망자는 1억 8,000만 명이다. 이중 89퍼센트는 19세기 이후 벌어진 전쟁의 희생자다. 산업혁명 이후 과학기술의 발전은 삶의 토대를 바꿔놓기도 했지만, 대량 살상이 가능한 무기체계의 발전도 가져왔다. 이와 함께 공세적이면서 배타적인 민족주의가 국제정치의 전면에 등장하면서 국가적 수준의 국민 동원 체제는 총력전 형태를 낳았다.

이러한 원인들은 20세기를 대규모 살육의 시대로 이끌었다. 두 번의 세계대전을 통해 희생된 인류의 숫자는 군인 2,530만 명, 민간인 3,570만 명이었다. 더욱 심각한 사실은 경쟁논리가 낳은 이러한 근원적 위기가 제1차 세계대전으로 참혹한 결과를 겪었음에도 해결되지 않았을 뿐만 아니라 오히려 더 큰 규모의 전쟁으로 치달았다는 것이다. 또 제2차 세계대전이 끝난 이후에도 여전히 군비 경쟁의 근대적 양식이 국제정치를 지배해오고 있다.

국가 간 경쟁은 왜 치열해지고 격화되었는가

아무도 보호해주지 않는 구조 속에서 생존을 위한 경쟁은 당연한 이치이고, 따라서 경쟁과 갈등은 국제정치의 불가피한 '현실' 문제라는 주장도 있다. 무정부성(Anarchy)을 '있는 그대로의 현실'로 받아들이는 게 필요하다는 주장이 국제정치학의 현실주의(Realism)의 기본 전제다.

다른 한편 현실이란 물질이나 구조, 제도의 문제라기보다는 인간의 머릿속을 지배하고 있는 사상이나 관념의 문제이기도 하며, 해석의 문제이기도 하다는 주장도 있다. 현실이란 고정된 그 무엇이 아니라 우리의 관념이 만들어내고 사회적으로 구성된 것이라는 견해다. 국제정치학의 구성주의(Constructivism)는 "우리는 우리가 만든 세상 속에서 존재한다"라고 국제정치의 본질을 간파한다.

근대 국제정치에서 경쟁과 갈등이 현실로 드러났던 것은 그것을 지배해왔던 몇 가지 관념적인 토대 때문이었다. 첫째는 무정부성에 관한 관념과 지식이다. 국내정치와 달리 국제정치에는 개별 단위인 국가의 행위를 통제하는 조직, 즉 세계정부라는 중앙 권위체가 존재하지 않는다. 국제정치는 기본적으로 자조체제(Self-Help System)이기 때문에 개별 국가에게 생존의 책임이 주어졌다는 논리다. 그러므로 생존을 위해서는 국력의 추구·보유·확대·과시가 필수적이라는 논리로 이어진다. 국제정치학의 현실주의 패러다임에서 국제정치의 본질을 '힘의 정치'(Power Politics)라 부르는 연유도 이 같은 전제를 받아들이기 때문이다.

국제정치학의 현실주의 담론은 '있는 그대로의 현실'(as it is) 속에서 방도를 찾는 데에서 출발한다. 국제정치에서 경쟁과 갈등이 불가피하며 자연스러운 현상이라고 본 이유는 현실주의 패러다임이 지배적 패러다임으로 작동해왔기 때문이었다. 국제정치를 "만인의 만인에 대한 투쟁"이라고 묘사하곤 한다. 심지어 "국제정치란 국가들이 서로 먹고 먹히는 게임"이라는 극단적인 진단도 있다.

국가 관계에서 경쟁과 갈등이 불가피하다고 간주하는 현실주의 패러다임은 근본적으로 인간의 본성에 대한 성악설적 해석에 근거한다. 인간이란 태생적으로 이기적이며, 제한된 재화를 다른 사람과 공유하기보다는 독점하고 싶은 욕망을 지닌 존재라는 것이다. 나아가 인간은 다른 동물들처럼 폭력성이 내재된 존재임을 강조한다. 이러한 관점에서는 권위나 권력, 합법적 통제장치가 부재한 국제정치의 무정부 구조 속에서 인간의 이기적 본성이 국가의 외교정책을 통해 가장 여실히 드러난다고 본다. 따라서 경쟁과 갈등을 규율하는 국제적 장치를 만들기 어렵다고 판단한다.

경쟁을 격화시켰던 또 하나의 관념은 주권에 관한 것이다. 베스트팔렌 체제에서 국가들은 각각의 동등한 권리를 가진 단위로 묘사되곤 했다. 주권은 배타성을 가지며, 주권을 보전하기 위해서는 경쟁과 갈등이 불가피하다는 논리는 국가 중심적 사고를 표상하는 다양한 담론들과 함께 근대 국제정치의 주류 시각으로 자리했다. 심지어는 인간 삶의 방식도 국가라는 프리즘으로 재단해왔다. 국가 구성원인 국민이 국가에 무한한 충성심을 가져야 한다는 애국심 논리도 당연한 이치로 받아들여졌다. 또 국가와 민족을 일체화하려는 정치적 동력이자 이념이었던 민족주의도 인간의 자유와 자기실현의 궁극적인 도구로 간주되어왔다. 기본적으로 애국심이나 민족주의도 자신의 국가와 민족을 기본단위로 간주하는 이기적인 명제에서 생긴 개념이다. 안보 또한 개별 국가를 중심으로 정의되었다. 안보를 국가 안보(National Security)라는 프리즘을 통해 규정해왔던 것도, 힘을 통한 평화 구축 논리가 베스트팔렌 질서에서 주류 시각으로 존재한 것도 동일한 맥락에서였다.

국익(National Interests)이란 개념도 경쟁을 강화시켰던 관념적인 원인의 하나다. 아무도 생존에 책임을 지지 않는 무정부성 구조 속에서 국가들은 스스로 생존을 모색해야 하고 그것이 국가가 추구해야 할 목표라는 것이다. 따라서 국익은 힘의 개념 속에서 정의되기도 했다. 국익 추구의 국가 행위나 국가 간 상호작용 패턴을 제로섬 게임의 성격으로 간주하는 것도 현실주의 시각이 낳은 경향 중에 하나였다. 국가 행위를 '상대적 이익의 추구'(Relative Gains)로 규정하는 것도 같은 맥락이다. 다른 국가와의 상호작용에서 국가가 이익을 추구하는 과정도 절대적 이익(Absolute Gains)이 아니라 다른 국가에 비해 '얼마나 더 많은 또는 적은 이익을 가지느냐'의 문제로 이해하였다.

이런 현실주의가 국제정치관의 주류적 시각이 되면서 국제정치에서 윤리나 도덕, 규범은 당연히 담론의 뒷전으로 밀렸다. "국제정치에는 영원한 우방도, 영원한 적도 없다. 오로지 영원한 것은 국가 이익뿐이다"

라는 언급은 국가 간 경쟁체제의 인식과 사고를 가장 극명하게 보여준다. 이 말은 여전히 현대 국제정치를 지배하는 하나의 주술처럼 작용하고 있다. 이 말에는 국익을 위해서라면 타국에 대한 전쟁과 폭력도 괘념할 것이 없다는 공생 부재의 냉혹함이 내포되어 있다.

오늘날 근대 국제질서라는 틀 속에서 국익 추구와 생존, 경쟁적 국력 증대의 추구가 빚어왔던 비극의 역사를 비판적으로 성찰하지 않을 수 없다. 그리고 그 비극을 증폭시켰던 국제정치의 인식과 관념을 되짚어보아야 한다. 결국 국제정치의 본질로 규정되었던 무정부성에 대한 이해와 방법적 실천 속에 국가 간 경쟁이 구조적으로 배태되었던 것이다. 그 치열한 경쟁논리가 지배양식으로 작동하는 동안 근대 국제정치는 위험성과 위기를 가중시켜왔다.

지배적 담론으로서 현실주의 패러다임이 정책 결정자는 물론 보통사람들의 눈과 귀를 장악하게 되면서 제도나 규범, 윤리와 도덕을 통해 경쟁을 관리할 기회를 제한시킨 점 또한 지적되어야 한다. 지배적 담론이 유일한 담론은 아니다. 현실주의가 근본적 논의의 출발점으로 삼고 있는 무정부성도 처음부터 불변의 개념으로 존재한 것이 아니라, 경쟁과 갈등이라는 관념의 틀 속에서 정의되고 정치적으로 실천되면서 '구성'된 하나의 개념이라는 것이 구성주의의 비판이다. 21세기에 들어, 협력을 넘어 국가 간 통합의 길로 나아가고 있는 유럽에서 바라보는 국제정치의 본질은 갈등이 상존하는 동북아 지역에서 정의되는 무정부성과 반드시 일치하지 않는다. 이를테면 전자를 '칸트적 무정부성'이라고 부른다면, 후자는 '홉스적 무정부성'에 가깝다. 요컨대 무정부성이라는 국제정치의 본질적 속성조차도 처음부터 고정된 불변의 원칙은 아니라는 의미다. 그러나 베스트팔렌적 근대질서가 작동해오는 동안 국제정치의 무정부성은 오로지 경쟁과 갈등의 관점에서 규정되고 실천되었다. 인간이 그러한 관념에 압도당해왔던 것이 20세기 비극의 원인이 되었음을 부인할 수 없다.

주권을 신성불가침한 영역으로 전제하고 주권을 보전하기 위해 치열한 경쟁을 벌이고 전쟁조차 불사해왔지만, 오늘날 유럽에서는 국가 간 합의에 의해 개별 국가의 주권을 스스로 제한하고 그것을 통해 협력과 통합을 성취하고 있다. 또한 주권이란 이름 뒤에 행해지는 인간에 대한 범죄를 국제사회는 더 이상 눈 감거나 용납하지 않겠다는 인식의 변화도 생겨났다.

국익 개념도 마찬가지다. 국가의 행위나 국제정치 현상을 설명할 때 국익이란 개념을 무절제하게 사용하게 되면 국제정치는 몇 가지 중요한 모순에 빠지게 된다. 기본적으로 국익이란 개념 자체가 이기적이다. 또한 인류의 미래를 위한 장기적인 비전보다는 단기적 이익에만 몰두하게 만들어버린다. 분석적 측면에서도 국익은 정권의 이익이나 정파의 이익, 정치 지도자의 사익과 구분하기가 모호한 개념이기도 하다.

국가 간 협력을 모색할 때

무한 경쟁과 갈등, 폭력과 전쟁이 만연한 미완성 같은 세상, 모순으로 가득한 세계 속에 살면서 미래에 대한 희망의 줄을 놓지 않으려는 것은 어느 시인의 절규처럼 "사람이 희망"이기 때문인지도 모른다. 극도의 무한 경쟁을 하나의 법칙처럼 허용하였던 국제정치 영역에서도 마찬가지다. 경쟁과 갈등이 불가피하다는 명제를 국제정치의 유일한 시각으로 인정하지 않으려는 대안 담론도 줄곧 존재해왔고 점차 보편적 힘을 얻고 있다.

그 대안 담론은 국제정치의 본질을 '주어진 현실'이라는 관점에서 보는 것이 아니라 '앞으로 나아가야 할' 발전 방향이라는 관점에서 접근하려 한다. 국제정치에 대한 시각도 기본적으로 규범적이야 한다는 것이다. 인간이 이기적이고 사악한 존재라기보다는 협력이 가능하고 공존을 모색할 수 있는 존재라는 기본 명제도 현실주의와 상이하다. 국제정치학에서는 이러한 사상적 조류를 자유주의(Liberalism)라 통칭한다.

현실주의에 대한 대안적 패러다임으로서 자유주의는 무정부하에 국가 간 협력 문제를 이론적으로 모색하는 지적 토대가 되었다. 국가 간 협력은 공존을 모색하기 위한 방도를 찾는 길이다. 왜 자유주의는 협력과 공존의 길을 모색하고 그 대안들을 강조하고 있는가? 인간이 만들어내는 국제정치 현상들을 현실주의로는 완벽하게 설명할 수 없다는 사실 때문이다.

이를테면 현실주의는 국제정치에서 도덕이나 윤리가 국익보다 결코 우선할 수 없다고 설명하지만 반드시 그렇지는 않다. 노예무역을 국가 간 협약으로 금지했던 것도, 전쟁 책임자에 대한 재판을 실시한 것도 모두 그것들이 인간 존엄에 대한 위반이라고 보기 때문이었다.

아직 완벽하게 작동하지는 않지만 1, 2차 세계대전을 겪은 뒤, 궁극적으로 세계 평화를 추구하기 위한 국제연맹·국제연합 같은 국제제도를 창안·설립한 것도 협력을 통해 공존을 모색하고 희망을 잃지 않으려는 인류의 의지 때문이었다. 주권의 신성불가침을 주문처럼 외쳐왔지만 제2차 세계대전 이후 유럽에서는 주권을 스스로 제한하는 협의를 통해 협력과 통합을 모색해왔다. 자유주의는 그러한 변화에 주목하고 있다.

대안적 담론을 모색하는 또 다른 이유는 보다 현실적인 문제 때문이다. 베스트팔렌적 경쟁체제가 너무나 심각한 위기를 만들어내는 바람에 인류는 이제 더 이상 물러날 곳이 없는 참담한 현실에 직면하게 되었다는 위기감이 팽배해진 것이다. 핵무기 등장 이후 인류는 공존과 공멸의 갈림길에 서 있다. 냉전시대 미국과 소련, 두 초강대국은 군사력으로 상대방을 압도해보겠다는 신념에서 핵무기 경쟁을 시작했다. 핵무기 경쟁이 비단 두 나라만의 문제가 아니라는 사실을 깨닫는 데에는 그리 오랜 시간이 걸리지 않았다. 핵무기 대량생산과 실전 배치, 가공할 만한 파괴력이 인류전체의 생존을 위협하는 수준을 넘어버린 것이다.

핵보유국들은 물론 비보유국들도 핵무기 비확산체제(NPT) 설립에 동의한 것도 핵무기가 결코 국력 증강의 관점에서만 볼 수 없는 지구적 공존 문제와 관련이 있기 때문이다. 대량살상무기에 대한 완벽한 군비 축소가 미완의 과제로 남아 있는 이상, 인류가 누리는 평화는 일시적이고 불안정할 수밖에 없다.

또 하나의 현실적이고 위급한 문제는 지구 생태계 문제다. 산업화를 통한 경제발전을 경쟁적으로 추구하는 과정에서 지구환경의 오염과 파괴는 실로 심각한 상황에 이르게 되었다. 밀림은 파헤쳐지고 공장 폐수는 하천과 토양을 심각하게 오염시켰다. 인간이 생존할 토대가 너무나 빠른 속도로 훼손되고 있다는 절망감은 부인하려야 할 수 없는 현실 문제였다.

무엇보다도 심각한 문제는 21세기 초 세계적 이슈로 부상한 지구온난화다. 산업화로 인해 과도하게 석유가 소비되고 이에 따라 이산화탄소 배출이 급격히 증가하면서 지구 온실효과가 더욱 높아지게 되었고, 폭염·가뭄·태풍 등 각종 자연재해가 뒤따르고 있다. 대기 온도 측정이 최초로 이루어졌던 1856년 이래 최고 기온을 기록한 상위 10년은 모두 1995년 이후다. 지구환경론자 중 비관주의적 견해를 가진 이들에 따르면 현재와 같은 비극이 지속된다면 앞으로 인류가 지구상에서 생존할 수 있는 기간은 기껏 수십 년밖에 되지 않을 것이라고 한다. 실로 심각한 경고가 아닐 수 없다.

이미 산업화를 통해 선진국의 위치를 차지한 국가들은 환경규제 강화를 주장하지만 후발 산업 국가들은 이러한 조치들이 성장과 발전의 기회를 제한한다고 반발해왔다. 정치적 절충으로 '지속가능한 발전'(Sustainable Development)이란 개념을 만들어냈으나, 이제는 '지속가능한 생존'(Sustainable Survival)을 고민해야 할 정도로 지구생태계는 심각한 수준에 도달했다. 이런 상황에서 생존을 위한 공존 방식의 모색은 어찌 보면 필연일지도 모른다. 이제는 협력과 공존이 시대적 화두로 등장한 것이다.

오늘날 남북문제, 즉 선진국·후진국 문제는 경쟁적 산업화와 경제 민족주의가 낳은 깊은 상흔들이다. 더 거슬러 올라가면 서구 제국주의 침탈의 역사로부터 그 원인을 찾을 수 있다. 자본주의가 세계 영역으로 팽창하면서 침탈과 착취, 불평등한 교환 구조가 강요되었다. 지구 남반부의 저발전 국가들은 자본주의 체제에 강제 편입된 이후 저발전의 굴레를 쉽게 벗어나지 못하고 있다. 그들은 서구 국가들의 산업화를 위한 원료 공급지와 상품 판매를 위한 시장이 필요하였기 때문에 세계경제에 편입되었고, 그 과정에서 구조화된 불평등은 세계를 두 개의 지역으로 양극화시켰다. 이러한 과정에서 자국의 이익을 우선적으로 쟁취하려는 중상주의 사조와 국가 간 경쟁심리는 전 세계적 차원의 경제 구조 문제를 견고하게 만들었다.

가난과 저발전이 세계의 구조적 원인으로부터 발생한 것이라면 해법도 지구적 차원에서 모색되어야 한다는 문제의식도 아울러 제기되었다. 이 역시 공존을 위한 노력의 일환이다. 오늘날 세계 인구의 절반 가까이가 빈곤층이다. 빈곤층 사람들은 국가의 구분 없이 모두 열악한 보건 환경, 교육기회 제한, 사회복지 결여, 영양상태 위험 등에 노출되어 있다. 인류의 절반이 이러한 고통에 노출되어 있는 상황에서 자국만의 발전을 위한 이기적인 노력은 더 이상 설득력이 없다고 보는 의견들이 차츰 늘어가고 있다.

산업화와 경제발전을 위한 무한 경쟁이 낳은 또 하나의 위기는 천연자원 감소다. 자원은 지금까지 국력 증대와 직결되는 사안으로 인식했다. 필요한 자원을 타국에게 의존하지 않음으로써 자원 안보를 이룩할 수 있다는 생각, 보유자원으로 타국에 영향력을 행사할 수 있다는 믿음 때문이었다. 이러한 인식은 곧 무한 경쟁으로 직결되었다.

그러나 문제는 천연자원이 유한하다는 사실이다. 지금과 같은 생산과 소비 패턴을 지속하면 지구 자원은 경쟁적으로 감소될 수밖에 없다. 미래 국제관계에서 자원 문제는 에너지 전쟁, 자원 전쟁이라고 표현할 정도로 극심한 경쟁이 예상된다. 환경을 보전하면서 대체 에너지 개발에 박차를 가해야 하는 것은 지구적 공존 문제와도 직결된다.

소통과 제도로 모색하는 지구적 공존

프로스트가 노란 숲 속에 놓인 두 길을 오랫동안 서서 바라보았듯, 인류는 지금 갈림길에 서 있다. 여전히 우리는 국가 간 경쟁은 무정부 구조상 불가피하며, 경쟁 구도 속에서 자국의 이익을 강구하는 일이 최우선이라는 이기심이 뚜렷이 남아 있는 시대를 살고 있다. 그런데도 지구적 공존의 길을 모색할 수밖에 없는 상황에 다다르고 있다면 과연 공존과 공생은 어떻게 추구되어야 하는가? 국제정치에서 분명 공존으로의 길은 '사람이 덜 간 길'임에 틀림없다. 그러나 사람이 많이 갔던 길이 반드시 유일한 길은 아니다. 완전하고 흠결 없는 길은 더더욱 아니다. 오히려 베스트팔렌 국제질서는 너무나 많은 문제를 만들어냈다. 국제정치의 주류 담론이라 믿던 관념들이 낳았던 문제들이며, 그 관념에 압도당한 정치적 판단이 만들어낸 비극이었다.

이제 관념과 제도의 상호 순환적 관계를 통해 공존의 길을 생각해야 할 시점이다. 국제정치에 대한 관념에 변화가 필요하며, 정치적 실천이 요구된다. 21세기 초반, 국제정치가 진행되는 추세와 경향을 볼 때 그것이 전적으로 불가능한 일은 아니다.

우선 국제정치를 바라보는 시선의 변화에 주목할 필요가 있다. 국제정치에 반드시 경쟁과 갈등만 존재하는 것이 아니라 국가 간에도 협력이 가능하다고 간주하는 자유주의가 20세기 후반에 들어 인류의 시선을 사로잡고 있다. 자유주의는 국가들의 이익추구가 상대적·제로섬적 이익추구에 국한되지 않고, 함께 이익을 공유하고 확대할 수 있다고 본다.

이 같은 시선 변화는 국제정치를 국가 중심 관점으로부터 넓게는 지구적 문제로 확대시키는 한편, 좁게는 인간의 문제로 회귀시킨다. 국익이라는 절대적인 가치에서 지구적 이익(Global Interests) 또는 인간의 이익(Human Interests) 등의 대안 개념도 고려하기 시작하였다. 이들 대안 개념은 국익 추구의 경쟁이 낳았던 수많은 문제점에 대한 비판적 성찰로부터 시작된 개념들이다.

또한 배타적 민족주의 사조가 기승을 부리던 시대에 대한 자성은 초국가주의(Transnationalism) 사조를 탄생시킨 배경이 되었다. 초국가주의는 지역적 수준의 협력과 지구적 차원의 공존과 협력 추구를 가능하게 했던 중요한 관념이었다. 특히 유럽에서 민족국가의 구획을 넘어 협력과 통합을 추진하는 과정은 초국가주의에 주목하게 만든 실천적 전환점이 되었다. 경쟁보다는 공생을 모색하는 지구적 이익의 추구, 인간 존재의 궁극적 가치에 대한 인식, 협력 확대라는 초국가주의는 자유주의 사조의 확산을 상징하는 인식 변화였다.

세계의 다른 지역, 다른 국가 사람들에 대한 인도주의적 지원(Humani-tarian Assistance)도 국가 중심의 이익추구와 경쟁 중심의 논리체계에서는 상상하기 힘든 어젠다였다. 인간의 존엄과 생존권을 그 어떤 가치보다 우선해야 한다는 인식의 전환이 없었다면 이러한 변화는 불가능했을 것이다. 인간의 기본 욕구, 즉 폭력에서 자유로운 생존의 욕구, 궁핍과 불행, 소외로부터 벗어나고 싶은 욕구, 억압에서 자유롭고 싶은 욕구 등은 한 국가만의 문제로만 치부할 수 없다.

실제로 UN 인권선언(1948), 고문과 여타 잔혹 행위 및 처벌에 관한 협약(1984) 등은 인간 존엄성에 관한 인식의 진전을 보여주는 징표다. 인도주의적 지원의 관념이 확산되면서 그 범위는 여성·아동 문제로 확대되고 있다. 이 사안에 대해 지구적 관점에서 다양한 방법들이 강구되면서 전통적인 의미의 주권에 내재된 강건한 배타성에도 점차 변화가 나타나고 있다.

안보 영역에서의 인식 변화도 괄목할 만하다. 국가 중심의 안보관이 주종을 이루었던 시대와 비교하면 안보개념 자체의 변화는 대단히 중요한 의미를 지닌다. 안보 접근방법에 대한 논의와 실천도 다양해졌다. 힘을 통한 평화만을 유일한 방법으로 여기지 않고 협력 단체를 만들어 안보를 집단적으로 규정하거나, 타국과의 관계 속에서 안보를 추구하게 되었다. 전자는 집단안보(Collective Security) 개념을 만들었고 그것에 기반을 둔 국제연합을 탄생시켰다. 후자의 경우는 협력안보(Cooperative Security)·공동안보(Common Security) 등으로 안보와 평화에 관한 개념을 넓혔다. 대화의 관습화, 예방외교 등을 통해 분쟁을 방지하자는 유럽지역의 지역안보질서는 안보도 협력관계 속에서 보장될 수 있다는 믿음과 정치적 실천 덕분에 가능해졌다.

또 다른 방도는 공존을 위한 제도를 만들어내고 확대하는 일이다. 제도는 국제정치 관념의 결과물일 수 있지만, 동시에 제도 자체가 인식 변화를 일으키는 동력이 되기도 한다. 자유주의 패러다임도 제도가 갖는 국제정치적 기능을 강조한다. 국가들은 제도라는 장치를 통해 소통과 대화를 유지할 뿐 아니라, 단기 이익을 노리는 배신보다는 협력이 장기적으로 더 큰 이익을 가져다줄 수 있음을 학습하게 된다. 흔히 국제정치의 무정부성 배신을 지배 전략으로 보는 '죄수의 딜레마'(Prisoner's Dilemma)와 같은 상황이라 하더라도 국가들은 반복 게임을 통해 협력을 추구하는 방법이 더 유리함을 깨닫게 된다.

공존을 위한 제도화는 특히 국제경제 영역에서 주목할 만하다. 경제적 민족주의가 정치갈등을 낳았던 1930년대의 유산에 대한 비판적 성찰은 경제협력을 위한 지역 및 세계기구를 등장시켰다. 세계 수준의 경제협력을 촉진시키기 위한 제도로서 세계무역기구(WTO)가 출범하였고, NAFTA · APEC · ASEAN · MERCOSUR 같은 지역 협력기구가 탄생하였다. 이 경제기구들이 결국 개별 국가의 이익 추구를 위한 도구일 뿐이라고 간주하는 국가 중심적 견해가 완전히 사라진 것은 아니라 하더라도, 자유주의자들은 국가들이 경제협력의 제도적 장치를 통해 공존의 길을 열어가고 있다는 점에 주목한다. 이들은 경제협력을 통해 세계 전반에 번영이 가능하다고 보며, 극심한 보호주의가 갈등으로 쉽게 전화하는 것을 막을 수 있다고 주장한다.

지구적 공존을 위한 또 하나의 길은 남북갈등을 해소하기 위한 노력

속에서 조심스럽게 타진되고 있다. 후진국들의 경제발전을 도모하기 위한 다양한 조치들이 그것이다. 후진국 발전에 장애가 되었던 요소들, 이를테면 부채 문제·교역 구조 문제·투자 문제 등이 개별 국가의 이익 차원에서가 아니라 국제적 현안으로 다뤄지고 있다. 특히 OECD에 가입한 선진국들의 해외개발원조(ODA)의 꾸준한 확대는 공존을 위한 상징적 노력으로 인정받고 있다.

생태계 보전을 위한 다양한 협약과 제도들도 지구적 공존 가능성을 기대하게 한다. 유엔환경프로그램(UNEP)을 통해 지구 환경 문제에 대한 주의를 지속적으로 환기시키고 있으며, 토양·해양·핵안전·생물 다양성·사막화·기후변화·수질 등 다양한 분야에 관한 제도들을 발전시키고 있다.

특히 지구온난화에 관한 국제적 협약은 당면 의제가 되었다. 지구온난화가 가져올 위기가 직접적이고 현재적이라는 판단에서다. 지구온난화의 주범인 탄소 배출권을 국가 간 협약을 통해 규제하려는 시도 자체가 지구적 공존의 길이 선택이 아닌 필수로 이행되고 있음을 보여준다. 이러한 지구적 공존을 국가만 행하는 것은 아니다. 지구환경 보존을 위한 민간차원의 노력들도 공존과 공생의 새로운 길을 열어가려는 시대상의 표상이다.

가지 않은 길로 떠나는 여행

우리는 아직 갈림길 앞에 서 있는 나그네일지도 모른다. 자국의 발전과 안보를 위한 국가 중심의 이기적인 행동이 적당히 용인되는 곳이 국제정치 영역이라는 종래의 믿음이 인류가 지금까지 '많이 걸어 왔던 길'이었다. 그러나 더 이상의 무모한 경쟁심리는 자칫 인류 공멸을 초래할 뿐이라는 두려움 또한 점차 커지고 있다. '가지 않은 길'에 대한 성찰은 이런 의미에서 현실적이면서 동시에 규범적이다. 인류는 불안과 희망, 관성과 변화가 위태롭게 공존하는 전환기의 시대를 살고 있다. 베스트팔렌적 근대적 양식이 남은 곳에서 근대 이후의 시대를 통찰하는 탈근대적 논의가 시작되고 있다. 국가경쟁력, 민족주의, 국가에 대한 충성의 담론이 여전히 역사의 유산으로 남아 있지만, 지구적 환경 위기나 인도주의적 지원의 이타성이 갖는 시대적 의미에 공감하기도 한다.

그러나 국익 추구나 국가경쟁력 강화 노력이 유혹처럼 도사리는 국제정치 영역에서 과연 보편적 윤리가 존재하는가에 대한 긍정적인 해답도 쉽게 자신하지 못한다. 경쟁에 근거한 개별 국가의 이익은 공존을 위한 지구적 이익과 여전히 치열하게 경합하고 있다.

프로스트의 시처럼 변화란 '가지 않은 길'을 걷고자 하는 용기를 가질 때에만 약속된다. 국제정치에서 지구적 공존으로 가는 길은 근대적 양식으로 걸어왔던 인류의 길이 결코 완전하고 안전한 길이 아니었다는 비판적 성찰로부터 시작되어야 한다. 경쟁과 갈등은 불가피하다는 관념의 압제로부터 벗어나야 변화를 향한 길이 보일 것이다. 그 길은 결코 순탄하지 않아 보인다. 인식적 관성과 변화 추구의 욕구가 끊임없이 경합하기 때문이다.

그러나 공존의 길로 나아가야 하는 인간의 선택은 거스를 수 없는 시대적 요구다. 국가 간 경쟁도, 그로 인한 갈등과 다툼도 인간이 생존하는 지구별 없이는 아무런 의미가 없기 때문이다. 다만 시간 문제일 뿐이다. 무한 경쟁이 곧 공멸을 의미한다는 사실을 너무 늦게 알아차리지 말아야 할 것이다.

1) 완벽한 평등을 이룬 경우 지니 계수(Gini index) 값은 0이 되고, 모든 부가 한 사람에게 귀속될 경우 즉 완전한 불평등의 경우 지니 계수 값은 1이 된다.

2) 경제·인문사회 연구회, 『한국의 미래모습과 정책과제』, 제2권, 법문사, 2009, 33~61쪽

3) Samuel Huntington, *Who are We?: The Challenge to America's National Identity*, New York: Simon & Schuster, 2004, p.26.

제 3 부 무한경쟁의 대학에서 발신하는 희망

영어의 패권과 지식 사회로의 길

김하수 교수 · 국어국문학

제2공용어 논쟁의 시작

언어가 의사소통의 '수단'으로서 지식과 정보를 전달하는 기능을 맡고 있음은 누구도 부정할 수 없는 사실이다. 그러나 '수단으로서의 기능'이 어떤 언어하고든지 대체 가능한 것이냐 하는 물음은 이 문제를 대단히 복잡하게 엉클어뜨린다. 일정한 지식을 학습하는 데에 특정한 언어가 가장 적합하다면 당연히 그 언어를 배우고 나서 지식을 학습해야 할 것이다. 그러나 만일 그렇지 않다면 자신에게 가장 익숙한 언어를 사용하여 지식을 받아들이면 된다. 우리 사회의 맥락 속에서는 누구든지 그 특수한 언어를 '영어'라고 머리에 떠올릴 것이고, '자신에게 가장 익숙한 언어'는 한국어라 추론할 것이다.

룩셈부르크 사람들은 모국어를 일상적으로 편안하게 사용한다. 그러나 고등교육을 받으려면 프랑스어로 공부를 한다. 그리고 수준 있는 언론 매체를 접하려면 독일어에 익숙해야 한다. 오락성이 강한 황색 매체를 즐기려면 굳이 독일어나 프랑스어를 선택하지 않아도 된다. 세 언어가 사회적으로 영역을 분할하고 있는 것이다.

이는 그들이 외국어 교육을 즐기다가 생긴 현상이 아니라 룩셈부르크의 역사가 이러한 상황을 만들어냈다. 한 사회가 어떤 언어로 일상생활을 영위하는가, 어떤 언어로 사업을 하는가, 또 어떤 언어로 교육을 받는가 하는 문제에는 불변의 공식이 없다. 해당 사회가 역사적으로 무엇을 어떻게 '경험'해왔는가가 가장 결정적이다.

아프리카의 탄자니아 공화국은 영국에서 독립한 후에도 약 15년간 영국 케임브리지 대학에서 대학입학시험 문제를 대신 출제해주었다. 그런데도 그들은 제1공용어였던 영어를 제치고 지금은 스와힐리어를 제1공용어로 사용하고 있다. 이는 그들이 가지고 있는 '이념'과 깊은 관계가 있다. 반면에 아프리카 서남부 나미비아는 독립하자 가장 익숙하면서도 공통성이 강한 남아프리카의 공용어인 아프리칸스어(Afrikaans) 대신 별로 보급되지도 않았던 영어를 공용어로 삼았다. 남아프리카 공화국이 저질렀던 인종차별 정책에 대한 그들의 '분노'가 가장 큰 원인으로 작용했다.

이렇듯 어느 언어를 사용하여 어떠한 사회를 이루고 살아가는가 하는 문제는 언어 자체의 문제이면서 역사의 문제이기도 하고, 기능 문제이면서 분노와 같은 감정의 문제이기도 하다.

지난 1990년대는 온 세계가 새로운 천년을 맞이하기 위한 준비로 들끓었다. 정보통신기술 계통에서 밀레니엄 버그의 공포가 퍼지기도 하였지만, 대체로 희망과 낙관의 전망이 지배적이었다. 이 시기 일본에서는 고(故) 오부치 게이조(小淵惠三) 수상의 사적 자문기관인 '21세기 일본의 구상'이라는 간담회가 21세기 일본의 정책 방향에 관한 최종 보고서에서 2000년 1월부터 영어를 제2공용어로 채택할 것을 제안하였다. 그 반응은 일본보다 한국 사회에서 더 뜨겁게 달아올랐다. 조선일보가 제일 먼저 불길을 당기자 곧이어 동아·세계·국민일보 등이 더욱 과열된 르포기사들을 내보냈다. 「여덟 살도 늦다」「영어의 바다에 빠뜨려라」「영어 방송 채널 늘려 '귀' 틔게 해야」 등등의 선정적인 보도가 지면을 도배해버린 것이다. 논점도 일본처럼 영어를 제2공용어로 삼자는 정도가 아니라 아예 영어를 공용어로 삼는 것이 낫지 않느냐 하는 주장으로 성격이 돌변해버리기도 하였다.

일본에서는 근대화 초기부터 언어 문제에 관한 많은 논쟁이 있었다. 19세기에는 일본어 대신 프랑스어나 영어를 공용어로 삼자는 의견까지 나왔으나 채택되지 못했다. 그 이후에도 심심치 않게 공용어 문제에 대한 의견들이 나오곤 했기 때문에 이러한 문제 제기가 그리 엉뚱하게 보이지는 않는다. 그러나 그러한 언어 문제에 대한 논쟁의 전통이 전혀 없던 우리 사회에서 그 두어 해 전에 작가 복거일 씨가 처음 세계화 맥락에서 던졌던 영어 공용어화론이 이렇게 일본에서 제공된 인화물질을 타고 급발화된 상황은 아직도 석연치 않은 구석이 있다.

당시 일본의 '21세기 일본의 구상' 간담회는 또 하나의 빠뜨릴 수 없는 중요한 사항을 제시했는데, 그것은 영어의 제2공용어화 문제와 더불어 보통국가로서 재무장하는 문제였다. 다시 말해서 이때의 일본의 21세기 구상은 영어의 사용과 함께 영미권의 이해관계 안에 편입하여 지난날 제국주의자로서 저질렀던 일들에 대한 청산 없이 다시 정당성을 회복하려는 맥락에서 나온 발상에 지나지 않았다.

세상의 변화와 미래의 조짐을 예측하려면 이 두 가지를 함께 파악하고 해석하는 눈을 가졌어야 한다. 그러나 우리는 외눈을 가지고 한 가지에 대해서만 열중해서 토론을 벌였다. 과연 우리는 우리의 언어와 영어의 문제를 '역사적 경험'에 비추어 생각했는지, 아니면 '이념'을 가지고 해석했는지, 그것도 아니면 우리도 '분노의 마음'으로 결단을 내렸던 것인지 아직도 그 당시의 사태를 가늠하지 못하겠다.

돌이켜보면 이제 열렬했던 토론도 다 식었고, 파주 영어마을도 적자에 시달리고 있으며, 제주도나 인천 송도에서 영어를 기본 공용어로 삼자는 주장도 별로 들리지 않는다. 그러나 그 이후 각급 학교에서는 여전히, 아니 더욱더 영어 영향력이 거세지고 있다. 영어 강의를 늘려야 하고, 국제 학술대회를 개최해야 하고, 영어 논문을 쓰면 더 좋은 평가를 받고, 학생들이 영어 연수를 다녀오는 일이 대학의 기본 커리큘럼을 압도해버리고 있다. 우리 사회에서는 좀 잠잠해진 것 같은데, 학교에서는 아직 '영어'의 결정적 역할이 계속 강화되는 중이라는 것이다.

지구 언어의 탄생과정

영어는 원래 지금 독일의 서북부 지역에 뿌리를 둔 서게르만어에서 그 연원을 찾을 수 있다. 초창기 영어는 덴마크어·노르웨이어 등의 영향을 강하게 받으면서 몇 가지 혼성 형태를 보인다. 노르만의 침략 이후에는 프랑스어와의 혼합 현상까지 생기면서, 문법이 오늘날처럼 매우 단순해진 반면에 어휘는 다양해졌다. 관사가 한 가지씩만 남게 되었고 명사의 성도 사라졌다. 이러한 단순화는 나중에 영어가 널리 퍼지는 데 상당한 기여를 하게 된다.

15세기에 들어와 엘리자베스 1세 치하에서 영어는 질적·양적으로 한층 더 성장하는 두 개의 역사적 사건을 경험한다. 셰익스피어와 같은 작가의 활동에 힘입은 '근대적 영어'의 탄생과 스페인과 전투에서 이김으로써 훗날 영어 확장에 결정적인 기여를 하게 될 식민지 경쟁에서 승기를 잡은 것이다.

근대 영어의 발전은 여기서 그치지 않았다. 중상주의의 발전은 영어를 대표적인 무역언어로 발전시켰다. 영국은 금은보화 중심의 부귀영화를 추구하던 스페인 제국의 구태의연한 경제 관념을 극복하고 당시 네덜란드에서 싹튼 신용이라는 새로운 무기로 경제발전을 이룰 수 있었다. 이로써 영어는 유럽의 무역거래에서 매우 실용적인 소통 수단으로 성장하였다.

그 이후 영어는 제국주의라는 고속도로를 타고 전 세계로 뻗어나갔다. 다시 말해서 '해가 지지 않는 나라 대영제국'은 '어디 가서든지 영어로 말을 걸면 통하는 사회'를 급격히 늘려나갔다. 더욱더 중요한 소득은 세계 곳곳에 영어를 사용하는 현지 엘리트들을 풍부하게 확보한 것이다.

20세기에 들어와 영국은 몰락했지만, 영어의 발전에 있어 대단히 다행스럽게도 미국이 그 계승자가 되었다. 그로 인해 영어의 패권은 계속될 수 있었다. 미국은 자연스럽게 영국 문화를 높이 샀던 토착 엘리트들을 그대로 흡수했다. 영어는 실로 유용한 언어로 대접받게 되었다.

제2차 세계대전 이후 미국은 세계 패권을 확립해나가는 과정에서 오로지 군사와 외교 분야에서만 노력을 기울이지 않았다. 미국은 저개발국 원조와 지역 안보 등을 통하여 매우 폭넓은 국제 연결망을 꾸려나갔으며, 이 과정에서 한국·일본·대만·태국과 같은 비영미권 식민지 출신 지역에까지 영어를 광범위하게 보급하는 데에 이르렀다. 이 과정에서 포드 재단이나 풀브라이트 재단 같은 민간 조직의 역할이 매우 컸던 것으로 페니쿡(A. Pennycook)과 같은 학자들은 평가한다. 이렇게 영어는 대단히 힘 있는 언어로 인정받았다.

정치·군사·외교 분야에서 든든한 연결망을 엮어낸 미국의 영어는 이후 그 영향력을 점점 학술·문화 분야로 확대해나갔다. 풍부한 연구

비와 장학금, 믿음직하고 지속적인 후원, 그러면서도 정치적인 색깔을 세련되게 감춘 정책적 배려는 많은 개발도상국 지식인들을 연결망과 소통망에 끌어들이는 데 큰 도움이 되었다. 물론 종종 두뇌 유출(Brain Drain) 문제에 대한 논쟁은 있었으나, 미국의 지식 생산 구조에 빨대를 꽂은 세계 각 지역의 학교와 연구소의 엘리트들은 영어에 익숙할수록 지식 획득과 지식 순환에 유용하다는 사실을 분명히 절감할 수 있었다.

그러는 동안 장 앙리 파브르의 세기적 역할 이래 프랑스어로 발간되던 국제적인 생물학 학술지도 영어로 바뀌게 되었고, 세계적인 화학 학술지도 어느덧 독일어에서 영어로 바뀌었다. 영어가 가장 품위 있고 지적인 언어로도 신분 상승을 해낸 셈이었다. 급기야 몇 해 전에는 한국의 일부 화학자들이 '비타민'이라는 표기를 미국식 발음인 '바이타민'으로 바꾸자고 주장하여 많은 국어학자들을 놀라게 하였다.

영어의 자기확산은 여기에서 그치지 않았다. 미국 할리우드를 중심으로 하는 대중성 강한 영화산업은 전 세계를 상대로 영어를 손쉽게 접근할 수 있는 언어로 만들었다. 1960년대가 되면 미국 사회의 대중 정서에 바탕을 두고 발전했던 이른바 팝음악의 선두 주자, 빙 크로스비, 팻 분, 프랭크 시나트라 같은 고전적 대중음악가들이 음반 산업의 발전에 힘입어 미국 문화와 영어 노래의 멋을 세계에 알렸다. 새로운 후계자인 엘비스 프레슬리, 영국의 클리프 리처드와 비틀즈 등의 성공은 연예산업이 본격적으로 영미권을 중심으로 발전하는 계기가 되었다. 결국 영어는 매우 멋진 언어도 된다.

오늘날 영어를 '지구촌 언어'라 부르는 사람이 많아졌다. 사실 이 말은 지나친 과장이면서 동시에 전혀 과장이 아니다. 지구상에 영어를 잘하는 사람보다 아직 못하는 사람이 절대적으로 많다는 의미에서 이것은 지나친 과장이다. 그러나 지구상의 누구든지 자신의 언어권을 떠나게 되면 미숙하더라도 일단 영어로 의사소통을 시도한다는 점에서 전혀 과장이 아닌 것이다.

많은 사람들이 영어를 더 배우고 싶어하며 더 잘해야 한다고 생각한다. 그러면서 날이 갈수록 영어에 더없이 부담감을 느끼며 살고 있다. 많은 경우에 취업 과정에서 높은 수준의 영어 능력을 확보하려 애를 많이 쓴다. 그리고 난 후 입사 이후에는 왜 이렇게 영어를 쓸 일이 별로 없는지 의아해하기도 한다. 이제 영어는 반드시 사용할 일이 있어서 배우는 것이 아니라 하나의 '상식'이나 '교양'처럼 항상 갖추고 있어야 마음이 편한 필수품, 혹은 최소한 액세서리가 되어가고 있는 것이다.

영어, 공용어 할 만한가?

앞에서 말한 바와 같이 영어는 한국어나 일본어처럼 앵글로색슨족이 모국어로 삼고 있던 평범한 종족 언어에서 출발했다. 그러다 점점 세계적인 기능을 하게 되자 영어를 그저 그런 평범한 언어가 아닌 특별한 언어로 보려는 사람들이 생겼다.

우선 영어를 '탈민족화한(Denationalized) 언어'로 보려는 관점이 존재한다. 비록 영어가 고대 사회에서는 하나의 종족어로, 그리고 근대 이후 하나의 민족어로 형성되었던 것은 사실이지만 제국주의 시대를 겪으면서 이제는 탈민족화된 언어로 보아야 한다는 주장이다. 주로 영국 식민지 출신 국가에서 보이는 영어의 식민주의적 요소에 대한 비판에 영국 학자들이 반응하는 태도 가운데 주류 입장이다. 이제는 영어가 굳이 앵글로색슨만의 언어가 아니라는 것이다. 사실 이 주장은 요즘처럼 영어가 널리 보급된 상황에서 볼 때 어떤 면에서는 쉽게 거부하기 어려운 논리이기도 하다. 마치 서울말이 표준어 보급 과정에서 지역어의 성격을 벗어난 것처럼 해석할 수 있다는 입장이다.

이 논리에는 즉각 반론이 제기될 수 있다. 아직도 영어 규칙은 영미권에서 장악하고 있기 때문이다. 맞춤법이나 사전 등재 여부 등을 영어를 잘하는 비영어권에서 결정했다는 정보는 아직 없다. 뒤에도 언급하겠지만 영어 교육에서 원어민으로 대접받는 사람들은 영국·미국·캐나다·호주 및 뉴질랜드인이다. 역사적 특수성 때문에 여기에 아일랜드 사람도 포함할 수 있다. 그 외의 지역에서는 영국인이나 미국인보다 더 영어를 잘한다 해도 '원어민' 지위에는 오를 수 없거나 할리우드의 동양계 배우들처럼 무언가 아주 어색한 장면에서 원어민 배역을 수행할 수밖에 없다.

많은 문학 전문가들은 여전히 문학 작품의 영어 번역에 적잖은 문제가 있음을 지적한다. 영어가 탈민족화하여 보편적으로 모든 표현을 다 담아내기에는 아직 갈 길이 멀다는 주장이다. 사실 영어를 탁월하게 잘한다는 한국인들에게도 '효도, 미운 정 고운 정, 괘씸죄, 은근슬쩍…' 등을 영어로 번역해보라고 하면 매우 난처해한다. 영어만이 아니라 수천 년 이웃하며 같은 문화권에서 살아온 중국어로도 번역이 신통치 않다. 결국 영어를 탈민족적 언어로 보는 시각은 영어 패권주의자들의 은폐된 이데올로기라는 것이 비판자들의 주장이다.

두 번째로 꼽을 수 있는 관점은 영어가 세계에서 가장 보편적이고 지배적인 언어라는 주장이다. 그러나 이 주장도 근거를 객관적으로 내놓기가 그리 쉽지는 않다. 많은 사람들이 이미 알고 있다시피 사용자 인구에서도 영어 사용자 인구 수는 중국어 사용자와 비교가 되지 않는다. 그리고 영어를 모국어로 사용하는 영국·아일랜드·미국·캐나다·호주·

뉴질랜드를 제외하면 해당 사회의 소수 엘리트들의 언어일 뿐 광범위한 대중적 언어는 아니다. 대중성을 따지면 오히려 스페인어에도 밀릴 가능성이 높다. 그리고 아직 단언하기는 어렵지만 영어를 모국어로 사용하는 사회의 출생률은 스페인어나 아랍어에 비해 현격하게 낮다.

영어가 보편적·지배적이라는 관점에 일정 부분 인정할 수 있는 이유는 대부분의 사회에서 '지배 엘리트'들의 영어 능력은 보편적이기 때문이다. 재미있게도 지배 엘리트들의 영어 실력이 가장 뒤처지는 곳이 동아시아의 한국·일본·중국이다. 그래서인지 영어 교육에 대한 열기도 높고 그 타당성에 대한 논쟁도 많다.

세 번째 관점은 영어가 고도로 발전한 언어라는 것이다. 영어는 사업·외교·학문·예술·오락 등 어떤 분야에서든지 최고의 정보와 지식을 공급하며, 특히 최근 발전한 정보기술 계통에 사용하는 언어로는 영어가 지배적이라는 것, 전 세계 인터넷 사이트의 절대 다수가 영어로 작성되었다는 것 등등이 영어의 우월성을 주장하는 논거다. 이 주장은 여러모로 귀담아둘 만한 근거가 있기는 하다. 이에 대한 반론 또는 비판은 대개 반식민주의적 논거 또는 생태주의적 근거에서 제기되고 있다.

반식민주의적 비판의 관점에서 볼 때 영어의 우월성이란 영어의 언어적 우월성이라기보다는 소통망을 선점한 효과이며, 이 선점은 과거 식민주의적 발판에서 비롯된 것이다. 이 비판은 분명히 역사적으로 옳은 지적임에 틀림이 없다. 문제는 해결책이 난감하다는 것이다. 프랑스의 탄압을 뚫고 일어서서 끝내 독립을 쟁취한 알제리의 지식인 프란츠 파농이 프랑스어로 저술할 수밖에 없었던 일이나 세네갈 독립 후 초대 대통령이 된 레오폴 상고르 대통령이 프랑스어로 취임 연설을 할 수밖에 없었던 것, 그리고 한국의 이승만 초대 대통령의 한국어 억양이 무척 영어스러웠던 것 등이 바로 이러한 문제에서 비롯한 것이었다. 하지만 장기간의 해결 방향을 구상할 수 있을지언정 일거에 해결할 길은 없다. 해결 방법은 자신들의 언어를 사회적으로, 문화적으로 발전시키는 길뿐이다.

비교적 최근에 제기되는 비판이 생태주의적 입장이다. 아무리 발전한 언어라 하더라도 영향력이 강한 언어에 인접한 소수 언어는 예외 없이 궤멸 상태에 빠진다는 주장이다. 이것은 생태계 종의 다양성이 중요하듯이 문화적 언어의 다양성도 무척 중요하다는 논리로 발전했다.

영국을 제외한 영어권은 역사적으로 영어의 영향 아래 토착 언어가 소멸되거나 약화된 흔적을 그대로 간직하고 있다. 그런 현상은 반드시 영어에서만 나타나는 것이 아니다. 러시아어와 중국어의 영향 아래 수많은 소수 언어가 사라져갔다. 약자의 언어는 강자의 언어 앞에 이상하리만치 맥없이 사라져 간다.

이러한 주장을 근거로 영어의 발전성, 영어 교육의 열기 등에 대해 비판적으로 말하는 것은 별 의미가 없다. 자신의 언어를 소멸시키는 것은 바로 그들 자신이기도 하기 때문이다. 그러나 한 언어가 소멸되거나 확장되어가는 데에는 매우 정교한 제도적 장치가 필요하다. 교육 제도, 시험 제도, 관료 선발, 상류 문화와 하층 문화의 차별 등으로 당사자들도 모르는 사이에 한 언어는 약해져가고 또 다른 언어는 무럭무럭 자라게 된다. 결국 이 문제는 영어에 모든 원죄를 뒤집어씌우기보다 모든 소수 언어 사용자들의 각성과 의식화의 문제, 그리고 사회 조직화의 문제로 보는 것이 바람직하다.

마치 외래 바이러스 때문에 토착 생명체들이 피해를 입듯, 강한 언어가 무작정 널리 퍼지면서 약한 토종 언어들이 당하는 피해 문제는 분명히 짚고 넘어가야 할 여러 시사점을 안고 있다. 말하자면 영어와 같은 괴물급 언어는 언어 생태계에서 황소개구리 구실을 한다고 볼 수 있다. 이 과정에서 소수 언어 사용자는 사회적으로 주변화되고 스스로 가꾸어 온 문화를 포기하기에 이른다. 결과적으로는 모든 농촌이 소도시화되면서 대도시의 주변부를 형성하듯이, 그리고 반생태적인 조건 속에서 오히려 건강을 잃어가듯이, 언어와 문화의 다양성을 잃어버릴 때 얻는 것보다 잃는 것이 훨씬 많다는 관점이 언어생태론자들의 시각이다.

영어는 교육인가 상품인가

교육을 시장 기능에 내맡기다 보면 시장이 교육을 압도하는 현상, 비교육적인 현상이 나타나기 쉽다. 특히 교육이 시장화되면서 여러 장단점이 고루 드러나는 과목이 바로 영어가 아닌가 싶다. 이런 현상의 장점으로 말한다면 교과서·사전·부교재 등과 같은 교육 자료의 발전을 꼽을 수 있다. 이것의 발전은 상당 규모의 경제적 이익도 보장한다.

이에 못지않은 이익이 교사 양성 사업이다. 공교육의 교사 양성 과정이 그 기본을 이루고 있지만, 더 나아가 교사 실습과 연수 및 재연수, 영어교육학 및 응용언어학, 각종 컨퍼런스 조직, 출판업과 연계, 해외 현지 교사들의 양성 문제 등등 이루 다 헤아릴 수 없는 넓디넓은 비즈니스 세계가 펼쳐진다.

영어 교육의 열풍은 교육의 실천 장소인 학교보다 이익의 구현 장소인 시장을 중심으로 이루어지고 있다. 학교 역시 시장권에서 벗어나지 못한 채 영어 교육에 매달린다. 여기에 바로 영어 교육 시장화의 문제점이 함께 도사리고 있다.

영어 교육의 문제는 자연스럽게 영어 교사의 문제로, 또 그 교사의 경쟁력 문제로 넘어간다. 교사의 경쟁력은 당연히 교수 능력이 문제로 거론되어야 할 텐데, 답답하게도 '원어민' 문제가 더 크게 부각되고 있는 실정이다. 이 문제가 우리 영어 교육의 발목을 또 한 번 잡아버린다. 영어의 원어민이란 누구인가 하는 문제가 등장하는 것이다.

앞에서 언급한 것처럼 영어의 세계화, 혹은 영어의 지구적 지배를 긍정적으로 이야기하는 사람들의 대부분은 이미 영어가 '탈민족화'되었다고 주장한다. 그 말이 맞는다면 영어 교사는 특정 종족이나 민족을 원어민으로 삼지 않는 것이 옳지만 영어 교육 현장은 그렇지 않다. 예를 들어 한국계 3세 미국시민이 교실에 들어오면 학생들은 실망의 안색을 숨기지 않는다. 무언가 교육의 질이 떨어질 것 같다는 예감이 들기 때문이다. 흑인의 경우도 마찬가지이다. 반면에 앵글로색슨족이 아닌 백인계 교사에 대해서는 신뢰감을 쉽게 드러낸다. 이것이 '원어민 교육의 덫'이며, 영어 교육의 질을 인종 문제로 왜곡시키는 작용을 한다.

영어의 원어민은 누구인가? 이 문제는 이미 영어의 기능이 다양해진 오늘날, 단 한 마디로 딱 잘라 말할 수 없는 다층성을 지닌다. 먼저 모국어로 영어를 사용하는 사람은 당연히 영어권의 전통적 주민인 앵글로색슨 및 그들의 문화에 동화된 사람들이다. 제2언어로 영어를 사용하는 사람들은 여기에서 상당히 빗겨간다. 그러나 넓은 의미에서 이들도 원어민에서 완전히 벗어날 수는 없다.

영어가 공용어로 사용되는 사회에 사는 비영어권 사람들도 사실 상당수 존재한다. 예를 들어 홍콩과 싱가포르 주민들은 영어를 상당히 잘하는 편이지만 모두 다 그런 것은 아니다. 아니, 매우 못하는 사람들도 꽤 많이 섞여 있다. 또 특정한 언어문화 속에 있으면서 독특한 특징을 나타내는 싱가포르 영어, 인도 영어, 호주 영어 등은 일반적으로 영어 시장의 주역이 되지 못한다.

영어 교육의 발전은 분명히 긍정적인 부분이 있으며 피해갈 수 있는 문제가 아니다. 그 영어 교육을 방해하는 것은 특정 언어를 중심으로 하는 애국주의자나 민족주의자가 아니라 영어를 상품화해서 효율적으로 공급하려는 시장 메커니즘과 원어민 숭배 행위이다.

영어와 경제, 그리고 권력

영어는 어느 언어보다도 '돈벌이'가 잘된다. 워낙 배우려는 사람들이 많기 때문이다. 학원·교재·인터넷 등 파생 상품도 풍부하다. 그렇기 때문에 영국에서는 영어의 시장화 정도가 아니라 영어의 산업화를 노리고 있기도 하다. 조그마한 마을에 그럴 듯한 국제 영어 학원 간판을 달고 많은 외국인 학생을 대상으로 경제 활동을 벌이는 모습은 영국에서 그리 생소한 풍경이 아니다.

영어 능력은 평가 부문에서도 분명한 수치들로 나타낼 수 있다. 영어 교육은 대단히 정량화된 세련된 평가 제도에 의해 뒷받침되고 있기 때문이다. 토플과 토익은 한편으로는 학습 성과에 대한 평가이면서 동시에 사업이기도 하다. 사업이기 때문에 더욱 다양화되며 다기능화되어가고 있다. 문제는 좋은 평가를 받기 위해 투입된 비용과 노력이 그리 쉽게 보상을 받게 되지는 못한다는 것이다. 그리고 그 까닭을 오로지 '경쟁' 탓으로 돌리는 공허한 답변만 들린다.

1994년에 영국 출판사들에게 한국은 세계에서 11번째 큰 영어교육의 시장일 정도였다. 게다가 1999년 여름 토니 블레어 영국 수상은 1조 파운드 (1.5조 달러)의 수입을 올린 영국의 영어교육사업을 더욱 강화하는 방안을 주도하고 나섰다…. 한국인들이 토플과 토익 등 영어인증시험을 위해 지불하는 직접 비용만도 연간 350억 원에 이르며, 한 해 영어교육에 9∼10조의 비용이 든다고 한다(이중 4조 원은 해외 영어연수 비용으로 국외로 유출되었다). 2004년 한 해 동안 전 세계적으로 450만 명이 토익에 응시했는데, 이중 183만 명이 한국인이었다. 게다가 4년 만에 대학을 졸업하는 학생은 '조기졸업생'이라 부를 정도로 1년 동안 가는 해외 어학연수는 일반화되었다.

(윤지관 엮음, 『영어, 내 마음의 식민주의』, 18~19쪽)

영어는 더 이상 '교육'의 문제가 아니다. 오히려 '경제' 문제에 더 가까워진다. 공교육의 핵심 부문인 동시에 사교육과 관련된 블루칩이기도 한 것이다. 그리고 교재 및 부교재의 저술, 출판 등의 이권과 관련되며 이것이 인터넷을 통한 e-learning의 모습을 띠면서 또 한 번의 부가가치를 올리게 된다.

영어의 가치가 급상승하면서 제로섬 게임의 현상을 보이는 부문이 발생했다. 다른 외국어 교육이 쇠약해진 것이다. 고등학교에서 선택 과목으로 유지하기가 어려워지고 프랑스어 선생이 다시 공부해서 영어 선생으로 변신해야 하고, 대학에서는 영문과를 제외한 외국어 학과가 존립의 문제를 심각하게 고민하게 되었다.

시장은 더욱 냉혹하다. 한국에서 사전 출판은 자칫 사양산업이 될 가능성이 높아졌다. 일단 어느 정도의 수익률이 보장되는 사전은 영어 사전·국어사전·옥편 정도이고, 고정 고객이 확보된 중국어와 일본어가 근근이 뒤를 잇는다. 독일어 사전과 프랑스어 사전은 이미 시장성을 잃었다. 우리의 문화 토양이 그만큼 척박해진 것이다.

영어가 광범위하게 보급되고 정보와 지식을 다량으로 공급하게 되면서 새로운 상품이 등장했다. 바로 '저작권'이다. 물론 다른 언어에도 저작권이 얼마든지 설정될 수 있지만 영어에 견줄 만한 언어는 찾을 수 없다. 사실 한국어로 저작권 수입을 올리는 것도 영어권의 집요한 노력의

덕이라고 볼 수 있다. 지식은 가장 쉽게 공유할 수 있는 것이었음에도 이제는 지불된 지식만 유효성을 지닌다. 옛날 어깨 너머로 배울 수 있었던 지식이 이제는 유통과정이 확실히 증명되어야 유효한 지식으로 인정을 받는다. 그래서 아무리 영어를 잘해도 영문과나 영어교육과를 나오지 않으면 영어 교사가 되지 못한다.

영어가 학술 세계를 지배하다보니 모든 전문용어가 영어를 기준으로 편집되어가고 있다. 따라서 영어를 못해도 자신의 전문 영역에서 자주 사용하는 개념은 영어로 알고 있어야 편리하다. 또 종종 그런 단어를 입에 올려야 전문성이 확인된다. 더 나아가서는 모든 논문에 영어 혹은 제2외국어로 요약을 남기게 되었다. 본의든 아니든 영어가 모든 학술활동에 기준점 내지는 지표가 되어버렸다.

영어가 이렇게 널리 사용되다보니 대학 평가에서도 영미계 대학이 대단히 유리한 평가를 받게 되었다. 세계적인 대학 순위 상위권은 모두 영미계 대학이 차지하고 있다. 종종 그 틈새에 일본과 중국의 몇몇 대학이 끼어들어가 있는 것이 여간 애처롭고 눈물겹지 않다.

2008년 『타임스』에 대학평가가 보도된 후 독일의 시사 주간지 『슈피겔』의 인터넷판에는 「세계 제일의 대학은…」이라는 기사로 몇몇 미국 대학의 이름을 보여주면서 그 아래에 "독일의 대학 순위를 알려면 60등부터 볼 것"이라는 자조적인 표현을 부제로 달아놓았다. 그해 제일 좋은 평가를 받은 독일 대학인 하이델베르크 대학이 60등이었기 때문이다. 기사에서는 독일 대학의 반성을 촉구하는 내용을 실은 후 기사 말미에다 독일 측의 속내를 털어놓았다. 대학 평가에서 중요한 지표를 구성하는 외국인 교수와 학생 비율에서 영미권을 도저히 따라갈 수 없다는 의견이었다. 영국·아일랜드·캐나다·미국 등에서는 학생들이 서로 오가고 교수가 순환하는데, 독일과 오스트리아가 아무리 노력해도 그 지표를 따라잡기는 불가능하다는 것이다. 다시 말해 영미권의 교육만 제대로 받는다면 여러 면에서 쉽게 성취될 유리한 지표가 확보되어 있다는 말이다. 어찌 보면 '불공정 경쟁'의 다른 표현이기도 하다.

영어를 표기하는 알파벳 역시 그 지배력을 확실하게 함으로써 영어의 지배력을 더욱 강화시켜주고 있다. 예를 들어 인터넷과 GPS 등을 통해 알파벳으로 전 지구적 부호화를 이룩하고 있으며 더 나아가 각종 외래어 표기법, 로마자 표기법, 상표의 알파벳화 등을 통해 전 세계의 영어화를 위한 엄호사격을 톡톡히 해내고 있다. 더구나 컴퓨터 자판의 알파벳은 프랑스어의 악상 기호와 독일어의 움라우트 기호를 배제해버려서 같은 알파벳 울타리 내에서도 경쟁의 각축전을 보여준다.

대학 외국어 수업의 한계

앞서 말한 것처럼 룩셈부르크에서는 일상적인 언어와 고등교육의 언어가 다르다. 많은 개발도상국에서 고등교육은 영어 혹은 과거 식민지 종주국의 언어로 이루어지는 곳이 아직도 흔하다. 한국은 자신의 언어로 고등교육을 하는 경우에 속한다. 물론 아직 영어로 쓴 자료를 대단히 많이 다루어야 하는 약점은 있으나, 식민지 경험을 했으면서도 상당 부분의 교육 문제를 자기 언어로 해결하는 경우가 그리 많지 않다.

그러나 한국 대학에서의 영어, 그리고 영어 교육의 의미가 무엇인가는 한번 되짚어볼 필요가 있다. 한국 대학의 영어 교육은 학술 활동을 위한 도구라기보다는 절대적 상징으로서의 의미가 강하다. 한국의 대학에서는 영어 교육이 다른 외국어를 아주 확실하게 압도하고 있다. 영어 교육이 모든 분야에 절실하게 필요해서라기보다는 영어가 고등교육의 절대적 상징이기 때문이다. 다시 말해 영어는 새로운 의미의 '진서'이며 다른 언어를 '언문'으로 만드는 구실을 한다.

다른 외국 대학들의 예를 살펴보자. 미국의 워싱턴 대학에서 영어 글쓰기 강의는 모든 분야에서 5학점씩 수강해야 하고 추가로 고급반 10시간 안팎을 수강하게 되어 있다. 외국어는 인문계와 사범계, 그리고 사회계가 15시간씩 편성되고 그 외의 이공계는 외국어 학점을 요구하지 않는다. 또 일본의 게이오 대학은 모든 전공에서 영어 강의를 들어야 하며 다른 외국어 수강도 요구하고 있다.

반면에 한국 대학, 그중에서도 세칭 괜찮다는 대학 네 군데를 살펴보니 모두 영어만 필수 과목이고 제2외국어는 인문계열에서만 요구하고 있다. 서울대만 경영대와 법대도 제2외국어를 수강해야 한다.

이것을 다시 해석해보면, 미국에서는 꼭 필요한 곳에서 필요한 외국어를 요구하고 있었고, 일본은 폭넓은 외국어 소양을 요구하는 반면에, 한국은 절대적이고 압도적인 조건으로 영어만 요구했다. 그리고 그 영어 강의가 대부분 교양 영어나 원어민 영어 등으로 진행될 뿐, 해당 전공 분야에서 자신의 전공 지식을 드러내거나 활용하기 위한 것이 아니었다. 따라서 '사용하는 영어'가 아닌 '증명서에 기입할 영어'인 만큼 교육 효과가 제대로 나타날 리 없다. 오히려 많은 학생들은 '제대로 된 유용한 영어'를 해외 연수를 통해 배우거나 취업한 후에 자신의 업무와 관련하여 새로 배우는 경우가 흔하다.

이런 현상이 오로지 영어 교육의 허점에서 비롯한 것이라고 보기는 어렵다. 근본적인 문제는 대학 교육과 직업의 연관성이 지나치게 적기 때문에 대학의 영어 교육과 졸업 후에 필요한 영어 지식 간의 격차가 지나치게 크다는 점에 있을 것이다. 그럼에도 대학에서의 영어 문제는 우물우물 덮고 갈 일은 아닌 것 같다. 한국 대학의 기능이 원천 지식의 생산보다는 수입 지식의 보세가공이나 응용과 개량에 머문다면 한국 대학은 영원히 직업과의 연계할 수 없으며 전문교육의 의미를 충족하지 못할 것이다. 만일 그렇게 된다면 한국 대학은 그저 고등학교 다음 과정으로서의 상징적 의미만을 지니게 되기 쉽고, 더 나은 전문교육은 해외 유학이 담당하게 될 것이다. 아니, 이미 상당 부분 그렇게 되어버렸다.

영어 천하에서 다언어 시대로

이런 고민은 우리 한국에만 해당되지는 않는다. 비영어권 사회 어디서나 영어 때문에 행복해지기도 하고 불행해지기도 하는 희극이자 비극적 상황이 벌어진다. 더 흥미로운 일은 영어의 종주국인 영국 자체도 영어로부터 초래되는 이러한 현상을 그리 바람직하게 보지 않는다. 영국문화협회(British Council)가 그래돌(D. Graddol)이라는 학자에게 의뢰한 연구 결과에 영어의 미래에 걸림돌로 작용하는 여러 가지 문제점들이 제시된 바 있다.

그 가운데 몇 가지를 인용해보면, 이 세상의 문화와 정치적 이해관계가 날이 갈수록 다양해지면서 영어권이 모든 부문을 주도하기 어렵다는 것, 과학기술도 점점 보편화되고 있으며 다른 일반 지식에 대한 영어권의 독점이 오래 갈 수 없다는 것, 특히 인구학적으로 영어권은 위축되고 있다는 것 등이다. 우리 대학이 미래의 엘리트 양성을 본연의 임무를 의식하고 있다면 영어의 미래를 걱정하는 영국인들의 시각에서 많은 교시를 얻어야 한다. 과연 지금과 같은 죽자 식의 영어 교육이 미래 세대에게 정말 큰 도움이 되는가.

보고서에 제시된 영어의 미래에 대한 그들 스스로의 대비책 역시 우리의 눈길을 끌기 충분하다. 첫 번째가 윤리적인 접근이다. 영어가 제국주의·식민지·패권·인종차별 등의 이미지와 자주 겹치는 것이 그들에게는 대단히 고통스러운 일이라는 사실을 볼 수 있다. 그런 점에서 영어가 학문, 도덕, 새로운 가치 등을 더 많이 상징해야 한다고 주장한다. 다음으로는 영어를 공용어로 삼는 것보다 매개 언어로 삼게 하는 것이 더 낫다는 주장이다. 공용어가 되면 자칫 토착어를 소멸시키는 기능을 하기 쉬울 테지만, 매개 언어는 서로 다른 언어를 사용하는 사람들 사이의 소통을 돕는 구실을 할 뿐이다. 일본어를 모르는 한국인과 한국어를 모르는 일본인이 소통을 위해 사용하는 영어 같은 경우이다.

그 보고서는 상당한 세월이 지나면서 영어 자체가 다언어화할 것이라고 예측한다. 마치 고대 라틴어가 스페인어·프랑스어·이탈리아어·루마니아어로 분화했듯이 잉글랜드어·아일랜드어·미국어·캐나다어·호주어 등으로 분리되리라는 가설이다. 이미 포르투갈어와 브라질어가 서서히 분리 상태에 들어간 것을 보면 아주 불가능한 일은 아닐 것이다.

세상의 변화는 이미 시작되었다. 우리가 영어 때문에 종종 조바심을 내는 것 역시 이 변화 속에서 일정한 위기의식을 느끼기 때문이다. 위기는 "낡은 것은 사라져가는데, 새로운 것이 아직 나타나지 않은 상태"라고 한다. 우리의 영어 교육과 열풍이 낡은 것인지, 아니면 새로운 것인지 차분히 되돌아보아야 한다. 사우디아라비아 전 석유장관 야마니는 자국민들이 석유만 믿고 무사안일하게 사는 것을 보고 "석기시대는 돌이 모자라서 끝난 것이 아니다"라며 답답해했다. 미래를 예측하고 실천적으로 대비해야 한다.

지식인의 기반은 다언어 체제

두말할 것 없이 대학 교육과 외국어 교육은 분리해서 바라볼 수 없다. 대학 교육의 역사적 뿌리는 고전어 및 고전 문헌 교육에서 비롯했다. 시대의 흐름에 따라 다루는 언어의 종류가 달라졌을 뿐이다. 오늘날 영어가 대학 교육의 상당 부분을 점유한 것은 역사적 요인과 사회적 요인이 병존한 결과이다. 또 영어가 학문 발전에 기여하는 면이 분명히 있는 만큼 그 이점을 학문적으로 유용하게 만드는 지혜가 필요하다.

현 시기의 영어 교육이 대학과 사회에 불러일으키는 문제점은 근본적으로 교육의 시장화에 있다. 시장화된 영어 교육은 얼마간의 이익을 업자에게 보장해야 한다. 그런데 지금은 이익 정도가 아닌 폭리를 취하려는 업자들 간의 경쟁 때문에 나타나는 불량품 같은 영어 교육이 제대로 된 영어 교육을 방해하고 있다. 대학은 영어 교육, 더 나아가 외국어 교육이 제대로 된 방향으로 갈 수 있게 바로잡을 필요가 있다.

가장 중요한 영어의 장점은 각 지역 엘리트들 간의 소통 수단으로 유용하다는 점이다. 앞에서 말했듯이 비영어권 지역 엘리트들 중에 가장 영어 실력이 부족한 사람들이 많은 곳이 동아시아 국가들이다. 이에 대한 해법으로 제시된 영어 교육의 대중화와 보편화의 지향은 현재의 영어 교육을 아프게 하고 있다. 대중화되고 보편화된 영어 교육은 사교육의 범람을 가져왔고 교육의 질을 보장하지 못했다. 대학은 이제 전문교육으로서의 영어 교육을 심각하게 생각해보아야 한다.

대학 교육에서 여러 외국어 교육이 이루어져야 한다. 영어가 무척 강대하고 유용하기는 하지만 모든 표현과 개념을 보장하지는 못한다. 당연히 여러 언어를 가르치면서 이에 대한 보완을 해야 하며, 더 나아가 다른 외국어가 특장으로 삼는 분야와의 연계도 강화해야 한다. 전 세계에서 외국어에 대한 편식이 한국만큼 심한 곳도 찾아보기 어렵다. 학문과 문화 발전에 기여한 역사를 지닌 프랑스어 · 중국어 · 독일어 · 러시아어 · 스페인어 · 일본어 등의 교육이 대학에서 배제된다면 대학은 보편적 고등 교육으로서의 대학(University)을 포기하고 직업교육(Vocationalism)으로 의미가 바뀌었음을 보여줄 뿐이다.

외국어 교육의 발전은 자국어 교육의 발전과 함께 이루어져야 한다. 모든 언어는 부모가 자식에게 무료로 가르친다. 만일 모국어로 모든 지식을 담을 수 있다면 그것은 세상에서 가장 값진 이익이다. 어쩔 수 없이 다른 언어를 통해서 지식을 배워야 한다면 예외 없이 개인적 · 사회적 비용을 지출해야 한다. 그것이 언어 교육에서 작동하는 확고한 시장 법칙이다.

한국어는, 아니 영어를 제외한 대부분의 언어는, 영어보다 개념이 부족하거나, 어휘가 모자라거나, 텍스트의 양이 부족하다. 이것을 극복하려면 많은 연구 업적이 해당 언어로 축적되고 재생산되어야 한다. 몽상이지만, 온갖 정보가 한국어로 정보화된다면, 그리고 모든 지식이 한국어로 축적되고 자료화된다면, 한국어로 된 수많은 문헌에서 인간의 지혜가 재발견된다면, 외국어 교육으로 속 썩을 일도 저절로 없어질 것이다.

대학은 '두 길'을 동시에 가야 한다. 한편으로는 우리의 언어로 지식을 자료화 · 문헌화하며, 다른 한편으로는 폭넓은 외국어 능력과 소양을 쌓아서 더 보편적인 지평을 품은 지식인을 길러내야 한다. 이 두 길을 함께 걸을 때 미래에 어떠한 변화가 오더라도 충분히 버티고 이겨낼 '맷집 좋은 지식인'이 자라날 수 있다.

국제화의 빗장 연 대학

하연섭 　교수 · 행정학

대학 국제화와 경쟁

　요즘 대학가의 화두는 단연 국제화라고 해도 과언이 아니다. 최근 몇 년간 국내 주요 대학들에 '국제처'라는 새로운 조직이 생겨났고, 각 대학들마다 외국인 교원 초빙, 외국인 유학생 유치, 영어강의 비율 확대, 교환학생 확대 등에 심혈을 기울이고 있다. 세계적 수준의 대학으로 성장하기 위해서는 한국의 울타리를 넘어 세계의 대학들과 경쟁하지 않으면 안 된다. 그러기 위해 대학 자체가 국제 기준에 맞게 운영되어야 한다는 인식의 확산이 대학 국제화를 촉진시키는 가장 중요한 이유라 할 수 있다. 더불어, 최근 몇 년간 국내외 대학평가에서 국제화가 핵심적인 지표로 자리 잡아가고 있기 때문에 이를 소홀히 할 수 없다는 점도 중요한 현실적인 이유로 작용하고 있다.

　이렇게 볼 때 대학 국제화는 대학 간 경쟁, 특히 세계 수준에서의 경쟁과 맞물려 있는 현상이라고 할 수 있다. 대학 간 경쟁이 점점 치열해지고 대학 국제화에 가속도가 붙기 시작하는 이 시점에서 한번쯤은 숨을 고르고 대학 국제화의 방향과 대학 간 경쟁의 본질적인 측면에 대해 심각하게 고민해봐야 한다.

대학 국제화와 대학 간 경쟁과 관련해서는 다음과 같은 질문이 제기될 수 있다. 첫째, 대학 국제화란 어떤 현상을 지칭하는가? 대학 국제화는 어떤 형태와 유형으로 전개되고 있는가? 둘째, 대학을 비롯한 고등교육의 국제화가 왜 중요하며, 대학 국제화와 대학 간 경쟁은 구체적으로 어떻게 연계되어 있는가? 셋째, 대학 국제화의 특징은 무엇인가? 넷째, 현재 대학 국제화와 대학 간 경쟁은 어떤 문제점을 지니고 있는가? 끝으로, 앞으로 대학 국제화는 어떤 방향으로 진행되어야 하며, 대학 간 경쟁은 어떻게 전개되어야 바람직한가?

21세기 고등교육에 있어서의 가장 큰 변화는 고등교육의 국제화이다. 이제는 국가 간 경계를 뛰어넘어 지구적 차원에서 고등교육 시장이 형성되고 있다. 교육의 국제화는 고등교육의 대중화, ICT(Information and Communications Technology)로 대표되는 기술적·경제적 환경 변화, 지식기반 경제의 심화, 노동시장의 국제화와 고숙련 노동자에 대한 수요 증가, 그리고 교통 및 통신비용의 감소에 기인한다.

대학 국제화는 개인 차원, 프로그램 차원, 그리고 기관 차원에서 이루어진다. 개인 차원의 국제화란 교육을 목적으로 한 사람의 이동과 교류를 의미한다. 대표적인 형태로서는 학위 취득을 목적으로 한 유학, 학생교환 프로그램, 교수이동과 교류, 공동 연구, 해외 인턴십 등을 들 수 있다. 프로그램 차원의 국제화란 외국 대학과의 복수학위(dual degree), 공동 학위(joint degree), 원격 교육(distance learning), 그리고 외국기관과의 파트너십에 의한 단기학점인정 프로그램(short-term tailor-made program) 등을 지칭한다. 기관 차원의 국제화는 교육과정의 국제화, 외국 연구기관 유치, 해외분교 설립, 그리고 교육과정의 해외진출 등을 포함한다. 교육과정 국제화의 대표적인 예는 외국어 전용강좌의 개설 등이다.

대학 국제화의 형태 중 가장 활발한 교류와 이동이 이루어지는 것이 바로 개인 차원, 그 중에서도 학생 수준에서이다. 학생 수준에서의 교류와 이동은 정규 학위과정에 등록한 학생과 어학과정에 등록한 학생, 교환학생, 방문학생 등을 포함한다. 한 예로, 연세대학교의 경우 2009학년도 봄학기에 재학한 외국인 학생 통계를 보면 학부 과정에 478명, 대학원 과정에 544명이었다. 교환학생의 경우 1, 2학기 평균 700여 명의 외국인 학생이 공부하고 있다. 연세대 한국어학당에서 2009년 봄학기에 한국어를 배운 학생은 1,374명이었다. 이는 곧 한 시점에서 연세대에 재학한 외국인 학생의 수가 약 2,700명에 달한다는 것을 의미한다. 연세대뿐만 아니라 우리나라 대학에 수학하고 있는 외국인 학생의 수가 최근 급격하게 증가했다. 2004년 말 1만 6,832명이었던 외국인 유학생의 수가 2008년 말에는 6만 3,952명에 달할 정도로 가파른 증가세를 보였다.

국제화의 대표적인 예라 할 수 있는 외국 대학과의 교육과정 공동 운영 프로그램은 아직은 초보단계이긴 하지만 점차 증가하고 있다. 2008년도 연세대에서 외국 대학교와의 공동학위, 복수학위 과정에 참여하는 학생 수는 21명이었다. 외국 대학과의 파트너십에 의한 단기 학점인정 프로그램이란, 국내 대학이 외국 대학 정규 과정의 일부분이나 전부를 2주 내지 한 학기 동안 진행하고 참가한 학생들에게 외국 대학의 정규학점을 인정해주는 협약을 의미한다. 국내에서 많이 활성화되어 있지는 않지만, 연세대학교의 경우 2009년에만 미국의 인디애나대학교·워싱턴대학교·애크런대학교·세인트올라프대학교와 일본의 게이오대학교·호세이대학교·간세이가쿠인대학교, 홍콩의 홍콩대학교 등에서 총 278명이 이 프로그램에 참여했다.

교육과정 국제화의 대표격인 외국어 전용강좌는 아직 초보 상태이다. 학부 과정에서 외국어 전용강좌가 개설된 학교는 전체의 50퍼센트에 미치지 못하며, 외국어 전용강좌가 개설된 대학 중에서도 비율이 5퍼센트 이상인 대학은 20여 개에 불과한 실정이다. 연세대학교의 경우는 2009학년도 2학기 영어강의 비율이 학부와 대학원 모두 27퍼센트를 넘어섰다.

대학의 국제화는 기업의 국제화와는 다른 몇 가지 차별성을 갖는다. 첫째, 기업의 국제화는 표준화(Standardized)를 특징으로 하지만, 대학 교육은 표준화하는 데에 상당한 한계가 있다. 기업은 세계 어느 곳이든 동일한 모델을 판매할 수 있다. 하지만 대학은 각 지역과 각 국가가 필요로 하는 교과 과정을 개발하고 학생의 수요에 부응하는 교육을 시행해야 한다. 따라서 대학 국제화가 진행된다 할지라도 고객 지향적(Customized)이 될 수밖에 없다.

둘째, 기업은 아웃소싱과 네트워킹 등을 통하여 다양한 장소에서 생산과 판매를 할 수 있지만, 대학교육은 일정한 장소에서 이루어질 수밖에 없다. 따라서 아무리 국제화가 진행된다 할지라도 공간적 제약에서 벗어나기 힘들다.

셋째, 이러한 경향 때문에 ICT의 발달에도 불구하고 대학 교육은 사이버상에서 이루어지기보다는 대면 교육이 중심이 될 수밖에 없다. 현실적으로 온라인 교육이 대부분의 대학에서 교육과정의 핵심을 건드리지는 못하는 것으로 나타나고 있다.

고등교육 수요 증가와 대중화

흔히 국제화라고 하면 정보와 자본의 자유로운 이동, 국가 간 무역 증대, 국가 간 교류 확대, 그리고 인적 자본의 이동성 증가를 의미한다. 이러한 국제화가 고등교육에는 엄청난 압력과 함께 중요한 과제를 던져주고 있다.

사실 대학 국제화는 독립적인 현상이라기보다는 사회경제적 국제화와 지식기반 경제의 도래와 맞물려 나타나고 있는 현상이다. 세계화된 지식기반 경제의 도래는 곧 세계화된 환경에서 대학 졸업생들이 활동하는 시기가 도래했다는 것을 의미한다. 특히 해외직접투자의 증가, 금융자본의 세계적 개방, 인적 자본의 세계화로 취업 경쟁과 국가 간 인재 유치 경쟁이 심화되고 있다.

따라서 우리나라 대학생들이 국제 수준의 역량을 갖추고 국제사회에서 활약할 수 있도록 대학 교육이 바뀌어야 한다. 글로벌 시장에서 경쟁력을 갖춘 인재를 양성하기 위해서는 대학이 국제경쟁력을 갖추어야 하고 또 학생들이 글로벌화된 환경에서 교육받아야 한다는 측면에서 대학 국제화가 강조되고 있는 것이다.

이러한 현실적인 필요성에 더하여 고등교육의 대중화와 보편화(Massification), 그리고 세계 수준의 고등교육 수요와 공급의 불균형 현상이 대학 국제화를 촉진하는 중요한 요인으로 작용하고 있다. 고등교육 대중화와 보편화란 고등교육의 진학률·참여율이 대단히 높아지고 있는 현상을 의미한다.

2006년 통계에 의하면 미국의 대학 진학률은 64퍼센트, 호주의 대학

진학률은 84퍼센트이다. 같은 해 OECD 국가의 평균 대학진학률은 56 퍼센트이다. 우리나라의 경우에는 대학 진학률이 2008년에 약 84퍼센트에 달하여 세계 최고를 기록했다. 미국·일본·호주 등 전통적으로 고등교육에 대한 참여율이 높았던 국가뿐만 아니라 대부분의 유럽 국가들과 아시아 국가들에서도 고등교육 참여율은 꾸준히 높아지는 추세다.

고등교육 참여율이 보편적으로 증가하고 있지만, 전체적으로 보면 국가 간 고등교육에 대한 수요와 공급의 불균형이 나타난다. 이것이 대학 국제화를 촉진하는 또 다른 요인이라 할 수 있다. 교육 선진국에서는 출산율이 급격히 하락하면서 대학에 진학하는 학생 수가 꾸준히 줄어드는 반면, 아시아를 중심으로 한 개발도상국에서는 고등교육에 대한 수요가 폭발적으로 증가하는 현상이 나타나고 있다. 이와 동시에 교육 선진국에서는 고등교육 서비스가 초과 공급되는 현상이 나타나지만, 개발도상국에서는 기존의 고등교육 기관과 교수 자원만을 가지고서는 폭발적으로 증가하는 교육 수요를 감당하지 못하는 실정이다.

고등교육에 대한 수요 증가와 대중화에 따라 교육 선진국들이 대거 개발도상국의 학생들을 유치하기 위해 노력하는 동시에 개발도상국 입장에서는 늘어나는 고등교육에 대한 수요 충족을 교육 선진국에 의존하게 되는 현상이 나타나게 되었는데, 바로 이것이 대학 국제화를 촉진시키는 주요 요인으로 등장하게 된 것이다.

전 세계적으로 볼 때, 외국 유학생의 수는 1975년 60만 명 수준이던 것이, 1985년에는 약 90만 명, 1995년에는 약 130만 명으로 증가했고, 2005년에 이르면 270만 명에 달할 정도로 대단히 빠른 속도로 증가하고 있다. 이에 따라 경제적인 측면에서 교육 서비스의 수출이 대단히 중요해졌다. 최근 고등교육 시장은 전체 서비스 시장의 3퍼센트 이상을 차지하고 있으며, 몇몇 나라의 경우 고등교육 서비스는 주요 수출품 중 하나가 되었다.

미국·영국·독일·프랑스·호주·뉴질랜드는 고등교육을 국제화시키는 첨병 역할을 하고 있다. OECD 국가 내 외국인 학생 수는 200만 명을 넘어섰으며, 미국·영국·독일·프랑스·호주 등 상위 5개국이 외국인 학생의 4분의 3을 차지하고 있는 것으로 알려져 있다. 특히 OECD 국가 내 유학생 중 아시아 출신이 45퍼센트를 차지하고 있음은 우리에게 시사하는 바가 크다.

대학 국제화와 국제 수준에서의 경쟁력 강화가 절박한 이슈가 되고 있는 보다 중요한 이유는 국제 수준에서의 지식 네트워크의 등장으로 지식 불평등이 심화될 것으로 예상되기 때문이다. 국제 수준의 지식 네트워크는 대학·커뮤니케이션 네트워크·학술지·출판사·지식인·영어 등으로 구성되어 있으며 대학이 지식 네트워크의 중심으로 자리매김했다.

제한된 수의 대학들만이 이러한 지식 네트워크에 참여할 수 있기 때문에, 참여 여부는 개별 대학 입장에서는 사활이 걸린 문제라고도 할 수 있다. 더욱이 세계화된 경제에서 국제 수준의 지식불평등 문제는 단순히 국제적 차원에서의 문제로 끝나는 것이 아니다. 국제 수준의 지식 네트워크에 연결된 국내 대학과 그렇지 않은 국내 대학 간 격차가 훨씬 더 크게 벌어지기 때문에, 국제 경쟁력이 곧 국내에서의 상대적 지위를 결정하는 상황에 맞닥뜨린 것이다.

대학 국제화가 중시되는 또 다른 이유는 국제화와 경쟁이 연계되면서 지식 전달과 의사소통의 수단으로서 영어의 중요성이 높아지고 있기 때문이다. 서구 대학들은 연구소, 학술지와 출판사 등을 포함하는 지식 전파의 수단과 지식 네트워크의 중심에 서 있다. 이때 지식 전달의 수단은 영어이므로 영어가 독점적인 위치를 차지하고 있다. 국제 수준의 지식 네트워크가 등장하였으므로 영어 구사 정도에 따른 지식 접근성의 차이가 지식불평등으로 전환될 가능성은 그만큼 커지게 되었다. 세계화된 지식기반 경제에서 주된 의사소통 수단으로 등장한 영어를 교육하고 습득하기 위한 방편으로서도 대학 국제화가 강조되고 있는 것이다.

경쟁 · 인정 · 파트너십

고등교육의 국제화를 표상하는 키워드는 경쟁(competition) · 인정(recognition) · 파트너십(partnership)이다.

경쟁이란 대학 간 경쟁이 국내 차원이 아닌 국제적인 차원에서 이루어지는 현상을 의미한다. 고등교육의 국제화가 중요한 이슈로 부각된 이유는 초 · 중등교육과 달리 교육 서비스의 제공에 있어 국가 간 경계의 중요성이 점점 더 낮아지고 있기 때문이다. 글로벌 네트워크 시대에 지식과 정보는 매우 자유롭게 이동하고, 이러한 지식 · 정보에 대한 학습과 확산이 국가 간 경계를 무력화시킬 정도로 국가 간에 쉽게 대체될 수 있기 때문이다. 개별 대학들의 입장에서는 이 글로벌 트랜드에 동참해서 경쟁력을 갖지 못하면 국내 경쟁력도 유지할 수 없다는 절박한 상황이 전개되고 있는 것이다.

인정이란 전 지구적 차원에서 고등교육 시장이 형성되는 현실을 감안할 때 세계 수준에서 어느 정도 명성을 갖는가가 한 대학의 능력을 재는 척도가 되고 있다는 것을 뜻한다. 이제 개별 대학의 입장에서는 세계 수준의 교육과 연구 역량을 갖추는 것뿐만 아니라, 높은 수준의 교육과 연구 역량을 갖추고 있음을 세계의 다른 대학들로부터 인정받는 것이 중요해졌다.

특히 이러한 현상은 글로벌 대학평가가 등장하면서 심해진 경향이 있다. 영국의 QS사와 대학·고등 분야 전문지 『THES』(*Times Higher Education*)가 공동으로 실시하는 세계대학평가, 상해교통대학의 세계대학평가 등이 대표적인 예이다. 이는 세계화된 고등교육에서도 타자의 인정이 매우 중요한 요소가 되고 있음을 여실히 보여준다. 이들의 대학평가가 각광을 받는 이유는 다름 아닌 대학 국제화 때문이다. 국경을 넘어 대학 간 교류와 짝짓기가 빠르게 진행되고 있기에 각 대학은 상대방에 대한 객관적인 정보가 필요하게 되었는데, 이러한 정보의 공급원 역할을 하는 자료가 글로벌 대학평가인 것이다.

이러한 대학평가는 대학에 관한 정보와 대학의 질을 세계적으로 공개함으로써 대학 국제화를 촉진하는 역할을 동시에 수행하고 있다는 점에도 주목할 필요가 있다. 대학평가와 대학의 국제화는 서로를 강화시켜주는 관계이다. 고등교육의 국제화가 촉진되면서 질적 관리가 새로운 이슈로 등장하게 될 것만은 분명하다.

파트너십이란 고등교육기관들 간에 서로 교류하는 현상을 의미한다. 다른 대학들의 인정을 받기 위해서는 높은 수준의 대학들과 어깨를 나란히 하는 것이 필요하며, 이를 위해서는 이른바 명문리그대학에 속하는 것이 매우 중요해졌다. 대학 간 연구협력 관계 구축, 각종 공동학위제 혹은 복수학위제 도입, 다양한 교환학생 프로그램 진행 등이 대학 간 파트너십을 위한 중요한 수단이다. 파트너십을 통한 외국 교육기관과의 네트워킹은 학문의 질을 향상시킬 수 있는 방법인 동시에 국제 연구 네트워크에 참여할 가능성을 높이는 방법이다.

고등교육의 국제화는 21세기에 일어난 일개 현상이 아니라 지식기반경제의 출현과 함께 대학의 변화상을 관통하는 핵심적이며 본질적인 양상이라는 점에 주목할 필요가 있다. 최근 이루어지고 있는 대학을 둘러싼 사회경제적 환경의 변화와 대학 자체의 변화는 국제화를 고려하지 않고서는 결코 이해할 수 없다.

패스트푸드화되고 있는 교육

세계화된 지식기반 경제에서 교육은 국가의 발전을 결정짓는 핵심 요인으로 인식되고 있다. 지식기반 경제의 도래는 부의 창조가 기존의 천연자원 활용이나 투자에 의해서가 아니라 지식의 창조와 응용을 통해 이루어진다는 것을 의미한다. 교육은 더 이상 국가경쟁력이나 경제성장의 담론에서 부차적인 영역이 아니며, 지식기반 경제를 견인하는 직접적이고 핵심적인 요소로 부상하였다. 이러한 상황에서 대학의 국제화 또한 지식기반 경제에 필요한 인력 양성이라는 기능 측면에만 초점을 맞추고 있음을 부인하기 어렵다. 이 때문에 교육의 목적이 경제 목표와 뒤섞이는 현상이 나타난다. 그러나 이런 경향은 교육의 독자적인 성격이 상실될 위험성을 안고 있다.

신자유주의 패러다임에서는 교육이 인적 자본에 대한 투자와 개발로 개념화된다. 이러한 패러다임은 개인주의와 소비자주의(Consumerism)를 강조하는 일련의 가치를 정당화하고 있다. 교육의 목표가 취업률 증대 혹은 국가적 시각에서 보았을 때에 최소 투입을 통한 최대 수익 확보로 귀결되고 있다. 이러한 변화는 한때 공공영역으로 인정되었던 영역이 상품이 오고가는 시장으로 탈바꿈되는 과정이다. 대학의 역할이 경제발전에 대한 공헌이라는 측면에서만 부각되기 때문에 이러한 현상들이 일어난다.

교육이 갖는 경제적 의미와 함께 소비자의 선택권이 강조되는 교육의 시장화(Marketization of Education)가 빠르게 진행되고 있다. 고용기회 확보를 위한 수단으로서 고등교육의 의미가 강조되기 때문에, 학생들의 수강과목 선택에서도 '시장'의 힘이 작용한다. 인문학 관련 과목이나 사회비판적 과목보다는 취업에 유리한 이른바 '실용적'인 과목에 학생들이 몰리는 현상을 대학에서 어렵지 않게 볼 수 있다. 무엇보다도 도구주의적 가치의 강조는 지적인 연구, 사회 비판 기능, 호기심에 기반을 둔 연구, 학문의 자유 등 한때 고등교육과 연관되었던 활동과 가치들의 정당성을 약화시키고 있다. 시장은 교육뿐만 아니라 대학의 연구 어젠다에도 중대한 영향력을 발휘한다. 문학·사학·철학에 관련된 이론 연구보다는 생명과학·의학·공학 등의 응용 연구가 강조되고 연구비 또한 이러한 분야에 집중되는 경향이 점점 더 강화되고 있다.

이러한 교육의 시장화에 따라, 유네스코(2005)에서 냉소적으로 표현한 대로, '고등교육의 상품화'와 '지식의 맥도널드화'가 급속하게 퍼져나가고 있다.

방향과 전략을 고민할 때

우리는 대학 국제화의 이면에 자리 잡은 경쟁의 논리와 그 속을 파고든 시장화를 경계하는 동시에 대학 국제화의 방향과 전략에 대해서 반성할 필요가 있다.

우선 무엇을 위한 국제화인가에 대해 깊이 고민해야 한다. 교육의 국제화에 대한 논의가 본격화되면서 대학과 사회가 기능적인 국제화에 경도되는 경향을 보이고 있다. 외국인 학생 유치를 통한 수입의 확대와 세계시장에서 경쟁할 능력을 갖춘 인재 양성, 혹은 외국어 능력이 뛰어난 학생의 육성 등이 국제화의 최종 목표인 것처럼 논의되고 있는 것이다.

이러한 목표의 중요성을 인정하지 않을 수는 없지만, 이 자체가 국제화의 보다 근본적인 이유라고 하기는 어렵다. 국제화의 목표는 무엇보다도 다른 사람, 다른 문화와의 만남과 교류가 확대되는 상황에서 다름이 차별로 이어지지 않는 성숙한 시민의 양성, 즉 '더불어 사는 사람'의 양성에 두어야 한다. 가장 본질적인 국제화의 목표가 바탕에 깔리지 않는 이상, 설익은 국제화의 추구는 '유능한 괴물'의 양성으로 전락할 수도 있음을 항상 경계해야 한다.

국제화의 전략에 대한 고민도 필요하다. 외부의 평가에 대응하는 차원에서 대학들이 지표 관리에 지나치게 관심을 쓰는 나머지 교환학생의 수, 유치 유학생의 수 등 계량화할 수 있는 지표들에 대해서만 관심을 갖는 경향이 높다. 학생 개개인에게 얼마나 도움이 되는 사업인지, 우리 대학의 질적 수준을 얼마나 높일 수 있는 사업인지에 대한 진지한 고민보다는 가시적인 사업 성과에만 매달리는 경향이 나타나고 있는 것이다. 이러다 보니 국제화가 전 캠퍼스에 확산되기보다는 일부 학생, 일부 학사 단위, 일부 국가와 지역에만 국한되는 문제가 드러나고 있다. 초기 단계에서는 이런 전략이 불가피할 수도 있으나 이러한 불균형 전략은 대학 국제화의 성숙을 가로막는 장애물로 다가올지도 모른다.

지식인의 책무, 대응과 책임

고등교육에 시장 논리가 확산된 데 대해 비판적인 태도를 취하는 것과 경쟁의 중요성을 무시하는 것은 분명하게 구분되어야 한다. 경쟁은 대학 운영에 본질적인 가치 가운데 하나이다. 연구 영역에 있어서도, 학생들에 대한 교육의 질을 유지하기 위해서도 경쟁은 불가피하다. 또한 대학이 이윤을 창출하는 기관은 아니라 할지라도 학문의 수월성을 높이기 위한 대학 간 경쟁의 중요성을 무시할 수는 없다.

경쟁을 위한 틀을 갖춘다고 해서 이것이 교육에 시장 논리가 침투되어도 된다는 주장으로 연결되어서는 곤란하다. 대학의 목표는 효율성이나 이윤일 수 없기 때문에, 기업의 관리·효율성이 대학 운영의 준거일 수는 없다.

지식정보화 사회의 도래와 세계화에 따라 교육 영역에서도 시장 논리가 득세하고 있지만, 본질적으로 시장은 대학의 커리큘럼이나 연구 어젠다를 결정하는 데는 부적절하다. 대학에서 교육과 연구는 단순히 사용 가치나 교환 가치에 의해서 결정되지 않기 때문이다.

대학에서는 인간과 사회의 본질적인 측면에 대한 고민과 논의가 이루어져야 한다. 다양한 시각에서 현상을 비판적으로 논구하고 조망하는 능력, 곧 공공적 논구(Public Reasoning)를 위한 능력을 길러주는 역할을 대학이 수행해야 하는 것이다. 시장 논리와 실용성이 확산됨에 따라 교수·학습 과정에서도 협동성과 공동체 의식은 약화되고 이익 추구가 우선시되고 있다. 이보다 더 위험스러운 것은 대학 공동체의 해체이다. 대학 공동체의 해체는 열린사회의 지킴이로서 비판적 역할을 수행해야 하는 대학에 대한 신뢰를 약화시킬 위험이 있다.

이런 측면에서 대학의 사회적 책무성에 대해 깊이 고민해보아야 한다. 대학의 책무성은 두 가지 측면을 나타낸다. 대응성(Responsiveness)과 책임성(Responsibility)이 그것이다. 대응성이란 대학이 경제와 국가, 그리고 학생의 단기적인 요구에 부응해야 한다는 것을 의미한다. 책임성이란 대학이 사회의 문화 유산을 전수하고 새로운 지식을 창조하며 사회의 문제를 독자적·비판적으로 분석할 최선의 위치에 있기 때문에 사회에 대해 보다 본질적 차원의 의무를 띠는 것을 말한다. 대응성은 대학이 사회의 요구에 부응해야 한다는 것을 의미하는 반면, 책임성은 대학이 사회적 성찰을 주도하고 정책 결정을 이끌어가야 한다는 것을 의미한다.

이렇게 볼 때, 현재의 경쟁 환경은 대학이 사회의 단기적인 요구와 압력에 더욱 부응하도록 만드는 동시에 사회에 대한 장기적인 책임성을 약화시키고 있다. 대학은 새로운 지식을 창조하는 데 선도적인 조직일 뿐만 아니라 사회의 전체적인 복리를 끌어올리는 동시에 사회적인 비판과 정책 조언을 해야 하는 책무가 있다. 따라서 세계 차원의 경쟁 환경에서도 대학으로 하여금 보다 본질적인 책임성을 어떻게 견지해나가도록 하느냐에 앞으로의 논의가 집중되어야 한다.

고등교육의 국제화와 관련해서도 비판적 지성과 남을 이해하는 능력을 갖춘 지식인을 길러내는 것이 중요하다. 다른 나라 사람들과 더불어 사는 세계 시민(Global Citizen)의 육성에 중점을 두어야 한다.

고등교육의 국제화라고 했을 때, 세계화된 지식기반 경제에서 경쟁력 있는 지식, 숙련된 교육과 학습이라는 의미가 부각되는 것이 사실이다. 또한 단순히 외국어 능력을 배양하는 기능적인 차원에서 이해하는 경향이 강하다는 사실을 부인하기 어렵다.

그러나 보다 중요한 것은 정보와 자본의 자유로운 이동, 무역 증대, 국가 간 각종 교류의 확대를 통해 다양한 사람들과의 만남이 확대되고 있다는 것이다. 따라서 국제화 시대에 교육 부문에서 가장 중요한 과제는 다른 나라 사람을 이해하도록 돕는 일이다. 인종 · 종교 · 문화 차이가 차별로 이어지지 않고, 차이를 인식하고 인정하며 다른 사람들과 더불어 살 수 있도록 가르치는 것이 대학 국제화의 가장 중요한 과제이다. 기능적 차원으로만 국제화를 이해하고 접근하면 더불어 사는 세계 공동체 시민을 양성한다는 보다 차원 높은 국제화의 목표는 무시되기 쉽다.

지식기반 경제의 도래에도 빈곤·인권·환경 등의 문제는 여전히 해결되지 못하고 있다. 이러한 문제를 해결하기 위해서는 비판적 시각을 갖춘 지성인을 길러내야 한다. 세계화된 지식기반 경제 사회에서도 실용적인 기술과 숙련을 갖춘 기능인뿐만 아니라 개인 간, 국가 간 상호의존성을 충분히 이해하고 세계적 조망을 갖춘 지식인을 필요로 한다는 의미이다. 이러한 지식인을 길러내기 위해서는 비판적 지성을 길러낼 교육과정을 개발·운영하는 시스템이 필요하다.

평가지표에 목메는 고등교육의 허상

민경찬 교수 · 수학

대학과 지구온난화의 상관관계

한국 사회는 1960년대부터 시작된 산업화 정책에 따라 전문인력에 대한 수요가 급격히 증가하면서 대학의 규모와 역할이 크게 증대되었다. 특히 지식시대에 접어들어 지식과 정보의 창출이 개인은 물론 국가의 부와 경쟁력의 원천으로 인식되면서 대학의 역할이 더욱 강조되었다. 시대 변화의 흐름에 따라 날이 갈수록 국가 간 경쟁이 치열해지면서 대학의 경쟁력이 더욱 요구되고 있다.

대학 교육과 연구에 대한 우리 사회의 요구 수준도 높아져가고 있다. 이에 따라 정부도 대학의 교육과 연구를 글로벌 수준으로 높이기 위해 지속적으로 투자를 확대하는 중이다. 최근 정부는 학부 교육의 질을 높이기 위한 정책을 비롯하여 대학 교육에 대한 관심과 지원을 확대했다. 국회에서도 2008년 7월 30일과 10월 26일 대학 교육의 내용 · 수준 · 질을 제고하는 방안을 국가적 어젠다로 다루는 포럼을 개최하였다. 국회 차원에서 대학 교육을 위한 모임을 개최한 것은 처음이었으며 역사적인 일로 생각할 수 있다.

2008년 10월 30일에는 국가교육과학기술자문회의가 「글로벌 경쟁력 확보를 위한 대학 학부 교육 강화 방안」을 대통령에게 직접 보고하기도 하였다. 2008년부터 교육과학기술부가 대학에 교육역량강화 사업을 통해 2,600억 원 정도 지원하고 있으며, '포뮬러 펀딩'을 통해 대학들이 프로그램을 자율적으로 세워가도록 허용했다.

2009년 대학에 대한 연구지원은 BK21 · WCU · 기초연구사업 · 학술연구사업 등을 통해 약 1조 5,000억 규모에 달하였다. OECD 통계에 의하면 현재 한국 고교 졸업생의 대학 진학률은 84퍼센트로 OECD 평균치인 62퍼센트를 훨씬 웃돈다. 대학 졸업생의 90퍼센트는 사회로 진출하고 있으며 또한 박사급 연구 인력의 70퍼센트 이상이 대학에 있다.

우리 대학들은 경쟁이 치열하며 여러 종류의 평가 결과에 큰 비중을 둔다. 이러한 평가들은 대부분 지표 중심으로 이루어져서 대학들은 교육과 연구에 대한 주요 경쟁지표들을 향상시키기에만 몰두해왔다. 교육과학기술부 · 한국대학교육협의회 · 중앙일보 · 조선일보 등에서 시행하는 종합평가 및 학과평가는 대학들을 긴장시켜왔다. 대학에 대한 다양한 평가 결과들이 정부나 기업의 재정지원, 학생과 학부모의 대학 선택에 지대한 영향을 끼치기 때문이다. 신입생들의 성적, 교수들의 연구업적은 대학을 평가하는 핵심적인 요소로 활용되었다.

대학 간의 경쟁은 국내에서만이 아니라 국외 대학들과도 동시에 이루어진다. '더 타임스 평가'(THES-QS) '상해교통대학 평가' 등 여러 종류의 세계적인 대학 평가는 더욱 주요한 대학 간 비교지표로 활용된다.

우리 대학들은 평가지표로 활용되기도 하는 국내외 대학 및 기관 간 교류와 협력을 강화시켜왔다. 학생 및 교수들의 교류 프로그램과 공동연구 프로젝트의 필요성이 증대되고, 복수학위(dual degree), 이중학위(double degree), 공동학위(joint degree) 등 공동으로 학위를 수여하는 제도를 운영하는 등 다양한 교류협력 모델이 개발되고 있다.

전 세계가 금융위기와 지구온난화라는 환경 문제에 부딪치면서 글로벌 협력의 중요성이 크게 부각됨에 따라, 교육과 연구에 대한 교류 협력도 그 의미가 새롭게 인식되는 동시에 크게 확대되는 추세이다. 지구촌의 지역 간 교류에도 관심이 높아지고 있으며, 이미 EU는 하나의 국가처럼 움직이기 시작하였다. 'Campus Asia' 프로젝트라는 이름으로 한국·중국·일본이 중심이 되어 추진하는 아시아 지역의 대학 협력 시스템을 세 나라 정상들이 합의하기도 하였다. 전 세계가 '그린'(Green)이라는 인류 공동의 목표를 세우게 되었고, 앞으로 이러한 목표를 달성하기 위해서라도 대학 간의 글로벌 협력은 더욱 확대될 것이다. 경쟁과 공존이 동시에 이루어지고 있는 것이다.

대학들은 이러한 경쟁에서 앞서가기 위해 필수적으로 요구되는 재정 확보를 위해 전력을 기울이고 있다. 등록금 인상, 기부금 확대, 수익사업 도입 등 여러 가지 방법들을 찾아내고 있다. 그러나 경제적으로 어려운 때이기에 제약이 많다. 국회가 등록금 상한제를 도입하겠다는 이야기가 들리기도 한다. 한편에서는 대학들이 재정 확보를 위해 여러 가지 방안과 시스템을 만들어가는 과정에 대해 대학의 상업화를 염려하기도 한다. 대학의 본질과 역할에 대한 기본 철학과 원칙이 변질될 가능성을 경계하는 것이다.

그동안 우리 사회는 짧은 기간에 급성장하기 위해 다른 나라를 모방하고 양적인 성과를 이루는 데만 초점을 두고 달려왔다. 이러한 차원에서의 경쟁분위기 조성은 현재 우리의 위상을 세우는 데 크게 기여하였다. 그러나 이제 우리 사회가 선진국가로 진입해야 하는 단계에서는 질적인 차원에서의 경쟁력을 확보해야 한다. '양'에서 '질'로 변화시키는 새로운 패러다임이 요구된다.

이를 알아보기에 앞서 세계 주요 국가들의 교육 변화 흐름을 읽어본다.

시대의 요구에 부응하는 미국

미국은 1980년대에 고등교육에 대한 개혁을 논의하면서 사회변화에 부응하는 교육의 질 향상을 강조하였다. 이를 위해 대학교육의 제도 기준과 교육과정 체제를 사회 변화에 부합하도록 일관성 있게 구축하는 일을 추진하였다. 교육의 변화에 대한 설명은 대개 교육인구·교육체제·교육기능의 변화라는 관점에서 이루어진다. 21세기 고등교육의 방향을 제시한 「2000년을 향한 미국 교육전략」(America 2000: An Education Strategy)은 바로 이러한 관점에서 논의된 것이다.

미국 대학들의 교육개혁 정책은 세 가지로 요약된다. 첫째, 대학 교육 기회의 확대이다. 이는 대학 입학 연령을 다변화하고 소외계층을 배려하는 정책이다. 둘째, 대학 교육의 성격에 대한 변화이다. 20세기 후반에 접어들면서 대학은 학문 그 자체를 추구하기보다는 사회의 여러 가지 문제, 특히 경제나 산업 문제를 해결하는 데 비중을 두게 된다. 이에 따라 정책의 기본 틀을 자유교육과 직업교육으로 이원화하여 구조적 문제를 해결하려고 하였다. 셋째, 국제 경쟁력 확보를 위해 정부와 대학 간 인식을 공유하는 것이다. 정부는 국제 경쟁력을 확보하기 위한 개혁에 필요한 정책적·법적·제도적·재정적 지원을 대학에 제공하고, 대학은 그러한 기본 방향에서 스스로 세운 비전과 목표에 따라 세계 수준의 교육 성과와 연구 성과를 내도록 개혁을 추진한다.

2007년 미국은 시대의 흐름을 직시하고 과학기술에 대한 교육정책을 강화시킨다. 그해 8월 9일 부시 대통령은 미국의 글로벌 경쟁력 우위 지속을 위해 연구개발 투자 확대 및 수학·과학 교육을 개선하는 것을 골자로 하는 'America COMPETES Act'에 서명하였다. 이것은 기본으로 기초과학 연구를 지원하는 투자액을 향후 10년간 두 배로 증액하고, 우수한 과학기술인력을 양성하기 위해 초중등 교육과정에서 수학·과학을 강화시키는 교육이 주요 내용이다. 이와 동시에 세계의 우수한 과학기술인재를 유치하기 위해 이민제도 자체를 개혁했다. 이에 따라 대학들도 소위 문과·이과 구분 없이 과학교육을 강화하는 교육과정을 기본방향으로 삼았다.

미국 대학들은 경쟁하는 환경에서 빚어진 여러 문제들에 대해서도 고민해왔다. 이러한 고민은 대학의 본질과 역할에 대한 성찰을 담고 있다. 미국 대학은 대학의 발전을 세 가지 단계로 분류한다. 첫 번째 단계는 '양'적인 경쟁, 두 번째 단계는 '질'적인 경쟁, 세 번째 단계는 질적인 경쟁과 더불어 사회에 대한 기여(public good)이다. 대학의 역할은 인간·삶·정신·문화 등 인류의 보편적인 가치를 찾는 데 있음을 강조한다. 시장의 원리보다는 교육적 가치를 중시하며, 학교와 학문을 통해 삶의 의미를 찾고 '영혼'이 있는 수월성을 강조하는 것이다. 이러한 노력은 궁극적으로 모두가 행복하게 살아가는 세상을 만드는 것에 초점을 맞추고 있다. 이는 미국 정부가 다음 세대의 삶의 질을 더욱 높이고, 글로벌 이슈들의 해결에 미국이 기여하며, 세계에서 리더십을 확보하는 것에 기본 목표를 둔 것과 연계된다.

균형 있는 시각을 제시한 일본

세계 질서의 변화와 글로벌 경제체제로의 전환은 새로운 대학 인재, 개성과 기업 정신, 비판 정신이 뛰어난 인재를 요구한다. 우리와 문화적으로 비슷한 면이 많은 일본은 뿌리 깊은 학력주의와 서열화·획일화·경직화로 인해 사회적인 문제를 안고 있다. 이는 대학 교육의 특성과 자율성을 제약하는 역할을 하였고 창의력과 상상력을 갖춘 인재, 고도화된 산업구조에 부응하는 인재를 육성하는 데에 어려움을 주었다.

이러한 반성에서 1992년 일본 문부성은 교육개혁에 대한 새로운 기본원칙을 제시하였다. 첫째, 대학교육을 강화한다. 둘째, 대학교육 기구를 특성화하고 다양화한다. 셋째, 평생교육사회에 부응한다. 넷째, 창의력 교육과 과학연구 활동을 추진한다.

이어 2001년 일본 정부는 대학 규제가 대학발전에 걸림돌이 되고 있다고 판단하여 새로운 대학구조 개혁안을 내놓았다. 첫째, 국립대학의 구조조정과 합병을 과감하게 추진하고, 국립대학에 시장관리 경쟁체제를 도입했다. 지식산업을 좌우하는 대학을 지식의 거점으로서 보다 개성 있고 경쟁력 있게 만들기 위한 전략이었다. 이를 통해 30개의 세계 일류 대학을 중점적으로 건설하고, 특히 국립대를 법인화하여 대학의 자율성을 확대하여 우수한 교육, 연구를 위한 환경을 만드는 것이 국립대학 개혁의 목표다.

둘째는 대학을 거점으로 일본의 경제를 활성화시키기 위한 구조 개혁을 구상했다. "대학이 변하면 일본이 변할 수 있다"라는 캐치프레이즈 아래 세계 최고 수준의 대학 만들기, 인재대국 창조, 도시지역 재생이라는 3가지 방안을 내놓았다. 특히 인재대국이 되기 위해 전문대학원 도입, 수학·과학교육 강화, 첨단 분야 인력의 해외파견 등으로 교육을 강화시켰다.

셋째, 제3자 평가에 의한 경쟁원리를 도입하였다. 2002년에는 경쟁력을 갖춘 대학을 중점 지원하는 경쟁방식인 '21세기 COE(Center of Excellence) 프로그램'을 도입하여 세계적인 교육 연구 거점을 형성하고자 하였다. 이는 궁극적으로 평생학습사회를 주도해나갈 창조적인 인재육성에 목표를 두고 있다.

2007년 6월 아베정부는 「이노베이션 25」라는 장기 전략지침을 발표했다. 2025년 미래 일본을 풍부하고 희망이 넘치는 국가로 발전시키기위한 연구개발, 사회제도 개혁, 인재육성 등의 정책이다. 대학 연구력·교육력 강화, 세계를 향해 열려 있는 대학 만들기, 지역대학 등을 활용한 평생학습 시스템을 구축하는 정책들을 통해 대학을 개혁하자는 것이었다. 특히, 문과·이과 구분을 재검토하며, 교양교육을 중시한 학부교육 품질의 내실화로 폭넓은 지식과 전문성 겸비를 강조했다. 이는 새로운 시대에 적합한 균형 잡힌 교육을 제시한 것이다.

이 전략지침에는 2025년의 일본 사회가 지향해야 할 5대 목표가 제시되어 있는데, 특히 사회시스템 개혁과 기술혁신 전략에 대한 구상을 담았다. 이 5대 목표들은 첫째, 평생 건강한 사회, 둘째, 안전하고 안심할 수 있는 사회, 셋째, 다양한 인생이 보장되는 사회, 넷째, 세계적 이슈 해결에 공헌하는 사회, 마지막으로 세계에 열린사회이다. 여기에서 읽을 수 있듯이 일본은 기본적으로 교육과 과학기술을 통해 국민이 바라는 미래의 모습을 만들며, 글로벌 사회가 안고 있는 문제해결에도 기여하겠다는 입장이다. 바로 여기에 인재 양성, 고급두뇌 확보에 대한 철학과 목표를 둔 것이다.

중국, 소질교육으로의 대전환

중국의 대학교육 개혁에서 중요한 내용 중에 하나는 '소질교육'으로의 대전환이다. 이는 중국이 계획 경제체제에서 경제적 효율성을 강조하는 시장경제 체제로 바꾸는 과정에서 외면했던 학생들에 대한 인성교육을 회복시키는 일이다. 소질교육의 이론과 실천은 중국의 대학교육 개혁을 한층 높은 단계로 끌어올리는 것이다. 이는 입시교육에서 전인교육으로의 전환을 의미한다. 오늘의 지식시대에는 지식과 능력뿐만 아니라 반드시 종합적인 소질이 있어야 급변하는 시대적 요구에 부응할 수 있다고 판단했던 것이다. 이를 통해 국가의 경제와 사회 발전에 기여하고 개인의 발전도 이룰 수 있는 교육환경을 조성하고자 했다. 그에 따라 기본적으로 지식 · 능력 · 소질의 조화가 이루어져야 한다는 점, 소질교육은 반드시 체험과 내화과정을 중요시해야 한다는 점을 강조하였다. 또한 각종 실천, 그중에서도 사회실천 부분을 강조했다.

중국은 1990년대 중반부터 대학 교육을 대개편하고 동시에 세계일류 대학 건설을 주장하였다. 세계 일류대학 건설의 계획은 초기에 '21-1 공정'이라고 불렸으며, 1998년부터는 '98-5 공정'으로 불렸다. '21-1 공정'은 중국정부가 21세기를 향하여 100개 내외의 대학교와 상당수의 학과를 중점적으로 세계에서 비교적 높은 수준으로 향상시키자는 계획이었다. 이는 우리의 BK21 사업과 근본 취지와 형식이 유사하다.

'98-5 공정'은 1998년 5월 4일 베이징대학교 개교 100주년 기념행사에서 장쩌민 주석이 "현대화의 실현을 위해 세계 선진 수준에 달하는 일류대학을 갖춰야 한다"고 선언한 데서 비롯되었다. 그에 따라 중국은 세계 일류대학을 목표로 베이징대와 칭화대를 국내 일류국제 저명한 대학을 목표로 10개교를, 국내외 저명 대학 22개교를 차등하여 집중 지원하게 되었다. 대학 개혁은 우수교수·학과구조· 과학연구·국제교류·시설·네트워크 시스템 등을 중심으로 추진하였으며, 중점학과를 지정하여 과학기술 인재양성을 강화하였다.

2006년 12월 중국은 글로벌 경쟁을 강화시키기 위해 '111 공정'을 발표하여 세계 100위권 대학·연구기관의 우수한 인력 1,000명을 초빙하여 높은 수준의 연구인력 풀(pool)을 형성한 뒤 이들을 통해 세계 일류수준의 대학 100개를 만들어나가기로 하였다. 중국은 2008년 베이징 올림픽 이후 여러 방면에서 세계적인 리더십을 강화해나가고 있으며, 교육과 연구에서도 주도적인 위치에 서기 위해 전략적으로 접근하고 있다.

이론과 실제, 두 토끼를 잡은 영국

1980년대 이후 영국 교육 개혁정책의 중심에는 신자유주의에 바탕을 둔 교육경쟁력 제고와 평생학습사회에 부응하는 자유교육과 직업교육의 통합이라는 과제가 자리했다. 영국의 대학은 전통적으로 엘리트체제를 유지했으며 상아탑적인 '자유교육'의 이상을 추구해왔다. 1990년대 이후 영국 대학은 급격히 엘리트 체계에서 대중체계로 전환하는 다양한 고등교육 개혁안들을 발표하였다. 1992년 고등교육법(Further and Higher Education Act), 1997년 디어링 보고서 「학습사회에서 고등교육」, 2003년 고등교육에 관한 백서 「고등교육의 미래」(The Future of Higher Education) 등이 그것이다.

고등교육법은 영국정부의 최대 관심사인 고등교육 기회의 확대를 위한 법적인 근거를 마련하기 위해 제정되었다. 이 법에 따라 재정지원으로 고등교육을 장려할 뿐만 아니라 학문중심의 대학교(University)와 직업교육 중심의 전문기술대학(Polytechnic)이라는 고등교육의 이원체제를 법적으로 폐지하고 단일화하였다. 이는 교육을 산업으로 이해하고 이론과 실제, 학문과 직업교육을 통합하는 한편, 두 시스템 사이의 자유경쟁을 유도하여 경쟁력을 강화하며 교육의 질을 향상시키는 것을 목표로 한 정책이었다.

디어링 보고서는 고등교육의 역할과 과제를, 학습사회가 요구하는 지식의 창출과 국민 모두에 대한 평생학습 기회를 넓히는 일로 규정한다. 이 보고서가 제시하는 고등교육 발전의 기본방향은 세계적으로 가장 뛰어나고 효과적인 교수·학습 방법을 실천하는 일, 세계적인 수준의 연구를 수행하고 그 결과가 국가에 도움이 되도록 하는 일, 학문적 사고, 호기심 조장, 기존의 생각에 대한 도전, 새로운 지식을 창출하는 학문 풍토를 유지하는 일 등이다.

고등교육백서는 영국의 고등교육이 해결해야 하는 과제들로 늘 새롭게 변하는 기술의 요구 만족시키기, 대학입학에서 사회계층 간의 간극을 좁히기, 기업의 고등교육에 대한 투자 확대, 최고의 교수진 확보, 학생에 대한 재정지원 강화, 대학과 기업의 강한 연계 등을 제시한다. 이를 위해 연구의 수월성, 효과적인 교수학습 방법 개발, 고등교육기관의 확대, 공정한 입학기회 제공, 재정지원 확대를 통한 자유로운 입학에 정책의 초점을 맞추었다.

브레인 업, 독일이 최우수 대학을 찾는다

독일 대학은 훔볼트의 기본이념을 기반으로 보편적 인간상 실현에 기여하는 교육을 강조하였다. 훔볼트의 기본이념이란 대학을 전문학교, 직업교육의 산실로 몰아가서는 안 되며 교수와 학생 모두가 오직 순수한 학문을 탐구하는데 전념해야 한다는 것이다. 교육의 공공성을 중시하고 수월성 이전에 평등 이념을 기반으로 삼았던 독일대학들은 신자유주의 교육정책과 맞물려 기존의 전통을 버리고 변화하기 시작하였다. 세계화 이후 대학교육의 국가 간 경쟁과 서열화가 공론화되면서 평등에서 수월성으로 교육의 기반을 전환하고 있는 것이다.

독일에서 '수월성 제고'에 대한 논쟁에 불이 붙은 것은 2004년 초부터이다. 당시 정부는 「브레인 업(Brain Up), 독일이 최우수 대학교를 찾는다」라는 제목으로 엘리트 대학의 구상을 내놓았다. 엘리트 대학을 통한 교육과 연구의 수월성 제고, 학문영역에서 그러한 수월성을 돕는 네트워크 구성을 위한 정책이었다. 일정한 경쟁을 거쳐 우선 5개 대학을 선정하여 2006년부터 2011년까지 집중 투자하는 것을 내용으로 삼았다. 이 구상의 배후에는 세계적으로 뛰어난 고급인력을 유인하는 한편, 독일의 우수인재들이 보다 나은 조건을 찾아 미국이나 영국으로 떠나는 것을 막고자 하는 의도가 깔려 있었다. 평등을 중시한 독일 대학 구조의 근본을 뒤흔든 이 제도는 영국·미국식 학사, 석사제도이다. 이는 성적과 성취지향의 제도를 마련하여 느슨한 학업에 박차를 가하고, 궁극적으로 독일 대학들의 경쟁력을 높이기 위해 마련되었다.

이 제도는 1999년 이후 각 대학에서 현실화되었다. 독일 대학들이 200여 년 전 훔볼트가 주창한 순수한 학문기관에서 다시 직업준비교육기관으로 돌아가고 있는 것이다. 그 결과, '연구'와 '수업'의 통일성을 강조하였던 전통이 사라지고 있으며, 연구의 성과와 업적을 지나치게 강조한 나머지 교수의 공동연구자로서 존재가치를 높게 인정받았던 학생들에 대한 관심이 약화되고, 교육의 질에 대한 개선조차 이루어지지 않는 것이 해결해야 할 과제로 남아 있다.

대학 평가지표 시스템의 오류

선진국들의 고등교육 정책은 시대적 변화에 부응하는 대학 교육과 연구 체제로 전환하여 경쟁력을 높이는 공통점을 보였다. 동시에 다음 세대의 삶의 질과 글로벌 이슈 해결에 기여하며 인류 공동의 선을 추구하는 것을 기본적인 철학과 목표로 삼고 있다.

우리나라 대학 총장이나 보직자들의 주된 관심 중에 하나는 각종 평가지표에서 어떤 평가를 받느냐이다. 대학 총장뿐만 아니라 일반 교수·정부·언론 등 대입전형 배치표, 연구 중심의 계량적 지표에 기반을 둔 국내외 기관평가, 고시 합격생 수 등에 예민하다. 이러한 환경 때문에 대학들은 각종 지표라는 목표를 향해 열심히 달리기 경쟁을 한다.

그런데 왜 뛰는지, 뛰는 목적에 대한 생각은 별로 하지 않는 것 같다. 문제는 스스로 세운 목표에 의해서가 아니라, 국내외 언론사 또는 평가전문기관이 비즈니스 성격을 가지고 일방적으로 세운 목표를 그냥 따라가는 데 있다. 목적이 없기 때문에 내용과 질을 생각하기보다는 우선 지표 맞추기에 급급하며, 언론에 보도되는 가시적인 홍보효과만을 생각하게 되면서 포퓰리즘에 빠지기도 한다.

2008년도 스위스 국제경영개발원(IMD)이 55개국을 대상으로 한 평가에 의하면, 우리나라 국가경쟁력은 31위, 교육경쟁력은 35위, 고등교육 이수율은 4위, 대학 교육의 경쟁사회 요구 부합도는 53위, 과학경쟁력은 5위, 기술경쟁력은 14위이며, 1인당 국민총소득은 209개국 중 51위로 나타났다.

2008년도 우리나라의 SCI(Science Citation Index: 과학기술논문색인지수) 게재 논문 수는 3만 5,569편으로 186개국 중 12위로 나타났으며, 논문 1편당 피인용 지수(Impact Factor)는 30위로 조사되었다. 우리나라의 과학기술분야 연구 실적은 지속적으로 증가하고 있지만 논문 1편당 피인용도가 30위권을 벗어나지 못하는 데에서 나타나듯이 연구 성과의 질적 향상이 크게 개선될 필요가 있다. IMD 평가에서의 교육경쟁력은 교육제도의 경쟁사회 요구 부합 여부, 수준급 엔지니어 공급 정도, 기업·대학 간 지식 공유 정도 등을 의미하는데, 이 평가에서도 우리나라는 매우 낮은 수준이다.

2007년 한국을 방문한 『타임스』의 세계대학 순위 평가 담당 편집장 마틴 잉스의 말은 우리의 교육 현실을 정확히 반영한다.

"미국이나 유럽대학들은 『타임스』의 평가결과를 참고자료로 쓸 뿐 순위 자체에 크게 신경 쓰지 않는다. 아시아·중동·중남미, 그중에서도 한국은 유독 순위에 관심이 많다. 어떡해서든 순위를 올리려고 엉터리 자료를 보내기도 한다······. 높은 점수를 받은 대학들의 경우 상호 간 수준 차가 크지 않음에도 미세한 순위 변동에 민감해한다."

그의 이러한 언급은 평가에 대한 우리 대학들의 기본자세를 드러내고 있다. 그는 "(『타임스』 평가는) 총체적으로 대학을 평가할 지표를 설정하기보다 자료 수집이 용이한 지표에 의존한다. 이 때문에 평가 결과가 다양한 측면을 반영하지 못한 채 '장님 코끼리 다리 만지기 식'에 그치고 있다"고도 지적하였다. 계량적 지표 중심의 평가가 지니는 한계를 꼬집은 것이다.

또한 "영·미권 국가 대학들이 대학평가에서 상위권에 편중되는 것은 사실이며, 평가지표가 지나치게 이공계 중심이고 교육의 질적 수준을 반영하기 어렵다는 한계가 있다. '타 대학 평판평가'(Peer Review)나 '기업 인사 담당자 평가'(Recruit Review) 역시 임의적인데다 응답자 역시 불충분한 면이 많다"면서 평가에 대한 관점의 편향성과 객관성의 부족을 드러냈다.

"호주 대학들이 마케팅과 홍보에 많은 노력을 기울인 덕에 높은 순위가 매겨졌다. 권위 있는 학술지에 논문을 발표하고 해외 학생유치 등으로 국제화 지수를 높인다면 높은 순위를 받을 것"이라는 그의 발언은 평가들의 목적과 순수성에 대해 생각하게끔 하는 대목이다.

교육과 연구의 본질적인 목적, 그리고 선진국들의 교육과 연구에 대한 기본철학에 비추어볼 때 우리는 지금까지 무엇을 성취했는지, 이 성취가 무엇을 의미하는지에 대하여 진지하게 생각해보아야 한다. 이제는 그동안 우리끼리만의 비교·논리·논란에 빠진 우리의 현실을 직시하여야 한다. 무엇을 위한, 누구를 위한 경쟁을 하는지에 대하여 스스로 물어봐야 한다.

어떻게 보면 이는 대학 또는 총장의 의지 문제라기보다는 연구중심의 양적 지표 경쟁, 특히 의미나 본질보다는 단순히 줄 세우기 문화에 젖어 있는 우리 사회 전체의 문제이다. 그동안 대학을 이끌어가는 책임자들이 대학 교육에 대해 진정한 관심을 갖지 못한 것은, 양적 지표 위주의 '평가' 개념과 시스템이 그 근본 원인이라고 본다. 교육에 대한 관심과 투자 등은 늘 우선순위에서 뒤로 밀려왔던 것이다.

그러므로 대학교육 변화의 핵심은 '대학교육의 중요성과 본질'에 대한 올바른 인식과 이에 기반을 둔 '평가'와 '투자'의 개념을 새롭게 정립하는 일이다. 다시 말해서 이제는 경쟁의 개념이나 평가의 개념을 궁극적인 성과와 질적 관점에서 세워나가야 하며 쉽지 않더라도 이를 측정할 시스템을 만들어야 한다.

스마트파워 시대의 도래

한국대학의 한계를 극복하기 위해서는 경쟁의 본질인 성과와 질의 입장에서 경쟁과 평가의 개념을 새롭게 정립해야 한다. 경쟁력의 의미는 관점에 따라 다양하게 정의할 수 있다. 하버드대학교 마이클 포터 교수는 경쟁력이 생산성을 뜻하며 스스로가 끊임없이 개선할 능력이라는 의미에서 지속적인 생산성을 강조했다. 요즈음은 군사력·경제력을 의미하는 하드파워(Hard Power)와 정책·문화·가치 등을 포괄하는 소프트파워(Soft Power)를 스마트파워(Smart Power)라는 통합적인 경쟁력으로 이해하기도 한다.

개인과 기관의 경쟁력은 단순히 몇 가지 경직된 지표가 아니라 내재된 잠재력과 다양성에 기반을 두고 이해되어야 한다. 그동안 추구해온 점수와 지표 중심의 교육에 대한 경쟁 논리가 실질적으로 한 학생의 변화에 얼마나 도움을 주었는지 물어야 한다. 개인의 경쟁력은 이제 단순히 지식적인 차원에서의 능력만이 아니라 빠르게 변화하는 다양한 환경에 적응할 능력으로 이해되어야 한다. 더 나아가 인성을 비롯한 개인 소양과 도전 정신·열정·사명감 등 정신적인 자세가 필수적이며 이러한 요소들이 진정한 경쟁력이 된다는 것을 인식하여야 한다.

또한 기능적인 측면에서의 능력과 더불어 정신·가치·문화 등 무형의 힘을 키워나가는 것은 매우 중요하다. 지식 창출과 더불어 지식을 경영하는 융합·통섭 능력도 더욱 중요해지고 있다. 대학들도 우리 사회의 다양성에 기반한 요구에 비추어, 각자 독자적인 철학과 인재관, 비전을 가지고 다양한 시대적 요구와 그 특성에 따라 대응할 수 있어야 한다. 대학들도 다양한 모델이 필요해진 것이다.

세계는 매우 빠르게 변화하고 있다. 특히 중국이 미국과 대등하게 G2

국가로서의 영향력을 발휘하기 시작하였다. 중국은 그동안 지식·자원·달러의 블랙홀이라 할 정도인데다가 동시에 동북공정 등 역사·문화 차원에서도 리더십을 세우기 위해 새로운 '중화 전략'을 추진하고 있다. 우리의 정치외교적 역량은 물론 경제적 역량은 아직 취약한 상태이다.

우리는 세계 역사의 흐름을 정확히 읽으면서 위기의식을 가지고 긴장하여야 한다. 한 국가의 흥망성쇠가 그 나라의 역량과 주변의 여건에 따라 갑자기 바뀌는 사례들이 많기 때문이다. 우리가 요즈음 글로벌 사회에서 인정받게 된 것은 반만년 역사에서 겨우 20년 내외인 것 같다. 우리는 지금 10년, 20년, 그리고 100년 후를 바라보며 제대로 준비하고 있는지 점검해야 하는 시점이다.

전문가들은 한국의 국민소득이 3만 달러, 4만 달러 환경이 되어야 경제가 안정화 단계에 접어든다고 본다. 기술도 선진국의 모방단계를 넘어 창의적으로 새로운 과학기술을 창출해낼 수 있어야 한다. '최초' '최고'가 아니면 앞서갈 수 없다. 지금은 그 어느 때보다도 융합적·복합적인 사고능력을 가진 창의적인 인재 개발이 중요한 시대이다. 교육과 과학기술의 질이 선진국 수준을 넘어서야만 경쟁력이 있다.

시대의 요구와 경쟁력

대학 경쟁력에 대한 과제를 교육, 연구, 거버넌스 및 인프라로 구분하여 논의해본다.

교육 경쟁력은 한 학생이 졸업 후 중장기적으로 사회에서 어떠한 역량을 발휘하게 될 것인가에 초점을 맞추어야 한다. 교육은 미래에 대한 준비이며, 개인과 국가의 경쟁력을 결정한다. 시대적 요구에 비추어볼 때 교육의 목적은 글로벌 사회에 기여할 창의적인 글로벌 인재를 양성하는 데 두어야 한다. 이 과정에서 삶에 대한 의미와 가치를 중요하게 담아낼 수 있어야 한다.

이러한 관점에서 대학들은 독자적인 교육철학과 비전을 세우고 이를 통해 추구하고자 하는 인재관을 정립하여야 한다. 그리고 키우고자 하는 인재가 어떠한 핵심역량을 갖추고 사회로 나가게 할 것인지에 대하여 고민하여야 한다. 이러한 교육 철학에 적합한 학생을 선발하는 대입전형이 이루어져야 하며 입학사정관제도 이와 같은 흐름에서 이해하고 준비되어야 한다. 이와 더불어 이러한 핵심역량을 키울 교육 내용과 프로그램, 교수와 교수법, 지원할 인프라를 구축하여야 한다. 한 학생이 졸업하는 시점에 기대하였던 핵심역량을 갖추었는지를 평가하여야 한다.

대학들은 연구중심이든지 교육중심이든지 학부교육의 중요성을 인식하여야 한다. '미국 보이어위원회'의 보고서에서 "연구중심 대학은 튼튼한 학부교육에 기반을 두어야 한다"라고 언급한 것에 주목할 필요가 있다. 또한 현재 대학졸업생의 90퍼센트가 사회로 진출하고 있는 바, 이들의 역량이 우리 기업과 과학기술의 역량의 수준을 결정한다. 그러므로 선진국과 경쟁하기 위해서는 학부교육의 질이 글로벌 수준으로 높아져야 하며, 다양한 모델이 나타나야 한다.

대학원에서의 교육의 질도 글로벌 수준으로 높여나가야 한다. 특히 석사학위 졸업생도 대부분 사회로 진출한다는 점에서 이제 대학원 교육은 단순히 전공 심화교육 차원을 넘어서야 한다. 학문적인 차원에서의 발전도 중요하지만 시장에서 기대하는 창의적 역량들이 더욱 중요해지고 있기 때문이다. 변화하는 상황에서 지속적으로 창의력과 리더십을 발휘할 기본역량 및 융합적·복합적인 능력을 키우는 일은 개인은 물론 국가적으로도 경쟁력을 높이는 일이 될 것이다.

국제경영개발원(IMD)이 발표한 평가 자료에서 우리나라는 과학 경쟁력은 3위, 기술 경쟁력은 14위로 나타났다. 과학 경쟁력은 올라갔고, 기술 경쟁력은 6위까지 올랐다가 내려갔다. 이 수치는 일부 모습만 반영된 것일 뿐 우리의 과학기술 역량이 질적으로 세계적인 수준에 올랐는지 되묻는다면 자신있게 대답하기 어렵다. 연구 성과의 질을 따진다면 아직 갈 길이 멀다. 그동안 우리는 선진국을 빠르게 추격하기 위해 모방에 비중을 두어왔다. 그리고 20여 년 전만 해도 연구력이 매우 취약하였기 때문에 우선 발표 논문 수를 끌어올리는 것을 중요하게 생각하였다. BK21 프로젝트가 대표적인 성공사례라고 볼 수 있는데, 이공계는 물론 인문사회계도 국제 저명 학술지 등재 건수가 지속적으로 증가하고 있다.

그러나 우리가 선진국과의 경쟁에서 우위를 차지하기 위해서는 '최초' '최고'가 아니면 안 된다. 논문 한 편이라도 그 분야의 전 세계 학자들로부터 가장 영향력 있는 논문으로 인정받아야 실질적인 경쟁력이 생기는 것이다.

지금까지의 계량적 지표에 의존하는 평가 시스템은 한계가 있다. 이제는 질적인 관점에서 발표할 수 있도록 논문 평가의 개념을 바꾸는 환경을 조성해야 한다. 다시 말해, 실질적인 글로벌 경쟁력을 위해서는 연구 경쟁력의 차원을 한 단계 높여 '양'보다는 '질'을 추구해야 한다. 이를 위해서는 호기심으로 출발하여 보다 근원적인 문제에 도전하는 연구를 장려하여야 하며, 이 과정에서 나타나는 실패 역시 중요하게 생각하는 환경이 필요하다.

특히 기초학문은 장기적이고 지속적으로 연구에 몰입할 환경을 만들어줘야 창의적이고 도전적인 연구가 가능하다. 우수한 연구자들이 안정적으로 연구에 몰입할 수 있도록 재정을 지원하여야 한다. 노벨상·필즈상도 이러한 환경에서 기대할 수 있는 것이다.

오늘날 대학에서의 교육과 연구는 단순히 교수에 의한 지식전달이나 연구결과를 우수 논문지에 게재하는 차원에 머물러서는 안 된다. 대학마다 교육과 연구를 통해 추구하고자 하는 철학과 비전이 무엇인가가 중요하다. 시대가 요구하는 것은 무엇인지, 무엇을 위한, 누구를 위한 교육과 연구인가를 생각해야 바람직한 가치를 창출할 수 있다. 그리고 이러한 비전을 담을 유연한 학사 시스템 등 대학 구조의 과감한 변화와 더불어 교육과정, 교수·학습 지원, 기자재 등 기본적인 인프라를 가장 적절한 체계로 변화시켜야 한다.

대학의 개혁이 근원적이고도 본질적인 차원에서 추진되려면 근원적인 동력이 필요하다. 이는 대학을 책임지고 운영하는 이사회와 총장을 비롯한 주요 보직자들의 대학에 대한 기본 인식과 철학이 어떠한가에 달려 있다. 특히 바람직한 총장을 선택하는 일과 그 총장이 지속적으로 자신과 공동체의 이상을 충분히 실험할 기회를 갖게 하는 것이 중요하다. 그러므로 총장 선출 방법이 매우 중요할 뿐더러, 일단 선출이 되면 일정기간 소신을 가지고 지속적으로 변화시켜 나갈 환경을 만들어주어야 한다.

학생의 삶의 질까지 생각하는 교육

오늘날 교육의 질이 20년, 30년 후에 미칠 영향에 대하여 진지하게 고민하여야 한다. 교육이 잘못되었을 때 그 결과는 부메랑으로 돌아온다. 누구에게 책임을 물을 것인가. 분명한 철학과 비전이 필요하다. 그 어느 때보다도 융합적이고 복합적인 사고 능력, 역사 의식, 올바른 가치관을 가진 창의적인 인재 개발이 중요한 시대이다.

교육을 논의할 때 먼저 '한 학생의 삶'을 중심에 두어야 한다. 점수로 줄 세워 학점을 부여하는 것이 아니라 깊이 있는 지식, 고차적인 사고 능력을 비롯한 변화적응 능력, 인성과 기본 마음가짐, 그리고 호기심·자신감·열정·도전 정신·사명감을 진작시키는 데 초점을 맞추어야 한다.

우리 사회는 시대적 변화의 흐름을 읽으며 교육과 연구의 질이 얼마나 중요한지도 새롭게 인식하여야 한다. 교육이나 연구의 질을 높이는데 관심을 가져야 한다. 그러기 위해서는 평가의 개념을 바꿔야 한다. 대학 총장이나 보직자들이 지표 관리에 매달리도록 하기보다는 교육과 연구의 본질에 충실할 수 있는 환경을 만들어주는 일이 시급하다.

질적인 지표는 대학들이 우리 사회에서 요구하는 다양성을 수용할 수 있도록 다양한 방향으로 특성화시켜나가는 데 있다. 이제는 전국 200개에 가까운 대학들을 하나의 틀로 평가하는 일은 의미가 없다. 자체평가를 통해 자율적으로 특성화하고 이를 인정해주는 인센티브 시스템 도입이 시급하다.

교육과 연구도 글로벌 사회에 대한 기여로 새로운 가치를 창출해나가야 한다. 우리의 꿈과 비전을 이제 세계로, 미래로 지경을 넓혀나가는 것이다. 교육은 여러 가지 극복해야 할 과제가 있지만 소중한 자산들도 간직하고 있다. 교육과 연구의 질, 그리고 이에 따른 성과들이 글로벌 이슈의 해결에 기여할 뿐만 아니라 개발도상 국가들을 비롯한 글로벌 공동체의 발전에 기여하는 단계로 나아가야 한다. 우리의 성과들이 세계 속에서 교육과 연구의 롤 모델로 인정받을 때 한국은 진정 선진국으로 존경받게 될 것이다. 큰 틀에서 경쟁과 공존을 동시에 이루어가는 것이다.

대학은 교육과 연구를 통한 지식전수와 지식창출의 역할을 넘어 우리 사회에 바른 가치관과 비전을 세우며 사회를 변혁시켜나가는 데도 기여할 수 있다. 이제 대학은 국내는 물론 글로벌 사회에 시대 정신, 역사의식, 올바른 가치관을 세워나가는 데 선도적인 역할을 해나갈 시기이다. 세계적인 대학이 되려면 세계를 품어야 한다. 경쟁과 공존을 이분법적으로 보기보다는 하나의 과제로 승화시켜야 할 때이다.

인류 공동선과 미래 바로 세우기

대학에 대한 경쟁력 논의는 '대학 교육과 연구의 중요성과 본질'에 대한 올바른 인식에서 출발하여야 한다. 그리고 '평가'와 '투자'의 개념을 이러한 인식을 기반으로 새롭게 정립하여야 한다. 교육의 본질은 한 학생의 변화에 있다. 한 사람의 변화와 성장을 통해 인재를 키우는 것이 핵심 과제이다. 교육은 궁극적으로 학생에 의해 이루어지는 것이며 또한 학생을 위한 것이다. 연구의 본질은 인간의 지적 호기심, 인간과 자연에 대한 근원적인 질문에 답하는 일이다. 그리고 이러한 교육과 연구의 결과를 통해 개인·국가·인류 사회 발전에 기여하는 일이다. 다시 말해, 세계 인류, 그리고 미래의 모두를 행복하게 만드는 일이다. 진정성이 요구되는 대목이다.

세계는 지금 치열한 글로벌 경쟁과 더불어 글로벌 협력이 더욱 중요해지는 시대를 살아가고 있다. 이제는 글로벌 경쟁과 글로벌 협력이 맞물려 돌아가며, 글로벌 이슈, 국가 이슈, 개인 이슈가 구별할 수 없는 하나의 과제가 되었다. G20 정상회의에서도 경제·금융 문제와 더불어 지구온난화·에너지·질병·물·식량 등의 문제가 의제로 다루어졌다. 이는 교육과 과학기술, 철학과 가치, 비전의 문제이다.

우리는 급격히 변화하는 시대적 흐름 속에 우리나라가 더욱 바르게, 힘있게 글로벌 사회에 기여하고 더 존경받는 나라로 발전시키기 위해 더욱 뜻과 지혜를 모아야 할 때이다. 우리 사회는 이에 대한 공감대와 구성원 간의 신뢰를 통해 과제들을 하나씩 풀어나가야 할 것이다.

"인류의 사명은 각 세대가 자신이 받은 것보다 더 많은 것을 전하는 것이다."

영국 처칠 수상의 말이다. 글로벌 시대에 새로운 차원에서 우리 교육과 연구의 발전을 통해 대학의 경쟁력을 키우며, 세계 인류의 공동선과 미래를 바로 세워나가는 일에 기여함으로 우리의 자긍심도 키우게 되기를 기대한다.

낯섦의 두려움, 캥거루족 사회

조한혜정 　교수 · 문화인류학

나는 오늘 대학을 그만둔다

　　나는 오늘 대학을 그만둔다…. 나는 25년 동안 경주마처럼 길고 긴 트랙을 질주해왔다. 함께 질주하는 분주한 친구들을 제치고 넘어뜨린 것을 기뻐하면서, 앞질러 달려가는 친구들 때문에 불안해하면서 소위 명문대 입학이라는 첫 관문을 통과했다…. 저 끝에는 무엇이 있을까? '취업'이라는 두 번째 관문을 통과시켜줄 자격증 꾸러미가 보인다. 너의 자격증 앞에 나의 자격증이 우월하고 또 다른 너의 자격증 앞에 나의 자격증이 무력하고, 그리하여 새로운 자격증을 향한 경쟁의 질주가 다시 시작될 것이다…. 이름만 남은 '자격증 장사 브로커'가 된 대학, 그것이 이 시대 대학의 현실임을 마주하고 있다. … 이 변화 빠른 시대에 10년을 채 써먹을 수 없어 버려지는 우리들은 또 대학원에, 유학에, 전문 과정에 돌입한다. 고비용 저수익의 악순환은 영영 끝나지 않는다.

　　2010년 3월 10일 유명 대학의 한 경영학과 학생이 대학을 그만두었다는 소식을 접했다. 윗글은 그 학생이 대자보로 세상을 향해 밝힌 '대학을 거부하는 글'이다. "명문을 버려라, 조국을 등져라, 세계를 탐하라"는 대학 슬로건이 나올 정도로 글로벌 경쟁시대에 살아남아야 한다는 대학 나름의 절박감도 있지만, 다른 한편에는 고실업, 불안정 고용 사회에서 제대로 먹고살 수 없을 것이라는 대학생들의 불안의 세계가 펼쳐지고 있다.

그간 고등학교가 학생들을 살벌한 경쟁에 몰아넣는다는 비난을 받아왔다면, 이제 그 화살이 대학으로 이동해오고 있는 듯하다. '입시 전쟁'에서 해방되자마자 곧바로 '스펙 전쟁'으로 돌입해야 하는 대학생들은 이제 대학에서 새로운 친구를 만나고, 진리를 이야기하며, 앞으로 살아갈 삶을 기획하고 성찰할 시간을 갖는 것을 일찌감치 포기하였다. 그 결과 김예슬 씨와 같은 학생들은 대학을 떠나고 있다.

그나마 자발적으로 대학을 떠나는 학생에게는 제 삶을 새로이 기획할 기회라도 있지만, 과로로 사라진 경우엔 그런 기회조차 없다. 2009년 10월 21일에는 한 대학교 4학년 학생이 과로사했다는 소식을 접했다. 그는 경영학·경제학·법학 등 세 가지 분야를 동시에 전공하며 로스쿨 입학을 준비하던 모범생이었다고 한다. 그리고 2011년 봄에는 네 명의 KAIST 학생들의 잇다른 자살보도를 접해야 했다.

미국 경영학자 허버트 윌리엄 하인리히는 사건 사고를 통계화하면서 대형사건이 발생하기 전에는 항상 조짐이 나타난다고 말한 바 있다. 이른바 '1-29-300 법칙'으로도 불리는 하인리히 법칙은 대형사고 '한 건'이 발생하기 이전에 이와 관련 있는 소형사고가 '29회' 발생하고, 소형사고 전에는 같은 원인에서 비롯된 사소한 징후들이 '300번' 나타난다는 것을 말한다. 현재의 비극은 예고된 사건들인 것이다. 도대체 대학에서는 그간 무슨 일이 일어났던 것일까?

불과 5, 6년 전까지만 해도 한국의 대학은 인재들이 서로를 성장시켜

나가는 배움의 생태계였다. 그때는 협력하면서 동시에 경쟁할 줄 아는 창의적인 청년들이 의기투합하여 다양한 실험을 벌이면서 '시대'를 만들어갔다.

요즘 대학에서는 그런 학생들을 찾아보기 힘들다. 미래가 불안한 대학생들은 혈혈단신으로 경쟁하며 안간힘을 쓰느라 정신이 없다. 공부와 취업 준비에 매진하는 대학생들의 '공부' 열기가 대학도서관에 가득 차지만, 시대를 읽어내고 타인과 문제의식을 나누는 소통의 열기는 찾아보기 힘들다. 공공의 지혜를 모아내는 인재, 자원을 적절하게 재배치하면서 새로운 세상을 만들어갈 인재를 만나기 힘들게 된 것이다. 지금 학생들은 많은 정보를 알고 '자기 계발'을 게을리하지 않지만, 그 모두가 개별 경쟁의 게임 안에서 이루어지고 있는 모습으로 보인다.

대학이 이토록 변해버린 지금, 한국 사회는 과연 지속적으로 멀리 내다볼 줄 알고 유연한 사고를 가진 창의적인 인재를 키워낼 수 있을까? 이 글에서는 2008년과 2009년에 대학에 입학한 학생들의 이야기를 바탕으로 2000년대 대학의 변화를 살펴보면서 현재 대학의 문제를 진단하고 그 해법을 찾아보고자 한다.

시장 사회가 키운 세대

고등학교 때 느끼던 이유 없는 불안과 초조함을 대학에 들어가면 없앨 수 있을 것이라 생각했다. 그러나 입학 후 불어닥친 칼바람에 어쩔 줄 모르고 이리저리 방황하고 있다.

누군가 "먹기 위해 사는가 아니면 살기 위해 먹는가?"라고 묻는다면 "먹히지 않기 위해 산다"라고 답하고 싶다. "먹힌다"는 의미는 잠정적인 경쟁자를 포함하여 내가 살아가면서 만나는 모든 경쟁자들에게 진다는 것을 의미한다. 그렇다. 나는 지는 것이 두렵고 낙오되기 싫다.

다른 사람들이 내게 보이는 압박, 그것을 응축하고 있는, 벌레를 보는 듯
한 시선이 무섭다. 아무것도 하지 않고 있으면 따가운 눈초리가 느껴진다. 뭐
라도 해야 한다. 그렇지 않으면 누군가가 나를 잉여인간으로 낙인 찍어버리고
아무도 나를 찾지 않게 될 것이다…. 누구나 나를 찾을 수 있도록, 아니 시장
에서 나를 찾아줄 날을 기다리며 나를 관리하는 작업을 계속해야 한다.

위의 세 문단은 2009년도 가을학기 내 강의를 수강한 학생들이 쓴 과
제에 적힌 내용이다. 수업 자체를 인류학적 연구의 현장으로도 활용하는
나는 '지구촌 시대의 문화인류학'을 수강한 학생들에게 공부의 비법, 자
신이 받은 사교육과 매니저 엄마에 대한 생각, 고등학생 때의 일상을 적
어보라는 과제를 주어 자신들이 지내온 삶을 기록하고 성찰해보도록 하
였다.

이들은 1980년대 말, 90년대 초에 태어나 1997년 IMF금융위기 때
초등학교를 다닌 세대로, 어린 시절 물질적 풍요를 누린 소비 세대이자
초등학교 즈음 갑작스런 경제 위기로 실직과 절망에 빠진 부모와 이웃의
공포를 간접적으로 경험한 세대이다. 자유와 개성을 강조하던 윗세대들
과는 달리 경쟁과 효율과 자기 책임을 강조하는 신자유주의적 질서에 일
찌감치 편입되었고, 2000년 이후 급격히 확장된 사교육 시장을 드나들
며 입시전문가와 준 입시전문가인 어머니 아래서 자랐다. '학교는 친
구를 만나고 점심을 먹으러 가는 곳, 공부는 학원에서 하는 것' 식의 구
도 속에서 자라며, 비싼 학원에 다니는 것이 자랑이 되는 세대로 성장한
아이들인 것이다. 시장 사회가 키운 이들 2000년대 후반 학번들의 삶은
입시 경쟁, 스펙 경쟁, 취업 경쟁이라는 세 단계로 나누어 보다 구체적
으로 정리해 보고자 한다.

대학을 향해 달려온 아이들

대학생들의 과제에서 나는 크게 세 가지 공통점을 찾아볼 수 있었다. 먼저, 학생들의 공부비법에 관한 과제에서 "삶은 태어나면서 죽을 때까지 경쟁이다" "공부는 마라톤이고 잘 닦인 고속도로에 오르기 위한 티켓이다" "공부를 혼자하는 마라톤이라고 하지만 그렇게 하다가는 혼자 지쳐 나뒹굴 수 있다. 라이벌을 정해서 경쟁을 해야 한다, 단, 너무 높은 경쟁상대는 설정하지 말아야 한다. 자칫 절망에 빠질 수 있기 때문에" 등으로 경쟁에 대한 나름의 해석을 하고 있음을 보았다. 무엇보다 이들은 "피할 수 없으면 즐겨라"는 경쟁을 즐기는 훈련을 해왔고, 그 결과 경쟁을 철저하게 내면화하는 모습을 보였다.

두 번째로 이들은 철저한 계획을 통해 자기 관리를 하는 데 익숙해져 있었다. 대부분 학생들이 프랭클린 다이어리의 '스터디 플래너'를 사용했으며, 1초부터 10년에 이르기까지 촘촘히 계획을 세우는 데 능숙했다. 특히 이들은 입시를 예비군대 생활에 견주며 피할 수 없는 그 시간을 즐거운 노동으로 만들어내기 위해 갖가지 비법을 쓰고 있었다. 공책 필기를 예술적으로 정리한다거나, 자신이 좋아하는 인터넷 강사의 팬이 되어 그의 강의로 공부를 한다거나, 또 학원에 짝사랑하는 상대를 선정하고 잘 조절된 연애를 통해 즐겁게 공부를 하는 것 등이 그 비법으로 자주 인용되었다.

세 번째로 공부를 잘하는 편에 속하는 이 학생들은 성적순으로 선택된 '키워지는 아이'로서, 그 특권 의식을 한껏 즐겼다. 이들은 경쟁이 앞으로도 지속적으로 이어진다는 것을 잘 알고 있었다. 학교에서도 필요하다고 생각하면 당당하게 학원 숙제를 하고 수업 중에 잠을 잤으며, 때로는 학교의 특권층으로서, 한 아이에게 매점에 가는 심부름을 시키는, 일명 '빵셔틀'을 시키는 등 집단 따돌림에 가담함으로써 스트레스를 풀기도 하였다.

또 학원과 학교 공부로 인한 14시간 '중노동'으로 쌓인 스트레스를 팬덤 활동이나 '3분마다 웃겨주는 인터넷 유명강사의 강의'를 쇼 삼아 보는 것으로 해소해냈다. 이들은 시간과 삶을 철저하게 관리하는 습관을 들이는 한편 자신을 불안하게 만드는 정보를 차단하면서 좁은 삶의 반경에서 안정을 구하는 영리한 모습을 보여주고 있었다.

대학생들이 이토록 경쟁 학습과 사교육 시장에 밀착된 데에는 교육 제도의 변화와 새로운 대학 입시 전형의 등장이라는 요인이 자리하고 있다. 1998년 김대중 정권인 '국민의 정부'는 지식기반사회의 인재를 키워내야 한다는 목표로 학생들의 개성과 개별 능력을 키워주는 교육을 실현하고자 했다. 이에 이해찬 교육인적자원부 장관은 "하나만 잘하면 대학 간다"는 모토하에 정규수업 이외의 모든 자율학습을 금지시켜 학생들로 하여금 소질에 맞는 배움의 길을 터주고자 하였다.

이러한 일련의 개혁 조치가 오히려 학부모들을 더욱 불안하게 만들었다. 그 결과 부모들은 자녀들의 소질을 키우기보다 학원을 통해 입시공부를 더 많이 시키는 쪽을 선택하기 시작했다. 수시로 변하는 교육정책을 신뢰하지 않았던 학부모들이 국가에 대한 기대를 포기하고 시장의 교육전문가와 손을 잡아버린 것이다.

획일적인 인재가 아닌 다양한 재능을 가진 학생들을 뽑겠다는 취지로 대학 입시에 수시 입학제도와 논술 등 특기자 선발제도가 도입되면서 입학요건은 더욱 복잡해졌다. 이런 상황은 결과적으로 경제 여유가 있기에 사교육 시장에 접근가능한 계층의 자녀들이 대학에 입학할 가능성을 높여주었다.

부유한 가정의 어머니들은 온갖 정보를 동원해 아이들을 초등학교부터 족집게 학원에 보내며 성적을 관리하였으며, 자녀가 정규로 명문대에 들어가기 어렵다는 판단이 들면 입시전문가들의 조언 아래 조기 어학연수·재능 교육·수상대회·해외봉사 경력을 쌓아 '글로벌 리더' 전형 등을 통해 자녀를 대학에 입학시켰다. 명문대에 부유층 자녀들의 비율이 급격하게 늘어났다는 통계는 곧 사교육 시장이 대학 입학에서 매우 강력한 영향력을 행사한다는 증거라 할 수 있다.

2009년 OECD 조사에서 한국은 교육기관 민간지출 부문에서 1위를 기록했다. 일부 부모는 자녀를 대안학교에 보내거나, 해외에 데리고 나가 교육을 시키는 등 과감한 결단을 내리기도 했지만, 대부분은 그런 선택을 할 담력이나 재력을 갖추지 못하였다. 결국, 학생들의 입시 공부가 철저하게 자녀의 일정관리를 하는 어머니의 정보력과 관리 능력, 그리고 사교육비를 지원할 가족의 경제력에 의해 좌우되는 입시 경쟁판으로 나타나기에 이르렀다.

지나친 성과주의, 단기인재 키울 뿐

중요한 문제는 이 같은 사교육 시장과의 결탁과 도구적인 입시공부가, 자라나는 세대의 능력과 인성 형성에 부정적인 영향을 끼친다는 데 있다. 어릴 때부터 '선행학습'에 익숙해진 아이가 어떤 인간으로 성장할지에 관해 생각해보자.

2000년대 이전까지의 초등학생들이 태권도나 피아노 학원을 다닌 것과 달리, 이후의 초등학생들은 입학 전부터 미리 학습 진도를 앞서나가는 '선행학습'을 위해 학원에 다녔다. 선행학습은 아이로 하여금 높은 성적을 받게 할 수 있을지는 몰라도, 구조적으로는 불공정 게임이며 개인 차원에서는 배움에 대한 그릇된 습관을 갖게 할 가능성을 높인다는 문제를 지니고 있다. 이것은 결국 학원의 선행학습을 거치지 못한 학생들이 학교에서 체계적으로 소외되는 현상으로 이어졌다. 사교육 시장에서 배제된 계층의 아이들이 공교육에서도 배제되는 불공평한 교육현장이 만들어졌다.

뿐만 아니라, 이런 상황은 비슷한 경제상황에 있는 이들끼리만 어울리게 하여 학생들이 보다 다양한 인간상을 만나지 못하는 부차적 역효과를 내기도 한다. 결국 선행학습은 학교가 지닌 평준화 제도의 공공성을 일시에 허물어버린 동시에 자녀들에게 학습과 관계 맺기에 대한 그릇된 인식을 심어주었다.

다음으로 우려되는 심각한 문제는, 입시공부가 창의적이고 자기주도적인 학습능력을 퇴화시킨다는 점이다. 입시공부는 갈수록 '공부 비법' '면접 요령' 등 비법과 편법을 가르치는 장이 되어가고 있고, 학원은 장기적인 학습보다 족집게처럼 단기적이고 효율적으로 정답과 공식을 가르쳐주어 가시적 성과를 내야 한다는 것이 당연하게 받아들여지고 있다.

단기적 성과주의에 익숙해진 학생에게 대학에서의 인문학 공부가 낯선 것은 당연한 일이다. 주어진 교과 과정 안에서 얼마나 빨리 문제를 푸는가에 익숙해져 있기 때문에 스스로 문제를 파악하거나 질문을 새롭게 던지는 능력은 퇴화되어 있다. 오랜 시간 동안 정확한 답이 있는 질문의 해답을 찾는 기술만을 배워온 이들 세대는 불확실한 상황에 들어섰을 때 속수무책이 된다. 결국 '시험'에서만 성공하는 인재가 될 가능성이 높다.

"피할 수 없으면 즐겨라"는 주문을 외우면서 3년의 긴 연마를 해낸 이들이 가진 또 다른 문제는 너무 바쁜 나머지 '공동체적 삶'을 경험할 시간을 갖지 못했다는 점이다. 경쟁 일변도의 교육체제가 양산한 인재는 기본적으로 집과 학교와 학원을 크게 벗어나지 않는다. 만나는 사람도 어머니와 학원교사와 담임이며, 외국 조기유학을 가서도 실제로 어머니의 품에서 맴도는 시간이 가장 많다.

'인재들'의 경험세계 트라이앵글

결국 이 학생들 상당수의 '자기소개서'가 조기 해외어학연수나 다양한 자원봉사 등으로 화려하게 채워져 있다 하더라도 이 모든 경험들은 잘 짜인 틀 안에서 이루어진 것들일 뿐, 사실 그 틀을 벗어난 경험을 해본 적이 없다. 어려서부터 누군가가 만들어준 판에서만 놀았기에 낯선 상황에서 낮은 수행능력을 보인다. "창의적이 돼라" 혹은 "새로운 프로젝트를 만들어보라"는 말은 이들에게 부담스러운 말이다. 과열화된 경쟁을 통해 배출되었으며, 이미 정해진 길을 선호하는 성향의 우수한 학생은 특정한 경쟁에 단련된 단기 인재가 될 수 있을지는 몰라도 시대적 전환을 이뤄낼 창조적인 인재가 되기는 어려울 것이다.

또한 이들은 어릴 때부터 시간에 쫓기며 지내왔다는 점에 주목해야 할 것이다. 박현희 고등학교 교사는 '내일 할 일은 내일 하자'라는 칼럼(『한겨레 21』, 2009년 5월 18일자)에서 이렇게 쓰고 있다.

"미리 공부하기의 가장 큰 문제점은 아이들을 바쁘게 만든다는 것이다. 과정을 앞당겨 공부하려다 보니 아이들 앞에는 늘 가야 할 길이 멀다. 하루 4시간씩 투자해야 학원의 교육과정을 따라갈 수 있는 아이들은 엄청나게 바쁜 일과를 보내야 한다…. 오늘 할 일을 내일로 미루지 말라는 충고를 수도 없이 들으며 자랐지만, 나는 오늘 아이들에게 내일 할 수 있는 일을 오늘 미리 하지 말라고 가르치고 싶다. 어린이날을 맞아, 오늘은 오늘 할 일만 할 권리를 아이들에게 선물할 수 있다면 정말 좋겠다."

엄친아와 상대적 박탈감

시간에 쫓기며 입시 경쟁의 터널을 지나 드디어 그들이 맞이한 대학 생활은 과연 어떠할까? 주지하다시피 2000년대 후반에 들어서면서 '수능 끝, 행복 시작'이라는 예비 대학생들의 공식은 깨지기 시작했다. 대학에 합격한 '해방감'을 맛볼 겨를도 없이 국가고시·공무원 시험 준비를 시작하거나 안정된 직장을 얻기 위해서 4년 평균 A학점을 받아야 한다는 강박 속에서 모든 동료 학생들을 라이벌로 여기며 입학 초부터 '스펙 관리'에 들어가는 학생들이 늘어나고 있다. 대학입시 준비 때와 다름없이 철저한 시간 관리를 통해 학점·영어 성적·인턴십 경력·자격증 관리를 시작하는 것이다. 치열한 경쟁 사회에 살아남기 위해 중장기 단계별 목표를 세우고 전력투구하는 이들은 다른 가능성에 대해 상상하는 것을 시간 낭비라 여기며 한눈팔지 않으려 안간힘을 쓴다. 삼삼오오 모여 록밴드도 만들고 농활도 가고 여행을 떠나는 등 새로운 경험의 장을 다양하게 펼치면서 입시에 찌든 몸을 풀고 새로운 준거집단을 만들어가던 선배 세대와는 매우 대조적인 모습이다.

이들은 어릴 때부터 또래와 함께 독자적으로 생활할 시간이 별로 없었던 세대이다. 이들 중에는 어머니가 가장 친한 친구인 경우도 적지 않으며, 그래서 절친한 또래 친구는 없는 편이다. 어릴 때부터 '승자 독식'의 가치를 당연시하면서 자라났기에 대학에 와서 동료들끼리 뭔가 해볼 시도를 하긴 하지만 관계 맺기에 실패하는 경험을 한두 번 하게 되면 다시 자신만의 틀로 돌아가버리는 양상을 보이게 된다. 학생회 활동에도 별로 관심을 두지 않는다. 대학 등록금이 해마다 오르자 총학생회에서는 등록금의 국가 부담금을 높여야 한다는 운동을 벌이고 있지만 막상 당사자인 학생들의 참여는 저조한 것이 바로 그 대표적인 예다. 한 대학 학생회 후보는 자신 세대를 "등록금이 일 년에 10퍼센트가 올라가도 무관심한 척하면서 편의점의 삼각김밥을 살 때는 10퍼센트 할인되는 카드를 꼭 챙기는" 사람들이라고 표현하였다. 작은 일은 똑똑하게 챙기지만 큰일에 대해서는 관심이 없거나 아예 무지한 '초합리적 바보'들이라는 것이다. 실제로 '불확실성의 시대'일수록 큰 판을 보면서 제도를 바꾸어낼 수 있어야 하는데, 판을 보지 못한 채 미시적 관리를 하려고 하므로 상황을 더욱 악화시키고 있는 것이다. 그리고 그 미시적 관리의 주체는 대학생 자신이기보다 자녀의 미래를 관리해야 한다고 느끼는 어머니들이다.

현재 대학생들의 삶의 특징을 잘 표현하는 또 하나의 단어로 '엄마 친구 아들'의 줄임말인 '엄친아'를 꼽을 수 있다. 이 용어는 자기 자녀를 다른 집 자녀와 끊임없이 비교하는 어머니의 행동에서 유래된 말인데, 어머니의 막강한 권력을 의미함과 동시에 모든 조건을 갖춘 인재를 지칭하는 단어로 사용되기도 한다.

"0.1퍼센트의 대한민국 인재를 0.1퍼센트의 세계적 인재로 만들겠다"는 한 사립 대학교 경영대학의 광고는 "전 세계를 무대로 재능을 마음껏 펼칠 0.1퍼센트의 글로벌 리더"로 키워주겠다는 식의 학원 광고로 발전하였고, 열심히만 하면 자녀들을 글로벌 인재가 될 수 있을 것 같은 분위기를 조성했다.

다수의 학생들은 자신이 '엄친아'가 아니라는 것을 잘 알고 있다. 사실상 '엄친아'는 상대적인 기준에 의해 정하는 것이기 때문에 현 체제에서는 거의 모두가 자신이 원하는 조건을 갖지 못한 것에 대해 상대적 박탈감을 느끼는 결과를 낳는다.

그뿐이 아니다. 이들은 학자금 마련에 허리가 휘는 부모에 대해 미안해야 하는 '쏘리 세대'가 되어가고 있다. 항간에서는 입시와 스펙 전쟁에서 이기는 세 가지 조건은 "할아버지의 재력과 엄마의 정보력, 아이의 체력"이라는 말이 유머처럼 떠돌고 있는데, 획일적인 스펙 전쟁은 사실상 계급재생산으로 귀결되는 중이다. 일선 교사들 사이에서는 "돈 있는 집의 자식들이 성격까지 좋다"는 말이 나돌고 있으며, 대학에서 부유층 자녀를 선호하는 경향이 교사들 사이에서 정설로 받아들여지고 있다.

실제로 경제자본과 문화자본을 갖춘 상위 1퍼센트는 구태여 국가에서 신경을 쓰지 않아도 졸업 후 좋은 직장을 다닐 확률이 상당히 높다. 그들이 얼마나 사회에 헌신적인 인재일지는 알기 어렵다. 그러나 한 가지 분명한 사실은 자녀 교육을 위한 투자(학생들은 부모의 지원을 '투자'라고 표현한다)를 아끼지 않는 어머니와 가족에게 대단한 감사의 정을 가지고 있을 것이다. 반면, 부모의 자산이 한정된 일반 중산층의 경우 학자금 대출로 큰 빚을 안고 대학을 졸업하게 되는 이들이 생겨나고 그 과정에서 모든 자녀에게 투자할 여건이 안 되어 동생은 희생을 당하는 등의 일도 벌어지고 있다. 부모님이 고생을 하는 모습을 본 어느 학생은 자신들이 갚지 못할 가능성이 높기 때문에 부모님께 늘 미안하다고도 했다. 이들 '쏘리 세대'가 가진 좌절감과 미안함의 이중 부담은 한창 도전과 창의력으로 꿈을 키워나가야 할 세대에게 지워진 커다란 짐이 아닐 수 없다.

'사회인'이 되기를 유보하는 캥거루족

한국에서 명문대로 손꼽히는 연세대학교 사회과학대 신입생을 대상으로 학부대 데이터베이스 팀에서 실시한 2009년도 여론조사 통계를 보면 희망진로 부분에서 25.5퍼센트가 고시 공부, 21.6퍼센트가 대학원, 18

퍼센트가 전공 관련 전문직을 선택하고 있었다. 일반 회사에 취업하겠다는 비율은 8.7퍼센트에 불과한 것으로 나타났다. 한마디로, '철밥통'이라고 간주되는 최고의 전문직에 도전하거나 '취직'을 일단 유보하는 '취학'을 선호하는 모습을 보이고 있는 것이다. 대학원에 가려는 학생들이 많은 이유는 청년실업이 고질적인 문제임을 잘 알고 있고 가능한 한 기존의 취업전쟁에 들어가기를 유보하고 싶어하는 이들의 판단을 드러 낸다고 할 수 있다. 이들은 조직에서 일하는 것을 '소모성 건전지'가 되는 것이라 느끼고 있으며, 가능한 한 쉴 틈 없이 일해야 하는 '고속전철'을 타지 않기를 바란다. 이미 '성공한' 선배들이 행복하지 않음을 잘 알고 있기 때문이다.

이쯤에서 이들이 본 선배들의 삶을 짚어보자. 고시에 합격하여 '철밥통'의 직장을 갖거나 대기업이나 공기업에 취직하여 일명 '신의 직장'에 입성한 졸업생들이 실로 적지 않다.

그런데 언제부턴가 4~5년 직장 생활 후 대학원 진학이나 유학을 위해 추천서를 받으러 오는 졸업생들이 부쩍 늘어났다. 고시 관문을 통과하여 6년 동안 외교관련 공무원 생활을 한 어느 졸업생은 막상 현장에 가면 현장의 다수를 이루는 '서울대 출신'이 아니어서 밀리고, 여자이기에 밀리고, 대학 때 전공학과가 '외교학과'가 아니어서 밀리더라며 내내 경쟁에 휘말려야 하는 그런 생활은 더 이상 하고 싶지 않아 유학을 결심했다고 말했다.

대기업에서 10년을 일한 다른 졸업생도 직장생활에서 불안을 느끼기는 마찬가지였다. 일에서 보람이나 재미를 찾기는 점점 어려워지고 자녀들 학원비는 학년이 올라갈수록 높아져 무기력함에 시달리고 있다고 말했다. '회사맨'의 궁극적 성공은 임원이 되는 길뿐인데 결코 보장된 것이 아니기 때문에 자칫하면 아파트 한 채도 마련하지 못한 채 조기 은퇴를 한 후 자녀의 학자금을 벌기 위해 무슨 일이든 새로 시작할 것이 뻔하다는 말도 덧붙였다.

뿐만 아니라, '경제적 합리성'을 최고의 가치로 삼으면서 최전선에서 경쟁적 기업 활동을 임하다보니 때로 '반사회적인 행위'도 불사해야 하고, 조기 유학생출신이나 교포출신에게 승진 시험에서 밀리기도 해 기운이 빠질 수밖에 없다고도 했다. '군대 조직'과 별반 다를 바 없이 충성을 요구하는 조직문화, 몸이 견뎌내기 힘든 수준의 높은 노동강도, 그리고 좀처럼 보람을 찾을 수 없는 직무의 특성 등 이들이 다른 직업을 상상하는 데에는 공통된 이유들이 있었다. 일부는 대학에 다니는 동안 다른 곳을 전혀 기웃거려보지 않고 '한 줄 서기'에만 몰두했던 것을 크게 후회하면서 목수나 요리사의 꿈을 꾸기도 했다.

이런 선배들을 보며 비경쟁적이고 대안적인 '다른 미래'를 꿈꾸는 소수도 있지만, 다수는 여전히 안전해보이는 고시와 자격시험으로 몰려들고 있다. 이것은 그간 익숙해진 선행학습식의 공부, 곧 고시공부를 계속하는 삶의 방식을 택하는 것이라고 보아도 무방하다. 시간이 지나면 고시공부는 통과를 목적으로 한 것이라기보다 그 외에 다른 일을 찾지 못해서 그 자체가 삶의 방식이 되기도 한다. 고시공부를 한다는 생각에 친구들과 마음껏 놀지도 못하고 그렇다고 공부에 몰입도 잘되지 않는 어중간한 상태에서 부유하는 청년들이 늘어나는 것이다.

한편에서는 이런 상황을 일찌감치 감지하고 취직 대신 결혼을 목표로 스펙을 쌓는 영리한 여대생들도 생겨나고 있다. '취업' 대신 '취집'을 선택했다고 불리는 이들은 어머니나 결혼정보회사, 생애설계 컨설턴트들과 상의하여 성공적인 결혼을 성사시키기 위한 준비에 들어간다. 실제로 이들의 목표는 좋은 남편을 만나는 것만이 아니라 평생 먹고살 돈이 있는 집안에 시집을 가는 것이기 때문에 시부모를 직장 상사 모시듯 즐겁게 '모실' 준비가 되어 있는 편이다. 결혼까지도 시장화된 이런 현실은 모든 것을 '개인'이 책임을 지고 살아가기를 명하는, 공공성이 사라진 시장질 주사회가 만들어낸 현상이라 할 수 있다.

세상은 암울할 뿐이라면서 아예 고슴도치처럼 자기만의 굴 속으로 숨어 들어가는 청년들이 늘어나는 현상 역시 이런 시대적 산물이다. 이들은 기존 노동시장의 '정품 인생'(정규직)으로 살고 싶지 않지만 그렇다고 다른 길을 모색할 자신도 없는 편이다. 주로 중산층 자녀들에게서 나타나는 이 부류는 '아무것도 하기 싫어하는 존재'로, 직장도 갖지 않고 결혼도 하지 않은 채 자신에 비해 아주 많은 경제적·사회적 자원을 가진 부모에게 빌붙어서 어떻게든 편히 지내보려 하는 경향이 있다. 자신이 원하는 것, 기대하는 것과 할 수 있는 것의 괴리가 점점 커지면서 선뜻 아무것도 할 수 없다는 느낌 속에서 마냥 시간을 보내게 된다. 부모들은 이들을 부양하기 위해 계속 직장을 다니기도 한다.

일본에서도 적절한 직장을 갖지 못한 자녀를 부양하기 위해 조기 은퇴를 못하는 부모가 늘어나고 있다고 한다. '캥거루족' '빈대족' '패러사이트 싱글' 등으로 불리는 성인 자녀들이 선진국 전역에서 늘어나고 있는 실정이다.

현재 한국에서는 부모와 자녀들이 입시라는 공통의 목표를 중심으로 단결한 것처럼 보인다. 입시나 '투자'가 끝날 시점이 어디쯤일지가 보이지 않기 때문에 이를 두고 부모자녀 간의 적나라한 신경전이 펼쳐지기도 한다. 부모들이 전폭적으로 투자했던 자녀에게 계속 기대를 걸고 '간섭'을 하는 경우가 적지 않기 때문이다. 어머니 마음에 차지 않는 직장에 취업을 한 경우 "그만두고 고시를 준비하라"고 명하거나 마음에 들지 않는 결혼생활을 하는 딸에게는 이혼을 하라고 명하기도 한다는 사례가 이런 지점을 잘 드러낸다.

스폰서인 부모의 힘이 워낙 막강하여 독립적인 운신의 폭을 갖기 어려운 자녀들이 등장하고 있다. 이와 동시에, 자녀에게 충분한 스폰서가 되어줄 수 없는 부모의 경우 등골이 휘어지게 일을 하면서도 자녀에게 미안한 마음을 갖게 되는 것이 오늘날 한국 사회가 처한 현실이다.

어떤 면에서 현재 한국의 대학이 위기담론 안에서 양산하는 '인재'는 사실상 사회를 구할 인재상과는 거리가 멀다. 그들은 자기계발에 몰두하는 개인, 바빠서 장기적인 전망을 사유하지 못하고 표류하는 개인이라고 할 수 있다. 이는 '공동운명체'에 대한 감각은 사라지고 오로지 시장이 질주하게 된 '신자유주의적 통치성'에 최적화된 모습이라 할 수 있다.

조주현(2009)은 "신자유주의란 사회의 전 영역을 경제 논리가 주도하게 되는 질서와 신념체제로, 국가와 공적 영역이 축소되는 반면, 개인의 책임을 무한히 확장시키면서 시장이 자유롭게 질주하는 사회로 이행하는 체계"라고 표현했다. 이 과정에서 사회구성원은 개별적으로 무한경쟁 사회에서 살아남아야 한다는 명령을 들으며 자기계발·자기관리를 하는 기업가적 주체로 변신하기 위해 혼신을 다한다. 대한민국의 대학생들은 지금 다수가 신자유주의적 질서 안에서 승리자가 되어보겠다고 승산 없는 싸움에 뛰어들어 외로운 사투를 벌이고 있는 것이다.

기성세대가 물려줘야 할 진정한 유산

넌 말했었지. 꿈을 가진 자는 성공하게 된다고.
나는 꿈을 꾸지. 꿈을 가진 자가 되는 꿈.

아버지 어머니 나를 그렇게 보진 마세요.
(후렴)제발 졸업하면 뭐하냐고 묻지 말아요.
나도 몰라, 나도 몰라, 나도 몰라. 그러니 묻지 말아요.

너는 말했었지. 대학 가서 하고 싶은 것들 하라고.
오직 하고 싶은 건 대학 가는 일뿐이었네.
똥 만드는 식충이가 되고 싶지는 않아요.

너는 말했었지. Boys, Be Ambitious. But not until 24.
I? 24. 나 참. 어쩌라는 건지.
유학에 취직 준비를 하는 동기들아.
나도 따라가야 하는 건가.

어머니, 나는 가끔 세상이 얼마나 미쳐 있는지.
어머니, 나는 가끔 세상이 얼마나 미쳐 있는지.
어머니, 나는 가끔 세상이 얼마나 미쳐 있는지 잊곤 합니다.

고아침 2007 연세대 진로탐색 프로젝트 록밴드, 「졸업생을 위한 송가」

　이 노래는 어머니의 말씀대로 일류대학에 들어간 '효자'가 졸업할 즈음 당황해하는 모습을 그린 노래다. 이 청년은 대학 입시 경쟁을 거치고 치열하게 스펙을 쌓아 성공해서 일개미처럼 살라고 명하는 세상을, 부모를, 선생님을 향해 그것이 과연 옳은 혹은 가능한 것이냐는 질문을 던지고 있다. 열심히 인생을 살아왔고 한국을 선진국으로 만들어낸 기성세대에게 이 노랫말들은 생소하기만 하겠지만 이것이 우리 사회의 청년세대가 처한 불안과 무기력의 현실이며, 이제는 이러한 현실을 더 이상 도외시할 수 없다. 그간 우리 사회가 질주해온 체제를 멈추어 세우고 함께 성찰을 해야 할 때인 것이다.

그리고 그 질문은 우리가 서 있는 지금, 여기 대학에서부터 시작되어야 한다고 나는 생각한다. 0.1퍼센트의 '명품인재' '1퍼센트의 글로벌 인재'를 길러보겠다는 대학본부의 집념이 '자기계발'과 '자유의지'를 외치며 경쟁에 돌입한 '인재'들의 양산으로 이어지고 있는 이곳에서부터 말이다.

무엇보다 우리는 시대 변화를 좀 더 전면적으로 받아들이고 고도자본주의 체제 속에 만연한 청년실업 문제를 풀기 위한 사유를 지속적으로 해나가야 한다. 슈만과 마르틴이 『세계화의 덫』이라는 책에서 지적했듯이, 세계경제의 구조가 상위 20퍼센트가 나머지 80퍼센트를 먹여 살리는 형태로 가는 것이라면 지금은 그 구조 자체에 대한 질문을 던져야 할 때이다. 전혀 새로운 패러다임의 삶의 장과 새로운 노동구조를 만들어내야 함에도 기성세대가 그 몫을 해내지 못한 탓에 한국의 대학생들은 이 구조적인 문제를 개인의 몫으로 떠맡아 혹사당하고 있다. 이것이 근대의 산물임을 누구보다 잘 분석해낸 바우만(2008: 38~39쪽)은 "잉여가 되어버리지 않을까 하는 청년 세대의 걱정은 이전 세대가 경험하고 있는 걱정과는 다르다. 그간 근대라는 차를 계속 달리게 하고 속력을 내기 위해 많은 사람들이 필요했지만 이제는 그렇지 않다. 근대의 트레이드마크인 '진보'의 본 모습을 우리는 지금 보고 있다"고 말하고 있다. 이제 우리 사회는 청년실업문제가 '잉여인구'를 양산하는 근대의 구조적 산물이자 후기 근대사회가 풀어내야 할 핵심적 과제라는 점을 명확하게 인식해야 할 것이다. 최근 국제적으로 일고 있는 문화예술인의 생활보장 운동이나, "일하지 않는 자도 먹을 권리가 있다"는 시민 기본 소득법 논의는 바로 이런 맥락에서 일고 있는 논의들이다.

구체적으로 지금의 청년 세대는 어릴 때부터 '비물질 노동'에 익숙해진 세대이다. 정보·창의·돌봄·감정·서비스 영역에서 '선진'사회가 필요로 하는 보다 '선진적'인 활동을 하면서 자랐고, 그래서 보다 다양하고 창의적이며 소통적인 활동을 하면서 후기 근대적 지식정보사회를 만들어가는 임무를 지닌 세대이다. 또한 이들은 현재 근대 사회가 직면한 환경의 위기라든가, 화석 자원의 고갈, 그리고 소통체제의 붕괴상황을 개선할 대안을 마련해야 하는 세대이다.

그런데 현실은 전혀 그렇게 따라가주지 않았다. 1997년 경제위기 이후 적절한 비전과 계획을 마련하지 못한 채 국가가 공공영역을 급격히 축소해버렸고, 높은 위기감 속에서 정부와 대학, 부모라는 기성세대는 어린 자녀 세대들을 '공장제적 성장주의 체제' 속 무한경쟁, 적대적 경쟁으로 내몰았을 뿐이다.

그 결과 세대간 소유의 격차는 심해지고 소통부재로 인한 오해는 커지는 가운데, 세대간에 상처와 미안함, 때로는 원한이 누적되어 가는 일이 생겨나고 있다. 시장적 계산과 돈이 주는 안정감에만 매달리는 사회를 살아오는 동안 젊은이들도 자연스럽게 자본 주도의 투기적이고 소비적 일상에 매몰되어버리고, 물질적 소유와 지위 확보를 위해 맹목적으로 자신을 채찍질하는 것을 당연시하게 되었다.

'성장주의' 시대를 살았던 부모 세대는 젊은 날 안정된 직장을 가지기가 지금보다 쉬웠다. 또 개중에는 부동산 가격 급등 등으로 큰 노력 없이도 많은 재산을 쌓기도 하였다. 그런 면에서 그들은 매우 보수화되어 있으며 현실을 직시하지 않고 있다. 그러나 자녀 세대의 현실은 어떠한가? 이들은 가진 것이, 또 앞으로 가질 수 있는 것이 너무나 적다. 오히려 자신들의 시대를 만들어갈 실험을 시도할 시간이나 자원조차 갖지 못한 채 기존 조직에 점점 종속되어가고 있을 뿐이다. 앞 세대가 경제성장의 대가로 만들어낸 심각한 환경 공해, 그리고 날로 불어나는 엄청난 국가부채만이 이들이 물려받을 유산으로 남았다.

　물론 기성세대가 자녀 세대와 자신이 가진 것을 전혀 공유하지 않았던 것은 아니다. 그러나 그 나눔의 방식은 개별적으로 자기 자식에게만 한정되어 있었다. 동시에 '돈'을 통해 자녀의 삶을 통제하려 했기에 자녀 세대는 점점 더 수동적이고 눈치를 살피는 존재로 전락하는 한편 경쟁은 심화되는 결과를 낳고야 말았다. 이제 기성세대는 스스로를 향해 냉정하게 질문을 던져야만 한다. 청년 세대에게 정말 동의도 없이 큰 빚을 물려주면서 아무런 지원을 해주지 않아도 되는 것이냐고.

　영국에서는 앞으로 청년 세대가 갚아야 할 엄청난 국가부채를 두고 그 세대의 동의를 받아야 하는 토론을 벌이고 있다. 일본의 대학생들은 대학에 가서 공부를 열심히 했는데 졸업 후 직장은 없고 빚쟁이만 되어 있는 상황에 책임을 지라고 목소리를 높이고 있다. 그들은 나라의 인재가 되기 위해 대학에 가서 열심히 공부했는데 왜 그렇게 비싼 학비를 내야 하는지도 납득할 수 없는 일이라고 말한다.

　미국에서는 청년 실업과 관련해서 또 다른 우려의 목소리가 나오고 있다. 경제 침체로 인해 기존 체제 밖에서 세금을 내지 않는 자급자족 형태의 삶을 선호하는 청년인구가 크게 늘어나 나라의 미래가 걱정된다는 내용이다. 새로운 세대를 위해 새로운 일자리를 만들어내지 못한다면 고교 중퇴자와 대학 중퇴자들이 점점 늘어날 것이고, 직장을 자발적으로 포기하는 청년들이 늘어나면서 국가 경제가 전면적인 위기에 처할 것이라는 우려의 목소리이다.

　과연 이런 전 세계적인 현실을 한국의 대학과 학부모, 정부 관료들은 어디까지 파악하고 있을까? 여기서 분명히 인식해야 할 점은 GNP 2만 달러를 기록한 시점에서 다음 세대를 기존 체제를 유지하는 충실한 부품으로 제조해내는 것은 시대흐름에 역행한다는 사실이다.

'장기하와 얼굴들' 밴드의 「별일 없이 산다」라는 노래는 그런 면에서 의미심장하다. 뭔가를 할수록 망쳐지는 시대에 '아무것도 하지 않을 감각'으로 새로운 몸을 만들어내겠다는 뜻이다. 실제로 지금 시대에 필요한 사람은 낡아버린 체제에 매달려 '성공'해보려는 영악한 인재가 아니라, 새 사회를 만들어낼 사회적 감각을 가진 보다 자활적이고 창의적인 인재들일 것이다.

다시 집단 지성의 산실인 대학으로

청년들을 키워내는 배움터인 대학은 대학 교육 자체를 혁신적으로 바꾸어내면서 동시에 청년실업 문제를 해결하기 위해 적극적으로 나서야 한다. GNP 숫자를 높이는 게임이 아니라 실제 문제의 핵심을 파악해야 하고, 실질 체감 경제를 연구하면서 다음 시대를 준비하는 새로운 일자리와 활동공간을 마련해내는 연구를 해야 한다. 국가가 미처 못 해낸다면 대학이 앞장서서 그런 정책을 세워가도록 압력을 행사하는 것도 대학의 의무다. '별일 없이 산다'고 노래하던 청년들이 '별일'을 신나게 할 수 있게 만들어낼 수 있어야 하는 것이다.

현 위기는 경쟁을 잘하는 사람이 적어서가 아니라 협력과 돌봄의 능력을 가진 이들을 키우지 못하는 데서 비롯되었다. 경쟁 자체가 나쁘다고 말하는 것이 아니다. 과도한 경쟁, 특히 공존을 위한 협력을 수반하지 않은 경쟁이 나쁜 것이며, 그것이 과도할 때 사회는 도탄에 빠지게 된다는 말이다. 자녀를 지극히 사랑하는 어머니들마저 '성공신화'에 빠져서 자녀를 초경쟁판으로 몰아넣는 것, 제자들을 '배움'으로부터 도주하게 만드는 현실, 바로 이것이 문제적이라고 말하고자 하는 것이다. 이는 교수들마저 형식에 맞는 논문 편수를 만드는 논문 제조자로 전락시키는 현실과 상통한다.

그간 한국의 이른바 명문대학들은 대단한 경쟁심과 전투력으로 글로벌 등위 매기기에 참여했고 때로는 그 게임을 주도하면서 세계 100위권 대학에 진입하기 위해 안간힘을 써왔다. 이제는 그 등수가 상당 부분 마케팅의 결과라는 것도, 그것이 우리가 나아갈 방향이 아니라는 것도 알게 되었을 것이다. 아이비리그 대학 중 하나인 다트머스 대학 총장이 된 재미교포 출신 김용 박사는 전공분야에만 집중하는 대학교육에 대해 우려를 표하면서, "3M(돈 Money, 시장 Market, 나 Me)의 시대를 3E(탁월함 Excellence, 관여 Engagement, 윤리 Ethics) 시대로 바꾸어가야 한다"고 말한 바 있다. 세계 명문대학에서 진정한 의미의 탁월함은 사회에 관여함으로써 생기고 그것은 가치와 윤리감각이 이끌어내는 덕목임을 인지하면서 패러다임 변화를 서두르고 있는 것이다.

어느 곳보다 대학생들을 경쟁판으로 내몰고 있는 한국 대학은 이제 그 방향을 바꾸어 긴 호흡으로 미래를 내다볼 청년들을 길러가기 시작해야 한다. 자신의 생존을 타인의 생존과 연결해서 생각할 줄 아는 사람, 공생의 감각으로 쇠퇴하는 근대 문명을 넘어서는 길을 찾아낼 인재들 말이다. 또한, 청년들이 더 이상 실업의 공포에서 허덕이지 않고 새로운 세상을 상상하고 만들어갈 수 있도록 격려해야 한다. '돈의 순환체계'를 넘어서 '돌봄의 순환체계'를 보는 사람이 되도록 가르쳐서 사회에 공헌하는 즐거움 속에서 일생을 살아갈 수 있게 해야 한다. 대학은 인류가 가고 있는 거대한 항해의 과정을 냉철하게 파악하는 언어의 산실, 새로운 거버넌스를 상상하고 태동시키는 산실, 그리고 인류의 지속가능한 미래를 만들어가는 변혁의 산실로 새롭게 자리매김 해야 할 것이다. 대학은

예나 지금이나 집단 지성의 산실일 때 진정한 의미로서의 '대학'일 수 있
다는 것을 다시 한 번 상기해야 할 시점이다.

공저자 약력

김균진_金均鎭

1962년 부산 상업고등학교를 졸업하고 한신대학교와 연세대학교 대학원에서 신학과 철학을 공부한 후 독일 튀빙언(Tübingen) 대학교에서 헤겔의 역사철학에 관한 논문으로 신학 박사학위를 받았다. 1977년부터 연세대학교 신과대학, 연합신학대학원에서 교수로 재직하였고, 현재 연세대학교 명예교수로서 연구와 교육활동을 계속하고 있다. 지은 책으로 『헤겔철학과 현대신학』, 『기독교 조직신학 1~5』, 『생명의 신학』, 『죽음의 신학』, 『종말론』, 『자연환경에 대한 기독교 신학의 이해』 등이 있고, 그 외에 10여 권의 번역서와 공동저서, 그리고 다수의 학술논문들을 발표하였다. 현재 기존 저서의 개정작업을 추진하고 있으며, 생명윤리에 대하여 특별한 관심을 갖고 있다.

김기정_金基正

연세대학교 정치외교학과를 졸업하고 미국 코네티컷 대학교에서 정치학 석사와 박사학위를 받았다. 연세대학교 학생복지처장, 동서문제연구원 원장과 한국정치학회 및 한국국제정치학회 부회장을 역임하였으며, 현재 연세대학교 정치외교학과 교수로 국제정치학, 동아시아국제정치사 등을 가르치고 있다. 지은 책으로 한국국제정치학회 학술상을 수상한 『미국의 동아시아 개입의 역사적 원형과 20세기 초 한미관계』(2003)와

『꿈꾸는 평화』(시집, 2003), 『1800자의 시대스케치』(2011) 등이 있고, 주요 논문으로 「전환기의 한미동맹」(2008), 「The U.S. and East Asian Regional Order」(2008) 등이 있다.

김동노_金東魯

연세대학교 사회학과를 졸업하고 미국 시카고 대학교에서 사회학 박사학위를 받았다. 풀브라이트 연구원(Fulbright Fellow)으로 미국 캘리포니아 주립대학교에서 방문교수로 지내면서 한국근현대사에 관해 가르쳤다. 역사사회학·사회사상·사회운동을 전공하며 19세기 말 이후 현대에 이르는 기간에 일어난 한국사회의 변화에 관해 연구해왔다. 지은 책으로 『근대와 식민의 서곡』이 있고, 그 외에 다수의 논문이 있다.

김용학_金用學

연세대학교 사회학과를 졸업하고 미국 시카고 대학교에서 사회학 박사학위를 받았다. *American Journal of Sociology* 부편집인을 역임했고, 현재 *Rationality and Society*(Sage) 국제 편집위원 일을 하고 있다. 1987년부터 현재까지 연세대학교 사회학과 교수로 재직하고 있으며, 사회연결망 이론과 분석에 관심을 쏟고 있다. 지은 책으로 『사회구조와 행위』, 『비교사회학』, 『사회연결망 이론』, 『사회연결망 분석』 등 다수가 있다.

김응빈_金應彬

연세대학교 생물학과를 졸업하고 같은 학교 대학원을 거치며 미생물의 매력에 이끌려 1991년 미국으로 건너가 환경미생물학을 공부하여 1996년 미국 럿거스(Rutgers) 대학교에서 박사학위를 받았다. 이후 미국

식품의약국(US FDA) 산하 국립독성연구소(NCTR)에서 연구를 수행하였고, 1998년 연세대학교 생물학과에 부임한 이후로 연구(50여 편의 SCI 논문 발표)와 교육(2005년 Best Teacher Award 수상)에 매진하고 있다. 현재 연세대학교 국제캠퍼스 R&D 추진위원장직을 맡고 있으며, 연세대학교 미디어아트연구소 상임연구원으로도 활동하면서 인문학자들과의 활발한 연구 교류를 통해 융합 연구와 대중의 과학교육에도 힘쓰고 있다. 지은 책으로『한눈에 쏙! 생물지도』,『멋진 신세계와 판도라의 상자』(공저)가 있으며, 옮긴 책으로『생명과 진화에 대한 8가지 질문』(공역)이 있다.

김하수_金河秀

연세대학교 문과대학 국어국문학과를 졸업하고 같은 학교 대학원에서 국어학으로 석사학위를 받았다. 이후 독일 보훔에 있는 루르 대학교의 어문학부에서 언어교육·사회언어학·화용론을 공부하고 1988년에 박사학위를 받았다. 1989년 이래 연세대학교 국어국문학과 교수로 재직하고 있으며, 주로 언어정책과 화용론, 외국어로서의 한국어 교육 등에 관심을 가지고 연구하고 있다. 국립국어원 언어정책부장을 역임했으며 (2004~2005), 현재 연세대학교 언어정보연구원 원장과 인문한국 사업단장을 맡고 있다. 지은 책으로 그동안에 썼던 여러 글들을 모은『문제로서의 언어 1·2』(커뮤니케이션북스, 2008)가 있다.

문정인_文正仁

연세대학교 철학과를 졸업하고 미국 메릴랜드 대학교에서 정치학 석사와 박사학위를 받았다. 미국 윌리엄스 대학교, 켄터키 대학교, 캘리포니아 대학교(샌디에이고) 등에서 가르쳤으며, 1994년 귀국 이후 연세대학교 정치외교학과에서 부교수를 거쳐 교수로 재직하고 있다. 지은 책으로 『중국의 내일을 묻다』(2010), *The U.S. and Northeast Asia: Debates, Issues, and New Order* (2008) 등 40여 권의 저서와 편저 및 300여 편의 학술논문을 발표했다. 동북아시대 위원장, 외교통상부 국제안보대사를 역임하였으며, 제1·2차 남북정상회담 특별수행원으로 활동했다. 현재 영문 계간지 *Global Asia*의 편집인을 맡고 있다.

민경찬_閔庚燦

연세대학교 수학과를 졸업하고 같은 학교 대학원에서 석사학위를 받은 후, 캐나다 칼튼 대학교에서 석사와 박사학위를 받았다. 현재 연세대학교 수학과 교수로 재직하고 있다. 전공 영역에서는 '범주론적 위상수학'과 '퍼지 수학 및 그 응용'에 대한 연구를 수행하고 있다. 연세대에서 교무처장, 학부대학장, 대학원장 등 주요 보직을 거치며, 교육과학기술부 정책자문위원장, 국가교육과학기술자문회의 위원 등으로 국가교육 정책 개발에 참여하여 왔다. 교육정책 관련 논문으로는 「대학 발전의 효과적인 전략 방안의 모색」, 「대학선진화의 개념과 방향」, 「대학원 교육 선진화방안 연구」 등이 있다.

박헌준_朴憲俊

연세대학교 경영학과를 졸업했다. 같은 학교 대학원에서 경영학 석사과정을 수료하고 미국 오하이오 주립대학교 경영대학에서 조직행동으로 박사학위를 받았다. 현재 연세대학교 경영대학 매니지먼트 교수로 재직하고 있다. 한국학술진흥재단 연구지원부장, 한국협상학회 회장, 미국

볼링그린 주립대학교 초빙교수, 오하이오 주립대학교 초빙교수, 컬럼비아 경영대학원 방문연구원, 유펜 와튼스쿨 방문연구원을 역임하였다. 지은 책으로 『조직행동론』(공저), *Mad Technology* (공저), 『한국의 가족기업경영』(공저), 『한국의 기업윤리』(공저) 등이 있고, 옮긴 책으로 『협상의 전략』, 『에니어그램 리더십』(공역), 『손자병법과 전략경영』, 『조직의 생명력과 기를 살려내는 이야기』 등이 있다.

백영서_白永瑞

서울대학교 인문대학 동양사학과를 졸업하고 같은 학교 대학원에서 중국 현대사에 대한 논문으로 박사학위를 받았다. 현재 연세대학교 사학과 교수로 재직하고 있다. 지은 책으로 『中國現代大學文化硏究: 正體性危機와 社會變革』, 『동아시아의 귀환: 중국의 근대성을 묻는다』, 『思想東亞: 韓半島視覺的歷史與實踐』 등이 있고, 엮은 책으로 『동아시아: 문제와 시각』, 『동아시아인의 '동양'인식: 19∼20세기』, 『발견으로서의 동아시아』, 『주변에서 본 동아시아』, 『동아시아의 지역질서』, 『ポスト〈東アジア〉』 등이 있다. 주로 20세기 동아시아의 학술사와 동아시아 담론에 관한 연구에 집중하고 있다.

조한혜정_趙韓惠貞

연세대학교 사학과를 졸업하고 미국 캘리포니아 대학교(UCLA)에서 문화인류학으로 박사학위를 받았다. 1979년부터 연세대학교에서 가르쳤고 현재 같은 학교 문화인류학과 교수로 재직하고 있다. 여성학과 문화이론, 문화 기술지, 대중문화, 문화변동, 그리고 질적 연구방법 등을 강의하고 있으며, 최근에는 후기 근대의 노동과 삶, 청년실업, 문명 전환,

그리고 '돌봄 사회'를 주제로 연구해왔다. 지은 책으로『한국의 여성과 남성』(1988),『탈식민지 시대 지식인의 글읽기와 삶읽기 1~3』(1992, 1994),『학교를 거부하는 아이, 아이를 거부하는 사회』(1996),『성찰적 근대성과 페미니즘』(1998),『학교를 찾는 아이, 아이를 찾는 사회』(2000),『교실이 돌아왔다』(2009)가 있다. 이 밖에 일본 사회학자 우에노 치즈꼬와 함께『경계에서 말한다』(2004)를 썼고, 한반도 통일에 관련한『탈분단 시대를 열며: 남과 북 문화 공존을 위한 모색』(2000)을 이우영과 함께 엮었다.

하연섭_河連燮

연세대학교 사회과학대학 행정학과를 졸업하고 미국 인디애나 대학교에서 행정학 석사와 정책학 박사학위를 받았다. 현재 연세대학교 사회과학대학 행정학과 교수로 재직하고 있으며, 재무행정·제도분석·비교정책·교육정책이 주요 관심 분야다. 지은 책으로『제도분석: 이론과 쟁점』,『정부예산과 재무행정』,『재정학의 이해』등이 있다.